Lebenskrisen · Lebenschancen
– eine Buchreihe,
in der Menschen aus eigenem Erleben
oder aus Anteilnahme am Schicksal eines anderen
versuchen, Ereignisse und Empfindungen
zu reflektieren und aufzuzeichnen,
die zu einem Wendepunkt im Leben führten.
Ob die Ursache der Krise
psychische oder körperliche Erkrankung,
das Scheitern einer Partnerschaft,
die Geburt eines behinderten Kindes
oder der Tod eines nahestehenden Menschen war –
sie wurde zum Anlaß, das Leben zu überdenken.

Leonard Wolfe war ein starker Vater, ein sportlicher Selfmademan und ein leidenschaftlicher Leser, der seine Tochter förderte und forderte. Er war großzügig und tyrannisch, liebevoll und beherrschend. Nun hat er Alzheimer und ist ein hilfloses Bündel. Während der Körper noch weiterlebt, ist die Person längst nicht mehr da: ein leeres Gefäß.
In einem feinen Gewebe aus psychologischen Beobachtungen und Erinnerungen erzählt Carol Wolfe-Konek von diesem fundamentalen Verlust, analysiert die Gewichtsverschiebungen innerhalb der Familie, die ständige Überforderung durch Liebe, die keinen Adressaten mehr findet. Carol Wolfe-Konek vergißt nicht die einander widerstreitenden Gefühle, die sie zu ihrem Vater hegte, und zeigt uns so einen Weg, wie man den Sterbenden nahe bleibt: durch die Wahrhaftigkeit, die wirkliche Menschlichkeit hervorbringt.

Carol Wolfe-Konek wurde in Meade, Kansas, geboren und unterrichtet heute Women's Studies an der Wichita State University.

Carol Wolfe-Konek

Daddyboy

Eine Familie im Alzheimer-Bann

Aus dem Amerikanischen
von Manfred Allié
und Gabriele Kempf-Allié

Fischer
Taschenbuch
Verlag

Lebenskrisen – Lebenschancen
Lektorat: Anke Rasch

Veröffentlicht im Fischer Taschenbuch Verlag GmbH
Frankfurt am Main, März 1996

Lizenzausgabe mit freundlicher Genehmigung des Ammann Verlags, Zürich

Die Originalausgabe erschien 1991 bei Graywolf Press,
Saint Paul, Minnesota, unter dem Titel »Daddyboy. A Memoir«

Gesamtherstellung: Clausen & Bosse, Leck
Printed in Germany
ISBN 3-596-13001-8

Gedruckt auf chlor- und säurefreiem Papier

Für Mutter, Tommy und Linda
in Liebe und Dankbarkeit.

Wo ist Carol? Wo mag sie bloß geblieben sein? Ich weiß nicht, wo mein Zuckerpüppchen Carol geblieben ist. Ich habe überall gesucht, aber ich finde Carol nicht mehr. Ah, hier haben wir ja ein kleines Mädchen, hier unter dem Tisch. Was für ein hübsches kleines Mädchen. Wem gehört denn das kleine Mädchen?
Das ist Daddys Mädchen.
Jawohl, Daddys Mädchen. Du bist Daddys Zuckerpüppchen. Und wer bin ich?
Daddyboy. Mein Daddyboy.

Er fragt Mutter: »Wie kommen wir nach Hause?« Sie antwortet: »Wir sind zu Hause. Wir wohnen hier.«
Er wendet sich angewidert ab. Später fragt er, so als habe er die Antwort nicht gehört: »Nehmen wir den Zug?«
Sie kann nicht lügen, will das Spiel nicht mitspielen. »Zum Abendessen gibt es Auflauf mit Lachs und Käse.«
»Hm, lecker.«
Sie kehrt ihrem Mann den Rücken zu und weint.

Es ist 1965. Daddy kommt mit seinem Fahrrad auf einem abschüssigen Kiesweg ins Rutschen. Er wird über den Lenker geschleudert und schlägt mit solcher Wucht auf den Bordstein, daß sein Helm verbeult ist. Im Krankenhaus behandelt man sein gebrochenes Schlüsselbein und die tiefen Schürfwunden an den Beinen, dann schickt man ihn nach Hause mit der Ermahnung, daß nur der Helm ihn vor schweren, vielleicht sogar tödlichen Kopfverletzungen bewahrt habe. Ein halbes Jahr später beklagt er sich bei Mutter, daß es ihm schwerfällt, sich die Namen seiner Studenten zu merken, daß er plötzlich den Faden verliert, wenn er etwas an die Tafel schreiben will, und daß er schon mehrmals beim Autofahren den Bordstein gerammt hat. Obwohl er diese Symptome erkannt hat, weigert er sich, zum Arzt zu gehen, und hat sich nicht davon abhalten lassen, aufs Dach zu klettern, um die Schindeln zu reparieren, die beim Regen Schaden genommen hatten.

Ich bekomme mehrere Anrufe von Mutter, in denen sie mir gesteht, wie besorgt sie ist – sie flüstert, während er im Nebenzimmer sitzt. »Er ist völlig verändert. Irgendwie seltsam. Er vergißt alles. Er redet nicht mehr. Er stolpert. Du kennst doch sein gutes Gedächtnis. Wie geschickt er ist. Da stimmt etwas nicht. Ich sage ihm immer wieder, vielleicht sind es Nachwirkungen des Fahrradunfalls. Er sagt mir, bei den meisten Hirnverletzungen kann man ohnehin nichts machen. Einmal, als ich ärgerlich wurde, hat er gesagt, er habe wahrscheinlich einen Schlaganfall gehabt. Und daß ein Arzt da nicht das geringste tun könne...«

Ich antworte, wie das so meine Art ist, mit Ratschlägen. »Du mußt mit ihm zum Arzt gehen. Wenn er sich ganz und gar weigert, dann ruf den Arzt an und erzähl ihm das. Dann sagst du Daddy, der Doktor habe ihn zu sich bestellt, zu Nachuntersuchungen wegen des Unfalls.«

Als ich am nächsten Wochenende wieder anrufe, klingt ihre Stimme matt. »Sie haben Tests mit ihm gemacht. Sie sind noch nicht abgeschlossen. Es sieht nicht gut aus.«

»Ich komme sofort rüber.« Und ich stelle fest, ich ertappe mich dabei, wie ich darauf warte, daß sie mir sagt, so dringend sei es nicht.

»Sag mir Bescheid, wenn du weißt, wann dein Flugzeug geht.«

Der Flug nach Kalifornien scheint endlos. Ich vertreibe meine Unruhe, indem ich den Gewitterwolken, die unter mir vorbeiziehen, in Gedanken »Do not go gentle into that good night« rezitiere, und kämpfe gegen unliebsame Erinnerungen an alte Wunden und ungelöste Konflikte an.

Ich habe mein Herz vor ihm verschlossen. Ich habe ihn bekämpft, ihn verachtet, ihn abgewiesen und mich aufgelehnt gegen alles, wofür er stand. Daß er nun in Gefahr ist, zwingt mich, den Kreis zu schließen, mich wieder der Bewunderung hinter all den Konflikten der Jugendzeit zu entsinnen.

Ich betrete das Krankenhaus vom sonnendurchfluteten Vorraum aus durch eine gläserne Schiebetür und muß ihn erst einmal im Schatten finden.
»Hallo, Zuckerpüppchen.«
Der Kreis schließt sich. Im Inneren gibt es nur das, was ursprünglich ist und wichtig und wahr. Er ist klein. Er ist so zerbrechlich wie... ein Mensch. Die ganze Zeit war der Tyrann, der Riese, der Richter einfach nur Daddy.

»Ich werde noch weitere Tests durchführen müssen, um diese Diagnose zu erhärten, doch wir sind uns so gut wie sicher, daß wir es mit einem großen, rasch wachsenden Tumor zu tun haben, der zu nahe am Sprachzentrum und anderen wichtigen Hirnpartien liegt, als daß man ihn operieren könnte. Was wir hier vor uns haben, ist aller Wahrscheinlichkeit nach ein bösartiger Hirntumor, schon weit fortgeschritten, inoperabel.« Einen Augenblick lang huscht sein Blick von der Wand über unseren Köpfen hinunter über unsere Gesichter – Tommy, Linda, Mutter, dann ich.
»Morgen werden wir Ihnen mehr sagen können. Aber ich würde mich auf das Schlimmste gefaßt machen.« Er wendet sich um, und schon im Gehen sagt er leise: »Es tut mir leid.«
Linda und Mutter halten sich umschlungen, als könnten sie sich so vor den Worten des Arztes schützen. Tom beginnt, ganz im Geiste seines Vaters und ganz der medizinische Profi, sogleich die Symptome neu zu deuten und verwirft die düstere Prognose des Arztes.
Tom verbringt die ganze Nacht damit, die einschlägige Literatur in der medizinischen Fachbibliothek durchzusehen. Am nächsten Tag erklärt er uns, daß Daddy die Symptome eines subduralen Hämatoms zeige. Als der Arzt uns zu sich ruft, stolz darauf, daß seine Röntgenbilder uns eine Gnadenfrist geben, verkündet er uns voller Erleichterung: »Ihr Vater hat ein subdurales Hämatom.«
Wir erzählen Daddy von der wunderbaren Neuigkeit, und dann wird er für die Operation vorbereitet. Er strahlt, als er hört, wie Tom, der Zahnarzt, dem Neurochirurgen mit seiner Diagnose zuvorgekommen ist. Wir in unserer Familie sind überzeugt, daß wir

jedes Problem lösen können, wenn wir nur genug Zeit in der Bibliothek zur Verfügung haben. Unser Leben lang hat man uns eingeschärft, »die meisten Ärzte haben keinerlei Ahnung von den Naturwissenschaften. Die medizinische Ausbildung besteht zum größten Teil aus einer hanebüchenen Mischung von Volksweisheiten und Aberglauben.« Daddy war überzeugt, daß jeder, der eine Gebrauchsanweisung lesen könne, auch lernen könne, wie man Akkordeon spielt oder wie man Hirnschäden diagnostiziert.

Trotzdem sind wir dankbar, als der Chirurg aus dem Operationssaal kommt und uns erklärt: »Ein großes Ding, hat enormen Druck auf das Gehirn ausgeübt.« Er hält die Handflächen aneinander, damit wir uns eine Vorstellung davon machen. »Als wir den Schädel anbohrten, kam dieses alte Blut, das etwa so aussah wie Maschinenöl, mit solcher Macht herausgeschossen, daß es bis an die Decke spritzte. Das hat man fast nie, daß nach einem solchen Unfall sechs Monate vergehen, ohne daß sich deutlichere Symptome zeigen als bei ihm. Jetzt müssen wir abwarten, wie das Gehirn sich erholt. Es muß sich wieder dort ausbreiten, von wo das Hämatom es verdrängt hatte. Wir werden sehen, wie weit die Symptome wieder verschwinden und wie groß der irreparable Schaden ist. Manchmal erholt das Gehirn sich bestens, aber, wie gesagt, normalerweise führt man so eine Operation sechs Wochen und nicht sechs Monate nach dem Unfall durch. Ein äußerst ungewöhnlicher Fall.«

Tom will gegenüber dem Arzt, der sich schließlich schon einmal geirrt hat, auftrumpfen. »Sind Sie sicher, daß Sie da nicht zu schwarz sehen? Könnte es nicht sein, daß er wieder ganz der alte wird?«

Der Neurologe, stets vorsichtig, hält sich bedeckt. »Es würde mich überraschen, wenn keine Schädigungen zurückblieben.«

Und wie es seine Art ist, muntert er uns im Gehen noch über die Schulter hinweg auf: »Wir sollten froh sein. Er wird am Leben bleiben.«

Daddy ist ein Mensch, der sich vom Augenblick mit Hilfe einer Kamera distanziert. Seine Rolle, wenn Leute zusammenkom-

men, besteht darin, alles auf Photographien festzuhalten, die er in seiner Dunkelkammer entwickelt und im Badezimmer zum Trocken aufhängt. Er umgibt sich mit Belichtungsmessern, Stativen, Photoapparaten, Filmkameras, Scheinwerfern, alten ledernen Kamerataschen, Projektoren und Leinwänden.
Mein erstes Bad nach meiner Geburt im Elternhaus hält er auf einem 8-mm-Film fest. Die Vorführung dieses Bilddokuments gehört zum festen Ritual eines jeden Familientreffens, bis die jüngeren, in der Klinik geborenen Cousins und Cousinen aus Langeweile und Eifersucht protestieren.
Er schafft Realität, indem er uns Regieanweisungen gibt und uns photographiert. Ich lerne mich in Positur zu setzen. Ich lerne, daß alles, was ich tue, faszinierend ist. Ich überlege, wie ich auf der Leinwand wirken werde, sogar als ich von meinem Dreirad falle, mich in meinem neuen Kleid drehe, aus dem Gartenschlauch trinke oder Tommys Hand umklammert halte und dabei in die Sonne blinzle.
Ich entwickle ein Gefühl für das Publikum, bevor ich ein Gefühl für mich selbst entwickle. Und das Publikum ist Daddy. Es wird sich wohl niemals mehr klären lassen, ob mir weniger zu Bewußtsein gekommen wäre, daß er mich wahrnimmt, wenn er mir nicht einen Filmstreifen nach dem anderen von mir selbst vorgeführt hätte. Jedenfalls lernte ich, mich selbst mit seinen Augen zu sehen und mein Leben als eine Art Film zu begreifen.

»Du weißt ja, wie sehr ich mich um deinen Vater sorge. Habe ich dir erzählt, wie oft er Alpträume hat? Wie er mich aufweckt, wie er lauthals schreiend aus dem Bett springt, angsterfüllt, und doch nicht aufwachen kann?«
Ich erwache, und mein Herz klopft. Ich warte auf den nächsten markerschütternden Schrei in der Nacht, warte darauf, daß ich Daddys Stimme erkenne, die da »Hilfe, Hilfe!« schreit. Ich laufe zu ihrem Zimmer und sehe, wie Mama Daddy im Arm hält. Sie sagt: »Ist ja alles wieder gut«, und er weint, er weint. Dann sagt er: »Keine Angst, Schatz. Daddy hatte einen bösen Traum. Einen Alptraum. Ich dachte, ein Bär wäre hinter mir her, aber es war nur ein Traum. Es war nur Einbildung. Hab keine Angst.«

»Letzte Nacht hat er mir einen Schrecken eingejagt wie nie zuvor«, erzählt Mutter weiter. »Er schrie, fuhr hoch, sprang quer über das Bett in die Ecke und trat gegen die gläserne Schiebetür. Es war eine Halluzination. Später erzählte er, er habe mich vor einem Tiger beschützt. Selbst als er gegen die Glastür trat, und du kannst dir vorstellen, wie weh das getan haben muß, hörte er nicht auf. Er ist nicht aufgewacht. Er war wie ein Wilder. Seine Augen waren aufgerissen. Er brüllte unmenschlich. Es war grauenvoll. Ich habe gerufen: ›Leonard, wach auf! Du träumst.‹ Aber er ist einfach nicht aufgewacht.«

»O nein.« Allmählich begreife ich.

»Dann war auf einmal alles vorüber. Er hat mich angeschaut, als sei er nun wieder er selbst. Er sagte: ›Ich habe geträumt, ein Tiger fiele dich an.‹ Dann sah er an sich herab, und wir bemerkten beide, daß sein Fuß blutete. Er hatte die Glasscheibe zerbrochen und sich in den Fuß geschnitten. Wir haben ein Handtuch darumgewickelt, und ich bin mit ihm zur Unfallstation gefahren. Ich glaube, sein Zustand macht ihm wirklich Sorgen. Den ganzen Tag lang war er still und in Gedanken. Ich bringe ihn nicht dazu, darüber zu reden.«

»Meinst du, die Alpträume kommen von seiner Operation? Ich weiß, die Sache mit dem subduralen Hämatom liegt Jahre zurück, aber was sagt der Arzt dazu?«

»Der Doktor empfiehlt, daß er ein Schlafmittel nimmt, aber du weißt ja, was Leonard von Medikamenten hält. Er sagt, sie machen ihn nur benommen, und er glaubt nicht, daß die Alpträume dadurch weniger häufig kommen.«

»Er hat immer sehr lebhaft geträumt.«

»Aber das war mehr als ein Traum. Er ist nicht aufgewacht, so wie man aus einem Traum erwacht. Er war wie besessen. Er war nicht mehr er selbst. Er war in einer anderen Welt.«

»Bitte, bitte, sprich mit dem Arzt.«

»Und wenn man nun nichts machen kann? Wenn es immer schlimmer wird? Ich habe Angst, bei ihm zu schlafen. Seit er mich vor ein paar Monaten im Schlaf getreten hat, habe ich Angst. Ich kann gar nicht mehr richtig schlafen.«

»Vielleicht solltet ihr getrennte Schlafzimmer haben«, schlage ich vor, obwohl ich weiß, daß sie nicht auf meinen Vorschlag eingehen wird.

»Ja, ich glaube, das wird das beste sein.« Erst jetzt wird mir klar, daß etwas zutiefst in Unordnung ist. Erst jetzt begreife ich allmählich das Ausmaß von Mutters Sorge. Sie ist eine Frau, die Konflikte unterschätzt; sie zögert, trivialisiert, ironisiert. Im Grunde ihres Herzens ist sie eine Bauersfrau, ein Mensch, der darauf wartet, daß sich das Wetter ändert, daß die Ernte gut wird, daß etwas von außen kommt.

Und der Sandhaufen ist meine kleine Stadt. Jede Ameise hat ein eigenes Zimmer und ein Körnchen, das sie tragen muß. Du da, trag dein Körnchen. Folge deinem Bruder. Genau so. Folge deinem Anführer. Tragt eure Körnchen und baut ein Haus. Einfach so. Wenn ich eine Ameise bin, dann ist da ein Großer dabei, der mir zuschaut und denkt, ach, sie ist ja nur eine Ameise. Sie hält sich für ein Mädchen, aber sie ist eine Ameise. Sie kann dem Anführer folgen.

»Ah! Aua! O nein! Daddy, Daaaddy. Daaady!«

Seine Hände sind überall, verbrennen mich wie mit Funken. Ich bin eine funkensprühende Wunderkerze. Funken gehen mir unter die Haut. Er zerrt an den Trägern meines Spielanzugs. Knöpfe fliegen wie Funken. Ich brenne nackt in der Mittagssonne. Schweiß vermischt sich mit Tränen. Schmutzige Rinnsale laufen über meinen Bauch. Er reißt sich das Hemd herunter und wickelt mich darin ein. Er trägt mich wie ein Baby. Heulsuse. Ich bin übersät mit roten Flecken. Seine Tränen verbrennen meine wunde Haut.

»Hallo. Hallo? Hallo.« Das Schweigen am anderen Ende der Leitung hat etwas Zwingendes. Es ist Neujahrsmorgen. Ein merkwürdiger Zeitpunkt für einen Jux. Ich lege noch nicht gleich wieder auf. »Hallo. Wer ist da bitte?« frage ich.

Ich horche angestrengt und versuche die zögernd geflüsterten Worte zu verstehen. »Leonard Wolfe. Hier ist dein Vater, Leonard Wolfe.«

»Daddy. Daddy.« Ich bin verwirrt. »Wo bist du, Daddy? Ist etwas nicht in Ordnung?«

»Ich bin hier. Am Flughafen.«

»Hier? Am Flughafen? Wann bist du angekommen?« Selbst ich merke, daß meine Stimme zu hart klingt.
Nach einer langen Pause flüstert er stockend. »Ich weiß es nicht. Gestern, glaube ich.«
»Du bist gestern angekommen? Wo ist Mutter? Bist du allein gekommen?«
»Ja, allein. Ich will mich um Dads Firma kümmern. Die Geschäfte abwickeln.«
Die Familie steht in Verhandlungen über den Verkauf des familieneigenen Autohauses. Mein Onkel Benny hat zahlreiche Telefonate mit meinen Eltern geführt, um die Modalitäten zu klären. Jetzt begreife ich, was es bedeutet, daß Daddy allein nach Kansas geflogen ist, um den Verkauf zu regeln. Er hat die ganze Nacht auf dem Flughafen gesessen, außerstande, mich zu erreichen, außerstande, sich ein Taxi zu nehmen.
»Daddy. Ich bin gleich da. Versprich mir, einfach zu warten. Geh nicht nach draußen. Bleib, wo du bist. Ich bin schon unterwegs.«
Am Flughafen angekommen, lasse ich den Wagen mitten im Parkverbot stehen, mit laufendem Motor, und stürme hinein, um ihn zu suchen, ich fürchte, daß er nicht dort geblieben ist, wo er auf mich warten sollte. Jedem Reisenden in der Gepäckausgabe blicke ich ins Gesicht, doch er ist nirgends zu sehen. Langsam nimmt er Gestalt an, und er ist ein Fremder.
Er ist klein, winzig geworden in der blauen Steppjacke und der schwarzen Strickmütze, durch den Rucksack auf seinem Rücken. In seinem Gesicht steht keinerlei Furcht. Er wartet geduldig, das Phantom einer Gestalt aus Kindertagen. Ein Junge, für einen Ausflug zurechtgemacht, wartet auf den Pfadfinderführer und die anderen Jungs, sitzt gedankenverloren da, malt sich die Wanderung aus, träumt von dem Aufstieg. Einen Augenblick lang wird er für mich ein groteskes, verlorenes Kind, das irgendwie in einer ganz anderen Zeit existiert als ich. Das ist nicht mein Vater.
»Daddy. Hier bin ich. Ich bin's. Ach, Daddy.« Er wehrt sich gegen meine Umarmung.
»Warum hast du mir denn nicht Bescheid gesagt, daß du kommst?«
»Wir fanden, das war nicht notwendig.«

»Als ich nicht ans Telefon ging, bist du da auf die Idee gekommen, dir ein Taxi zu nehmen?«
»Ich wußte nicht... ich hatte deine Adresse vergessen.« Er wird unsicher, dann fängt er sich wieder. »Mir ging's prima. Ich wußte ja, daß du früher oder später 'rangehen würdest.«
Wie lange mag er wohl in der Abfertigungshalle gewartet haben, nicht in der Lage, anzurufen, nicht in der Lage, sich zu erinnern, nicht in der Lage, um Hilfe zu bitten? Ich male mir aus, wie ich Silvester gefeiert habe, und er wartete hier, eingeschnürt in seine Expeditionsausrüstung, verloren und dabei zu ängstlich, sich an einen anderen Reisenden zu wenden.
Ich nehme ihn mit zu mir, und auf der Fahrt zerbreche ich mir den Kopf, wie ich verhindern kann, daß die übrige Familie sieht, was ich gesehen habe.
»Ich kann dich nach Meade fahren, Dad. Ich kann dich zu dem Familien-Geschäftstreffen bringen.«
»Das wüßte ich sehr zu schätzen, Carol«, antwortet er, und die Förmlichkeit gibt mir eine willkommene Möglichkeit, auf Distanz zu gehen. »Du mußt wissen, wie solche Transaktionen vor sich gehen.« Und dann gesteht er ein – »Und ich brauche deinen Rat. Ich brauche deine Hilfe bei diesem Geschäft.«
Während der Woche, in der wir die Verhandlungen führen, sind wir ein Team. Ich trage Daddys Ideen, wie ich sie verstehe, Opa, Daddys Geschwistern Benny und Willa vor. Sein ganzes Erwachsenenleben lang hat er dieses Familienbündnis intellektuell und finanziell beherrscht, indem er dem bisweilen tyrannischen Verhalten seines Vaters entgegentrat, die Kluft zwischen diesem und den jüngeren Geschwistern überbrückte und mit seinen Kenntnissen in Buchführung, Steuer- und Wirtschaftsdingen das Geschäft am Leben erhielt.
Nun ist es Zeit zu verkaufen. Opa ist empört. Er beschuldigt Oma, sie habe sich mit den Kindern verschworen, das Geschäft an sich zu reißen und ihn um seinen Lebensunterhalt zu bringen. Wir steckten alle unter einer Decke. Wenn wir das Geschäft verkauften, könnten wir ihn ebensogut gleich umbringen. Ich bin überrascht, auf wie vielfältige und unerwartete Weise ich in die Rollen meines Vaters schlüpfe. Ich stelle ihm Fragen, die Großvater beruhigen

sollen. Manchmal antwortet er. Wenn er nichts antwortet oder den Faden verliert, antworte ich für ihn oder nehme seine Gedanken auf. Die anderen spielen mit, denn sie spüren, daß meine Einmischung sie vor einer Wahrheit schützt, der sie sich nicht stellen wollen.

Wir streiten uns mit Opa, und dann trösten wir ihn wieder. Wir appellieren an seinen Geschäftssinn, an die Vernunft, an Geldgier. Wir wollen, daß er das Geschäft aufgibt. Wir wollen nichts mehr damit zu tun haben. Er möchte, daß die Kinder es übernehmen. Er will »das Steuer aus der Hand geben«, es »jedem in der Familie überlassen, der es führen will«. Seine Kinder bleiben hart. Am Ende muß er einwilligen, daß sie es für ihn verkaufen. Wie ein Schatten stehe ich für meinen Vater, stelle mich gegen Opa, den königlichen alten Tyrannen, und sehe, wie sehr ihre Auseinandersetzung meinem lebenslangen Kampf mit Daddy gleicht. Und wie bitter ich bin, weil ich weiß, daß er nun zu schwach ist, sich gegen meinen Willen zu behaupten.

Es ist 1980, und nach zahllosen Telefonaten mit meiner Mutter in Kalifornien habe ich sie überredet, nach Kansas zu kommen und Daddy zu neurologischen Untersuchungen in ein Krankenhaus zu bringen.

Mutter fragt Daddy: »Was haben die Ärzte heute mit dir gemacht?«

Er mustert die Wand, während er überlegt. Wir warten. »Ein EEG, glaube ich... Ja, ein Elektroenzephalogramm.«

»Und was hat der Neurologe zu deinen Augen gesagt?«

Er stockt erneut, doch diesmal kommt die Erinnerung schneller. Er hat den Faden wiedergefunden, seine Stimme klingt fest, so als ob er ein wissenschaftliches Problem erörtert.

»Die Nerven zeigen Degenerationserscheinungen. So wie man es von der Parkinsonschen Krankheit kennt.«

Wenn wir der Sache einen Namen geben, dann können wir damit fertigwerden, sie meistern, ihr ins Auge blicken. Wir können uns überlegen, wie wir damit umgehen. Wir können nach einem Heilmittel suchen oder ihre Existenz einfach leugnen.

Ich will nicht an die fernere Zukunft denken. »Es gibt ein Medikament gegen die Parkinsonsche Krankheit. L-DOPA.« Ein häßlicher Name, L-DOPA. *The dope.* Der Idiot. Ein grausamer Scherz. Eine der Nebenwirkungen ist Impotenz. Er hat einige Nummern des *Playboy* in sein Krankenhausgepäck geschmuggelt. Auf dem Nachttisch liegt ein Exemplar, aufgeschlagen ist die ausklappbare Doppelseite in der Mitte.

Er wechselt das Thema, spricht nicht mehr von der Diagnose, sondern von seinem neuesten Geschenk für mich. »Was hältst du vom Weihnachtsmann?« Er spricht mit einem sanften Ich-bin-immer-noch-der-alte-Tonfall, seine Züge sind weich, forschend.

»Ich weiß gar nicht, was ich sagen soll. Du hast mir schon so viel geschenkt. Ich weiß nicht, ob ich zulassen kann, daß du mir ein Auto kaufst.« Es verschlägt mir die Stimme. Jetzt ist die Zeit, alles zu nehmen, was er mir gibt, zuzulassen, daß er mir etwas schenkt, was greifbar und groß ist. Doch selbst jetzt will ich noch immer meine Abhängigkeit leugnen.

Mutter starrt auf den Fernseher über unseren Köpfen, Tränen kullern lautlos über ihre Wangen. Daddy und ich führen eine Unterhaltung mit sorgsam gewählten Themen und Stimmungen, getreu der Familienmaxime: Sei stark für die anderen. Wir reden über das Essen, die Eigenheiten der Krankenschwestern. Ich rede. Er stimmt zu.

Wir klammern uns an den Augenblick. Er wird nicht mehr er selbst sein. Von Tag zu Tag wird er weniger er selbst sein. Von Tag zu Tag wird er weniger zielgerichtet handeln können. An die Stelle des freien Willens wird das Unwillkürliche treten. Störung des Zentralnervensystems. Ver-störung. Zer-störung.

Stets hat er jeden Aspekt seines eigenen Lebens und des unseren unter Kontrolle gehabt. Er hat gelernt, wie alles funktioniert. Er hat Formeln auswendig gelernt, die Gesetzmäßigkeiten der Natur quantifiziert, Kraft analysiert, Licht gemessen, Zeit und Bewegung gezählt, alle Kräfte nutzbar gemacht. Er war ein Naturwissenschaftler, dessen Intoleranz gegenüber dem Wunderbaren jegliches Geheimnis zerstörte. Daß unser Wissen Grenzen hatte, war allein der Tatsache zuzuschreiben, daß Systeme Grenzen hatten, daß die Sprache unzureichend war, daß unser Verstand noch nicht weit genug entwickelt war. Wenn wir es nur wirklich wollten,

konnten wir in unbekannte Bereiche vordringen. Er war uns stets ein Vorbild, ein Musterbeispiel dafür, wie man sich geistigen Dingen widmet, wie man sein Leben dem Verstand unterordnet und Verantwortungsbewußtsein zeigt.
Doch manchmal war er auch abwesend. Er vertiefte sich in mathematische Rätsel, die er auf kleine Zettel gekritzelt hatte, entzog dem versammelten Familienclan seine Aufmerksamkeit, warf verstohlene Blicke auf Berechnungen, während wir anderen einfach nur redeten und lachten. Alles Abstrakte und Philosophische war Leonards Domäne.

Mama hat eine Überraschung für Carol. Komm her und schau dir deinen kleinen Bruder an. Jetzt bist du unser großes Mädchen. Du kannst Mama helfen, Klein-Tommy zu versorgen. Mama hat einen kleinen Jungen. Daddy hat ein großes Mädchen.
Wer bist du?
Ich bin dein Daddy.
Wer bin ich?
Du bist mein Zuckerpüppchen. Du bist mein großes Mädchen.
Wer bist du?
Ich bin dein Daddy.
Mein Daddyboy?
Dein Daddyboy.

Wir haben eine Besprechung mit dem Neurologen. Er ist abweisend, vielleicht etwas irritiert, weil der Patient an unserer Konferenz teilnimmt. Daddy hat seine Symptome analysiert und sich Notizen über seinen intellektuellen und physischen Leistungsabfall seit dem Fahrradunfall vor fünfzehn Jahren gemacht. Der Neurologe hält vielleicht nichts von unserem Respekt vor Daddys Wissen und unserem Interesse an seinem eigenen medizinischen Befund, doch Mutter und sein Bruder Benny und ich haben uns dennoch entschlossen, ihn in unsere Unterredung mit einzubeziehen. Schließlich ist er immer noch derselbe Mensch, der Anordnungen darüber traf, was mit seinen sterblichen Überresten geschehen sollte, als nach dem Fahrradunfall vor fünfzehn Jahren jene falsche düstere Prognose gestellt wurde. »Ich will keine Bei-

setzungsfeierlichkeiten. Wenn die Leute etwas zu meinem Gedenken tun wollen, dann bittet sie, ihr Geld an den Vietkong zu schikken.« Ich erinnere mich, wie froh ich war, als ich sah, daß er dem eigenen Tod ins Auge blicken konnte, daß er auch dann noch zu seinen radikalen politischen Ansichten stand, als er erfuhr, daß er aller Wahrscheinlichkeit nach an einem inoperablen bösartigen Hirntumor litt.
Der Neurologe trägt die Ergebnisse der Untersuchungen vor. »Das EEG zeigt eine unspezifische Anomalie, was auf einen allgemeinen neurologischen Defekt schließen läßt. Die Untersuchung mit dem Computertomographen hat eine leichte Rückbildung der Hirnrinde ergeben. Die psychologischen Tests, die speziell auf organisch bedingte Funktionsstörungen zugeschnitten sind, zeigen einen merklichen Rückgang im Bereich des Kurzzeitgedächtnisses und einen gewissen Schwund bei den intellektuellen Funktionen im allgemeinen.«
Ich bin wütend. Ich weiß, daß er unsere Einschätzung von Daddys außergewöhnlichen intellektuellen Fähigkeiten außer acht gelassen hat und daß das, was er als einen »gewissen Schwund bei den intellektuellen Funktionen im allgemeinen« bezeichnet, in Wirklichkeit ein radikaler Verlust ist. Ich konzentriere mich darauf, wie vereinbart Notizen zu machen, während mein Onkel und meine Mutter den Arzt ins Kreuzverhör nehmen und Daddy ins Leere starrt, seine Aufmerksamkeit erloschen ist.

Die Photoalben sind abgegriffen von Kindern, die nach Antworten auf so klassische Fragen suchen wie: »Wer warst du, als du noch ein Junge warst?« oder »Wo bin ich geboren?« oder »Weißt du noch, als ich ein Baby war?«
Kamerataschen und Belichtungsmesser hängen über seinen Schultern. Sobald etwas Besonderes los ist, stellt er Lampen auf mit Reflektoren wie Monde. Er läßt das Essen auf seinem Teller kalt werden und richtet die Filmkamera auf jeden einzelnen an dem langen, festlich gedeckten Tisch. Seine eigenen Geschenke beachtet er gar nicht, während er die Begeisterung der Kinder bei jedem einzelnen Päckchen festhält. Oma kann nicht anders, sie muß doch lächeln, dann hält sie sich die Hand vor den Mund, während Opa ihre Taille

umfaßt und mit der Kamera flirtet. Norman überwältigt Hazel in einer Umarmung à la Valentino. Benny führt auf dem Flur seinen Steptanz auf. Willa wirbelt ihren Tambourstock, und sie macht es so linkisch, daß jeder sieht, daß er nagelneu ist. Die Schwarzweißfilme sind wie der Schein eines Kaminfeuers, der Duft des Tannenzapfens auf dem Sims, der Widerschein des Schnees, der im Garten hinter den Fenstern fällt, in denen Kerzen brennen.
Es ist, als ob er selbst das Wachstum der Kinder und den Wechsel der Jahreszeiten mit seiner Kamera herbeizwingt. Er ist ein schweigsamer und zurückhaltender Mensch, jemand, der nicht gern lobt oder seine Gefühle zeigt. Und doch ist er ein Mensch, der liebevoll Familienfeste im Laufe der Zeiten dokumentiert. Das Geschenk, das dieser Mann seiner Familie macht, ist ihre Geschichte.

Mein Ehemann John macht den Salat an. Mutter kocht Kartoffeln, damit wir »richtiges Kartoffelpüree« bekommen. Meine Tochter Jana deckt den Tisch. Daddy ist überall dabei, in der Hoffnung, nehme ich an, gebraucht zu werden, helfen zu können.
»Daddy, du könntest in den Keller gehen und ein wenig Schokoladeneis aus der Kühltruhe holen.«
Meine Stimme klingt allzu mütterlich, als ich ihm diese doppelte Freude in Aussicht stelle – er darf helfen und wird dafür noch mit Eiscreme zum Nachtisch belohnt. Er strahlt und schlurft hinaus auf den Flur.
Wir vermissen ihn erst, als wir schon alle am Tisch sitzen. Ich stürze nach unten. Er steht mitten in der Waschküche. Seine Hände sind leer. »Ich kann das Auto nicht finden. Wie kommt man denn aus dieser Garage?« Ich führe ihn nach oben und denke nicht mehr an das Eis.
Wir setzen uns an den Tisch, und die Schüsseln werden herumgereicht. Als er mit dem Salat an der Reihe ist, bedient er sich mit der großen Gabel aus dem Salatbesteck. Er behält sie und ißt den Rest der Mahlzeit über mit dieser großen, unhandlichen Gabel. Niemand macht ihn auf seinen Irrtum aufmerksam. Wir plaudern allzu fröhlich, füllen die Leere, die das Gefühl des Verlusts bei uns allen hinterläßt.

Es ist 1980, noch bevor medizinische Fachzeitschriften und die Presse von der epidemieartigen Ausbreitung der Alzheimerschen Krankheit berichten. Der Neurologe bemerkt die kleinen Schritte, die zitternden Hände und die gelegentlich maskenhaften Züge auf Daddys Gesicht und schließt daraus, daß wir es wahrscheinlich mit der Parkinsonschen Krankheit zu tun haben, einer fortschreitenden Rückbildung des Gehirns; das bedeutet, daß er noch rund zehn Jahre zu leben hat. Wir hätten uns allein mit dem Arzt treffen sollen. Daddy hätte das nicht hören dürfen. Ich hätte nicht darauf bestehen sollen, ihn von einem Spezialisten untersuchen zu lassen. Meine Schuldgefühle bewahren mich vor der Trauer.
Das war die erste von zahlreichen Unterredungen mit Neurologen. Nach solchen Besprechungen sitzt die Familie regelmäßig da und brütet über unbeantworteten oder ungestellten Fragen. Jedesmal lernen wir mehr darüber, wie wir uns selbst schützen, indem wir einfach nicht alles zur Kenntnis nehmen. Jeder von uns, Mutter, Benny und ich, hat bei der Prognose etwas anderes gehört. Wir spekulieren nur darüber, was Daddy gehört und wie er das Gehörte verstanden hat. Mutter, die geradezu übertrieben direkt ist, läßt sich durch nichts davon abhalten, ihre Fragen und Beobachtungen an den Mann zu richten, der im Grunde jede Entscheidung in ihrem Leben getroffen hat, seit sie ihn mit dreiundzwanzig Jahren geheiratet hat. Wie viele Frauen ihrer Generation wird auch sie durch Verlust und Verzweiflung zur Freiheit gelangen.

Mutter, Daddy und ich sitzen an meinem Küchentisch, als Daddy aus dem Krankenhaus zurück ist. Mutter und ich suchen nach unverfänglichen Gesprächsthemen. Diese Art von Gesprächen hat er nie gemocht. »Hol ein Stück Papier, Carol. Du mußt ein paar finanzielle Dinge festhalten.« Er legt die Einzelheiten seiner Finanzen mit großer Klarheit und Präzision dar, schärft mir ein, daß Mutter nie in Immobilien investieren soll, eine wohlvertraute Maxime.
Ich stelle kluge Fragen, zeige mich der Tatsache gewachsen, daß ich Aufnahme in die Männerdomäne finanzieller Überlegungen gefunden habe. Meine Mutter gehört nicht zu diesem Kreis. Ich spüre, daß ich sie verrate, indem ich zulasse, daß er sie ausschließt.

Doch die Tatsache, daß er um meine Aufmerksamkeit wirbt, hat etwas Erregendes. Wie oft habe ich Verlagerungen im Kräftegleichgewicht dieser intimen Dreieckskonstellation genossen. Wie oft haben wir Entscheidungen ohne Mutter getroffen.

»Aber, Carol, was machst du denn da in dem Kinderbettchen? Gib mir sofort die Schere! Was ist bloß in dich gefahren? Her damit, junges Fräulein! Du könntest dem Baby weh tun! Was hast du zu deiner Entschuldigung vorzubringen?«
»Ich mache Tommy die Haare. Tommy muß zum Friseur.«
Daddy hat mich übers Knie gelegt, seine Hand brennt schlimmer als Ameisenbisse, heißer, als wenn kochender Haferschleim auf meinen Arm tropft, schlimmer, als wenn ich mir auf dem Pflaster das Knie aufschürfe.
»Du darfst nie, nie, nie, nie mit einer Schere in die Nähe des Babys kommen!«
Ich bin ein böses Mädchen. Jetzt bin ich nicht mehr Daddys Mädchen.

Daddy weigert sich, seine Daunenjacke und die Strickmütze auszuziehen. Er ist zu Gast an meinem Küchentisch, sitzt da, eingemummelt wie ein Kind, das darauf wartet, daß ihm seine Mutter die Winterstiefel anzieht, begeistert von der Aussicht auf einen verschneiten Garten.
Ich stelle ihn Freunden vor, die vorbeikommen und ihn kennenlernen wollen, solange noch Zeit ist. Er ist höflich, erinnert sich an Umgangsformen, die er vor langer Zeit einstudiert hat. Manchmal kommt es mir vor, als ob ich in seiner Erinnerung zu seiner Mutter werde, wenn ich ihm mit meinem Tonfall zu verstehen gebe, daß er auf seine Manieren achten soll. Seine Anwesenheit ist erwünscht.
Im Augenblick ist er Herr seiner selbst. »Ich bin erfreut, Sie kennenzulernen«, sagt er zu meiner Freundin Marni.
Sie ist taktvoll genug, Feststellungen zu treffen, anstatt Fragen zu stellen, auf die Antworten zu geben wären, die das Gewirr seiner Nervenenden vielleicht überforderten. »Wie ich höre, mögen Sie das Wetter in Kansas.«

»Ja. Ich mag das Wetter in Kansas«, greift er das Stichwort auf und lächelt.
»Carol hat mir erzählt, daß Sie ein paar Wochen bei ihr bleiben wollen.«
»Ja, ich genieße meinen Besuch hier.« Er mustert ihr Gesicht, so als ob er ihr Mitleid spürte.
Dann macht er ihr ein überraschendes Geschenk. Er hat Photokopien von all seinen Artikeln über die Alzheimersche Krankheit in einem großen Briefumschlag gesammelt. »Möchten Sie etwas über meine Krankheit lesen?« fragt er höflich und hält ihr den Umschlag hin. »Es ist sehr interessant.«
»Oh, ja. Danke.« Sie blättert in den Artikeln, ihr Kopf ist gesenkt, ihre Stimme sachlich, voller Respekt für seine wissenschaftliche Objektivität.
Er zeigt ihr Aufnahmen von geschrumpften Hirnzellen. Die Fachbezeichnungen fallen ihm nicht mehr ein. »Da sehen Sie, was passiert«, sagt er.

Allein in meinem Haus, lese ich alte Briefe und genieße, daß ich während des Schneesturms, auf den ich den ganzen Winter über gewartet habe, das Haus in Ordnung bringen kann. Unverhofft stoße ich auf einen Schatz. Briefe von Mutter an Daddy, die zweifellos Oma aufbewahrt hat, für die jeder Brief ein geheiligtes Dokument war. Zwischen den verblaßten Bögen finde ich Liebesbriefe, eine Heiratsurkunde, einen Finanzplan für ihre Flitterwochen im Lore Locke Hotel von Dodge City und einen halbfertigen Brief, den Mutter in den Flitterwochen an ihre Mutter geschrieben hat.
Ihre Briefe sind voller Eifer und freudiger Erwartung. Sie macht einen Kurs am Emporia State Teachers College, um sich auf ihre Unterrichtstätigkeit an einer Dorfschule vorzubereiten. Sie vermißt ihren Verlobten. Sie drückt ihre Zuneigung zurückhaltend aus, aber die Gefühle sind auch hinter den etwas steifen Worten deutlich zu spüren. Ich bin ein Voyeur, blicke in ein Kaleidoskop der Vergangenheit.
Vor meinem Fenster fällt langsam der Schnee. Die Flocken sind riesig. Die Küche ist erfüllt von dem geheimnisvollen hellen

Schein, der entsteht, wenn Licht durch einen Schleier aus Schnee dringt.
Zwischen den Briefen finde ich ein winziges Tagebuch. Die meisten Seiten sind leer. Jede Seite ist in fünf Abteilungen unterteilt. In der nahezu unleserlichen Schrift meines Vaters finden sich kostbare Eintragungen aus dem Jahr 1922, jede besteht nur aus einem Satz. Der Elfjährige sieht sich als Abenteurer. »Wir brechen auf nach Kalifornien.« – »Wir durchqueren die Wüste.« Und nachdem die Familie in Kalifornien angekommen ist, macht er sich daran, das unbekannte Terrain zu erobern. »Heute einen Schatz vergraben.« – »Heute einem Club beigetreten.« – »Heute Geheimnisse vergraben.« – »Heute mit Homer gestritten. Habe ihn ganz schön vermöbelt.«
Das Kind auf dem Photo blickt ernst drein. Leonard steht neben seinem Bruder Norman, er hat ihm, der wie ein Zwillingsbruder neben ihm sitzt, die Hand auf die Schulter gelegt. Das Photo stammt aus der Zeit, als die beiden sich noch nicht auseinanderentwickelt hatten. Beide sehen in ihrem Aufzug wie perfekte Kopien des Kleinen Lords aus, mit ihren Samtjacken und weißen Hemden, den weißen Kniebundhosen und Schnallenschuhen. Norman muß erst noch der Clown werden, der sich später zum Rebellen entwickelt. Seine Stirn ist glatt. Seine Augen sind ruhig und heiter. Auf späteren Photographien wird man dann erkennen, wie die feierliche Würde verschwindet, die er hier noch seinem älteren Bruder abschaut, der weiß, wie man für einen Photographen posiert.
Auch auf viel späteren Bildern hat Leonard immer den gleichen Gesichtsausdruck. Er wird die Feierlichkeit seiner Kindheit behalten. Norman wird hektischer werden, Faxen machen in dem Augenblick, in dem die Kamera klickt. Da sieht man ihn zum Beispiel, wie er seinem ahnungslosen Bruder Teufelshörner aufsetzt, wie er sich in einer hochdramatischen Pose über seine zukünftige Frau Hazel beugt und sie lustvoll küßt, oder wie er ganz unvermittelt Intellektuelle, Playboys, Gangster, Schwachsinnige mimt.
Ihre Mutter wird sie auch weiterhin gleich kleiden. Ihr Vater wird ihnen die gleichen Dinge beibringen: das Überleben in der Wildnis, Verkaufsstrategien und die Grundlagen der Religion. Trotz-

dem werden sie sich unterschiedlich entwickeln. Norman wird der Partylöwe sein, der verzweifelt nach Aufmerksamkeit hascht, bis er eines Tages sein letztes Glas leert, das Glas, mit dem sein Leben zu Ende geht. Leonard wird nach Vollkommenheit und Wissen streben, so lange, bis er nach und nach, von Tag zu Tag, von Zelle zu Zelle den Verstand verliert.
Und jetzt ist nur noch dieser so kostbare alte Kram da. Diese Briefe, diese Photographien, dieses Tagebuch. Diese vergessene Blechschachtel.

Morgens ist es eiskalt. Wir drehen die Heizung nicht höher, weil wir nicht gerade im Geld schwimmen. Mama macht uns Toast im Backofen. Danach läßt sie die Ofentür offen, stellt sich mit dem Rücken davor und genießt die Wärme.
»Die Löcher werden immer größer. Ich werde mir die Socken durchscheuern«, jammere ich und hasse mein Kleinkinderstimmchen.
»Und was ist aus der Pappe von gestern geworden?« fragt Daddy.
»Die Pappe habe ich durchgelaufen.« Ich will erwachsen klingen.
»Na, mal sehen, ob wir noch eine Cornflakes-Schachtel oder so etwas haben.« Er holt zwei Vollkornzwiebacke aus der Schachtel und legt sie in einen Topf.
»Aber das löst sich auf, bevor ich überhaupt in der Schule bin«, klage ich.
»Heute bekommst du zwei Lagen«, sagt er.
Mutter räumt den Tisch ab, während Daddy meinen Fuß auf einer Seite der Zwieback-Schachtel anzeichnet und dabei leise pfeift.
»She'll be comin' 'round the mountain when she comes.«

Mutter berichtet, daß Daddy gestern sehr aufgeregt gewesen sei, als sie ihm sagte, sie werde ihn zum Essen ausführen. Er ging hinunter in sein Arbeitszimmer und sah eine Reihe von Schubladen durch, wie sich am Ende herausstellte, auf der Suche nach seinen Schlüsseln. Dann arbeitete er sich die Treppe hinauf, klammerte sich ans Geländer und setzte einen zitternden Fuß vor den anderen, auf die äußerste Kante einer jeden Treppenstufe.
Die Befehle seines Gehirns an die Füße kommen nur mit Verspä-

tung durch. Seine Augen verraten die Erregung, während die einst so flinken Füße versagen. Er mimt die dürftigen Überbleibsel der Rollen, an die er sich nur noch halb erinnert, er zieht eine zweite Armbanduhr über diejenige, die unerklärlicherweise nicht mehr läuft. Er fährt sich mit den Händen über die Brust und dann über die Hüften, auf der Suche nach der verlegten Brieftasche.

Als sie ihn zur Tür hinaus, die Treppe hinunter und zum Wagen führt, fragt er fröhlich: »Soll ich fahren?« Ich male mir ihre Antwort aus, dann lösche ich sie wieder aus meinem Gedächtnis. Uhr, Schlüssel, Brieftasche sind Symbole der Verantwortung, die ein Mann übernimmt. Betrauert er, daß der Mann verloren ist, der Mensch, der er war? Oder läßt er sich treiben wie ein untätiges, wenn auch ahnungsvolles Kind? Besticht sie ihn mit Eiscreme, so daß er das Risiko des Autofahrens aufgibt, das Risiko, die Tür für sie zu öffnen, die Speisekarte zu lesen und zu fragen, was er ihr bestellen soll?

Jeden Samstag telefoniere ich eine Stunde oder länger mit Mutter. Ich habe mir schon vor langem eingeredet, daß meine Telefonrechnung für die Gespräche nach Kalifornien nicht höher wäre als die Kosten für das Benzin, das ich nur zu gerne bezahlen würde, wenn ich einfach einmal pro Woche ans andere Ende der Stadt fahren könnte, um sie zu besuchen und bei der Hausarbeit zu helfen.

Erst kommt das Wetter, die Jahreszeit, die Kinder, der Garten, die Ereignisse der Woche und dann die des Tages. Es ist windig bei ihr. Der Sturm wird ostwärts ziehen. Wenn sich das Regengebiet nicht über den Rockies auflöst, wird es bei uns am Dienstag Gewitter und Tornadowarnungen geben. Es ist ein ungewöhnlich kalter und nasser Frühling. In meinem Garten überstrahlen die leuchtendvioletten und scharlachroten Anemonen die Hyazinthen, die in dieser Woche ihre Köpfe traurig der nassen Erde zuneigen. Der Judasbaum an der Veranda läßt jetzt seine Blüten auf die Bohlen fallen, ein erster rosa Frühlingsschauer. Letzte Woche habe ich noch geklagt, daß die Osterglocken verblüht sind, aber nur weil ich an das Aufblühen der Anemonen nicht gedacht hatte.

Sie gerät immer wieder ins Schwärmen darüber, daß in Kalifornien das ganze Jahr über alles wächst und gedeiht. Sie kocht Suppe und backt Brot. Sie nennt mir die Preise der im Überfluß vorhandenen frischen Gemüse, die in der Suppe auf ihrem Herd köcheln, während wir telefonieren. Ich gebe ihr den Pfundpreis jeder einzelnen Zutat meiner eigenen Suppe durch. Die Rituale, die mich mit ihr verbinden, sind so zart wie der Duft ihres Brotes in meiner Erinnerung.

Wir bewegen uns behutsam auf das unvermeidliche Thema zu: Daddys Leiden und wie sie es erträgt. Letzte Woche hat sie erzählt, daß er seine Faust nicht mehr öffnen konnte. Sie erinnerte mich daran, daß der Doktor uns prophezeit hatte, daß er eines Tages völlig starr sein würde, sein ganzer Körper zusammengeballt zu einer Art fötaler Faust. Diese Woche erwähnt sie nichts von seiner Starre. Ich frage nicht danach. Sie ruft mir ein früheres Gespräch ins Gedächtnis und erzählt, daß seine Halluzinationen in letzter Zeit weniger häufig auftreten und nicht so lange andauern. Zwar scheint er oft Dinge zu beobachten, die Mutter nicht sieht, aber er warnt sie nicht mehr vor Gefahren, die er in seinen Phantasien sieht.

In einem Nachsatz fügt sie hinzu: »Allerdings hat er sich diese Woche eingebildet, Benny sei zu Besuch. Er konnte gar nicht mehr aufhören zu lachen. Als ich ihn fragte, was so komisch sei, sagte er: ›Dieser Benny. Dieser Benny.‹« Ich stelle mir vor, wie er über einen heimlichen Witz lacht, den ihm sein Poltergeist, sein kleiner Bruder Benny, erzählt hat.

Ich bin glücklich, noch lange nachdem ich aufgelegt habe. Wenn er doch nur in eine neue Phase eintreten könnte. Wenn es ihm vergönnt wäre, seine Spielgefährten aus der Kindheit zu treffen. Wenn all die Freunde und Familienmitglieder, die ihn liebhatten, als er ein Kind war, sich jetzt um ihn scharen könnten, ihm Witze und Geschichten erzählen, wenn sie ihm Geschenke und Erinnerungen bringen könnten. Könnte er doch das Bild seiner liebevollen jungen Eltern wiederauferstehen lassen, seiner rabaukenhaften Brüder, dann würden ihm gewiß auch seine Waldspaziergänge wieder einfallen, die Orte, wo er einst geheime Schätze vergrub, die trägen Sommernachmittage, die von Grillen und Glühwürmchen am Abend kündeten.

Daddy besitzt nur einen Anzug. Es ist ein Anzug, den er von Opa Norman geerbt hat. Er ist aus grauem Kammgarn, Manschetten und Ellbogen sind vom vielen Tragen abgescheuert. Er hat eine weit geschnittene Rückenpartie, die von einem halben Gürtel eingehalten wird. Da Opa Norman Geschmack hatte, muß der Anzug zu seiner Zeit elegant gewesen sein, aber keiner kann sich erinnern, wann das gewesen sein könnte. Der Anzug wird zum Symbol von Daddys Rebellion. Er trägt ihn bei den wenigen obligatorischen Beerdigungen, denen er sich nicht entziehen kann. Weil er den Anzug hat, fordert Oma ihn immer wieder auf, mit in die Kirche zu kommen. Sie würde erschaudern, wenn er das Wort »Atheist« in ihrer Gegenwart gebrauchte.

Ich stecke in einem Kostüm aus gekräuseltem Kreppapier in Rosa und Grün. Die Musik packt mich: »Laß mich Jesu' Sonnenstrahl sein, Sonnenstrahl sein, Sonnenstrahl sein«, ich spüre, wie ich meine Pirouetten drehe, und die Balletteusen geben die Blumen im Hintergrund ab. Während ich dahinwirbele, erhasche ich einen Blick von seiner aufragenden Gestalt. Er ist behängt mit Kamerataschen und Belichtungsmessern. Hinter der surrenden Filmkamera sein strahlendes Lächeln. Ich bin der Star seiner Show. Ich bin Daddys Sonnenstrahl, sein Sonnenstrahl, Sonnenstrahl.

Ich nehme an einer Tagung teil, die vom College für medizinische Pflegeberufe zur Unterstützung von Leuten, die mit Alzheimer-Patienten zu tun haben, veranstaltet wird. Die Tagung ist eigentlich nur für fünfzig Teilnehmer gedacht, die sich beruflich mit dem Problem befassen, aber es kommen mehr als vierhundert, zum Teil Familienmitglieder von Alzheimer-Patienten. Es ist, wie der Tagungsleiter einräumt, »eine Zeit erhöhter Aufmerksamkeit«. Wir sind ein beredtes Zeugnis für das »Ergrauen Amerikas«. Wir stehen für die Frustration, die Verwirrung, die Sinnsuche der Pflegenden.

Ich bin wütend, noch bevor der Neurologe mit seinem Grundsatzreferat beginnt. Das Publikum besteht zu fünfundneunzig Prozent aus Frauen. Ich verurteile den Referenten schon im voraus. Zweifellos werden wir zu hören bekommen, wie ein Mann uns versichert, daß das Pflegen eine ungeheuer bereichernde Erfahrung sein kann. Er ist klinisch präzise, hat eine unverblümte, direkte Art, die ich mit Neurologen assoziiere, weil diese vielleicht mehr als all ihre Standesgenossen lernen müssen, ihre eigenen Grenzen und die ungelösten Geheimnisse der Medizin zu erkennen und zu akzeptieren.

Er gibt zu bedenken, daß die Art und Weise, wie eine Gesellschaft mit ihren Alten umgeht, ein Prüfstein für ihre Humanität ist. Wir als Gesellschaft müssen uns mit der Tatsache vertraut machen, daß es im Jahre 2020 in Amerika fünfundfünfzig Millionen Menschen geben wird, die über fünfundsechzig Jahre alt sind, und daß zehn Prozent der Bevölkerung dann über achtzig und fünf Prozent über fünfundneunzig sein werden.

Einen Augenblick lang sehe ich einen Hoffnungsschimmer. Vielleicht wird er sich mit der politischen Dimension des Problems beschäftigen. Vielleicht wird er die herrschenden Prioritäten in Frage stellen.

Der Referent wendet sich nun der Geschichte von Alois Alzheimers Bemühungen zu, Krankheiten, die zur Demenz führen, von den älteren, psychologischen Definitionen abzusetzen. Vor der Arbeit Alzheimers aus dem Jahr 1907 unterschied man nicht zwischen seelischen und organischen Erkrankungen.

Anhand von Dias erläutert der Neurologe die physiologischen Merkmale, die mit der Krankheit einhergehen. Er zeigt ein Dia von einem normalen Gehirn und ein anderes von dem Gehirn eines Alzheimer-Opfers, und er weist auf die größeren Abstände zwischen den Hirnwindungen beim erkrankten Gehirn hin, auf die seltsamen neurofibrillären Bündel und die ungleichmäßig verteilten Plaques, die für das Gehirn eines Alzheimer-Opfers kennzeichnend sind. Er beschreibt ein Dia nach dem anderen. Schließlich macht er uns noch auf das Maß an Schwund aufmerksam, durch das sich das geschädigte Gehirn vom normalen unterscheidet. Er räumt Schwierigkeiten bei der Diagnose ein, denn die einzig sichere Methode ist die Autopsie. Der Computertomograph hat ebenso seine Grenzen wie die Untersuchungsmethode, bei der Luft in die Wirbelsäule eingeführt wird. Ich mache mir hastig Notizen, der Versuch, den Inhalt des Vortrags in Skizzen und Text gleichermaßen festzuhalten, nimmt mich gänzlich gefangen.

Der Referent beschreibt die verschiedenen Stadien der Erkrankung und bezeichnet sie als das Stadium der Vergeßlichkeit, das Stadium der Verwirrung und das Stadium bloßen Dahinvegetierens. Das erste Stadium ist durch Vergeßlichkeit, Versprecher und das Nachlassen der kommunikativen, wahrnehmenden und kognitiven Fähigkeiten gekennzeichnet. In diesem Stadium ist der Kranke nicht immer er selbst, es unterlaufen ihm Fehler, deren er sich bewußt ist. Der Kranke neigt zu Depressionen und dazu, seinen Zustand zu leugnen. Das zweite Stadium ist gekennzeichnet durch Orientierungslosigkeit, Zerstreutheit, Sprunghaftigkeit und die Verminderung der sozialen Kompetenz. Der Referent erklärt, daß der Kranke in diesem Stadium »das verliert, was ihn zum Menschen macht«, es verschwindet die Fähigkeit zur Gegenseitigkeit, die Fähigkeit zur Unabhängigkeit wie zur gegenseitigen Abhängigkeit, die Fähigkeit, auf andere einzugehen. In sachlichem Ton erläutert uns der Referent, daß der Kranke im Stadium des bloßen Dahinvegetierens keinerlei Fähigkeit zur zwischenmenschlichen Interaktion mehr hat, daß er ohne Aufmerksamkeit, ohne Reaktionsvermögen, ohne Empfindungen ist.
Der Referent stellt die gängigen Theorien über die Ursachen der Krankheit vor und berichtet dann eingehend von den »Heilmitteln«, die in populären Journalen und in der Regenbogenpresse beschrieben werden, und von Untersuchungen, über die die medizinische Fachpresse berichtet. Er versichert seinen Zuhörern, daß ein Heilmittel, sobald es gefunden ist, durch alle Medien gehen wird. Er nimmt uns all unsere Hoffnungen, als er sagt, wir brauchten nicht zu glauben, daß es irgendwo einen Arzt gebe, der Alzheimer-Patienten heile, ohne daß wir es erführen. Es ist nicht so, daß wir denjenigen, die wir versorgen, die Hoffnung auf ein Heilmittel vorenthalten.
Er rät uns, auch die religiöse Dimension unseres Dilemmas zu erwägen. Er lobt uns dafür, daß wir in die Pflege eines anderen Menschen investieren, obwohl wir so wenig dafür zurückbekommen. Er erklärt uns zu Sinnbildern des österlichen Glaubens, weil »wir Menschen sind, wenn wir pflegen, obwohl wir keinen sichtbaren Erfolg und keine Reaktion sehen. Wir tun es, weil es unsere Natur ist.«

Der Neurologe ist ein religiöser Mensch und mit Leib und Seele Arzt. Er macht mich rasend. In der Pause treffe ich eine Bekannte, sie strahlt. »Ist er nicht wundervoll? Finden Sie nicht auch, daß seine Sicht der Dinge einfach großartig ist?«
»Ach, haben Sie einen Alzheimer-Patienten in der Familie?«
»Oh, nein. Ich bin nur hergekommen, um mehr über die Krankheit zu erfahren.«
»Ich fand seinen Vortrag sehr gut. Er versteht sehr viel von dem Thema.«
»Aber fanden Sie ihn nicht auch inspirierend?«
»Nein, keineswegs. Ich halte nichts davon, wenn ein Mann, der niemals einen anderen Menschen gebadet oder ihm die Windeln gewechselt hat, mir erzählt, wie menschlich bereichernd die Pflegetätigkeit sein kann.«
Sie ist schockiert. Ich schäme mich meiner schlechten Manieren, aber ich kann nicht aufhören. Ich bebe vor Wut.
»Jede Woche, wenn ich mit meiner Mutter telefoniere, höre ich, was es sie kostet, sich aufzuopfern. Wenn sie lernen muß, was es heißt, ein Mensch zu sein, indem sie ihr Leben aufgibt für jemanden, den der Referent als ›nicht mehr menschlich‹ beschreibt, dann ist der Gott, von dem er spricht, mehr als verrückt.«
»Oh, es tut mir leid...«
Noch immer kann ich nicht aufhören. »Die Ärzte sollten sich lieber bei den Pflegenden erkundigen, wie sie es aushalten, anstatt ihnen zu erzählen, was ihr Opfer bedeutet. Und wir müssen begreifen, was diese Pflege an persönlichen und sozialen Kosten fordert. Wenn sie eine so heilige Sache ist, wieso stehen die Leute dann nicht Schlange, um die Pflegenden zu unterstützen? Wieso steckt die Regierung kein Geld in die Forschung, wieso sorgt sie nicht dafür, daß den Familien geholfen wird? Es ist unverantwortlich, daß ein Arzt die physiologische Seite der Krankheit darlegt und so unsensibel, so naiv ist, wenn es darum geht, was das Leiden bedeutet.«
»Sie haben sich offensichtlich viele Gedanken darüber gemacht.« Sie versucht mich zum Schweigen zu bringen, denn mein Wortschwall ist ihr peinlich.
»Und er hat sich offensichtlich verdammt wenig Gedanken über

das Leben von Frauen wie meine Mutter gemacht. Zehn Jahre ihres Lebens, die sie hergibt, können sie also lehren, was es heißt, ein Mensch zu sein? Und wenn sie das schon vorher gewußt hat? Sie gleicht den Frauen archaischer Kulturen, sie springt folgsam in das offene Grab ihres Mannes. Und ihr Selbstmord ist gesellschaftlich sanktioniert. Kein Mensch wird auch nur einen Finger rühren, um sie davon abzuhalten.«

Sie sucht nach einem Ausweg. Sie versichert mir: »Wir müssen einmal zusammen essen gehen«, ich muß ihr »unbedingt erzählen, was freiwillige Pfleger in dieser Sache tun können«.

Ich frage mich, als ich an meinen Platz im Hörsaal zurückkehre, ob ich diese Wut wohl jemals wieder loswerde. Ich frage mich, ob ich wohl jemals gute Manieren wie ein Leintuch über diesen himmelschreienden Schmerz decken kann.

Irene Bernside, eine Krankenschwester, die zahlreiche Artikel über den Umgang mit geistig verwirrten Patienten geschrieben hat, verkündet uns, daß der Film *Gramp* nicht gezeigt werden soll. Der Film sei für Pflegepersonal gedreht worden. Die schockierende Wirkung auf Kranke und deren Familienmitglieder könne zu groß sein. Die Konferenz sei ursprünglich für Teilnehmer aus medizinischen Berufen konzipiert gewesen, später habe man auf die Anfragen von Angehörigen hin das Konzept erweitert. Man müsse sich mit der Alzheimerschen Krankheit jeweils in ihren verschiedenen Stadien auseinandersetzen. Ein Patient im ersten Stadium, der diesen Film, der ein Opfer im fortgeschrittenen Stadium porträtiert, sähe, würde in Depression verfallen.

Mein Blickwinkel wechselt, hin zu den Kranken im Publikum. Sie haben schon viel zuviel gehört. Wie entsetzlich für sie, die Bilder zu sehen, die das Schrumpfen ihres Gehirns dokumentieren, die immer breiter werdenden Täler zwischen den Windungen, die Bündelungen der Nerven, die unerbittlichen Ablagerungen von Plaques. Ich sehe mich um. Falls Kranke unter den Zuhörern sitzen, dann sind sie hinter einer stoischen Maske verborgen. Sie geben sich nicht durch Tränen zu erkennen. Niemand im Publikum läßt sich die innere Erschütterung anmerken, die wir alle verspüren müssen.

Ms. Bernside hat genau die Mischung aus Härte und Mitgefühl, die für mich immer die besten Krankenpfleger auszeichnet. Sie unterscheidet nicht drei, sondern vier Entwicklungsstadien der Krankheit. Ihr kommt es eher auf die Möglichkeiten des Pflegepersonals an, damit umzugehen, als auf die physiologischen, psychologischen und sozialen Symptome. Sie erklärt uns, wie man die Patienten trösten und ihnen Mut machen kann. Sie erklärt, daß man in einfachen Sätzen sprechen und die Bedeutung mit bildlichen und nonverbalen Mitteln unterstreichen soll. Niemand kenne die individuellen Erscheinungsformen der Krankheit bei einem Patienten besser als die Familienmitglieder. Zwar seien ihr auch schon Profis vorgekommen, die von den Sachkenntnissen der Familienmitglieder in Verlegenheit gebracht wurden, doch wichtig sei vor allem, daß die Pfleger verstehen, was vor sich geht.

Sie fordert, Familien und professionelles Pflegepersonal, die oft wegen der Art der Pflege und der angewendeten Mittel aneinandergeraten, sollten Frieden schließen. Ich male mir aus, wie einsam und überflüssig sich ein Ehepartner oder ein Kind vorkommen muß, wenn der Patient, nachdem man sein ganzes Leben darauf eingerichtet hat, ihn aufopferungsvoll zu pflegen, am Ende doch in ein Heim muß. Ein Mensch, der sein eigenes Leben für das Wohlergehen eines Kranken geopfert hat, bekommt keinerlei Anerkennung, weder vom Opfer noch von der Gesellschaft, noch von dem berufsmäßigen Pfleger, der die Verantwortung mit der gleichmütigen Gewißheit dessen übernimmt, für den das irrationale Verhalten des Patienten etwas völlig Normales ist. Die professionelle Gelassenheit muß dem nun nicht mehr gebrauchten Betreuer aus der Familie als Abwertung vorkommen, als Trivialisierung des Opfers, auf das er seine ganze Welt eingerichtet hatte.

Ms. Bernside grenzt die klinischen Merkmale von Depression und Demenz voneinander ab. Demenz ist gekennzeichnet durch Gedächtnisschwund, geringere Interaktionsfähigkeit, verminderte Wahrnehmung des eigenen Ichs und das Sundowner-Syndrom (Schlaflosigkeit in der Nacht, Schläfrigkeit am Tage), im späten Stadium Wahnvorstellungen und Inkontinenz. Demenz mindert Urteilsvermögen, Emotionen, Gedächtnis, Verstandesschärfe und Orientierung in Zeit, Raum und bei Personen.

Diesen grimmigen Katalog lockert sie mit Anekdoten auf. Sie er-

zählt von einem Patienten, der schwer darunter litt, daß er sich von seinem Auto trennen mußte, als er ins Pflegeheim kam. Eines Abends fand eine Schwester ihn rittlings auf der Toilette sitzend, das Gesicht zur Wand gekehrt, und er kurbelte an einem unsichtbaren Steuerrad und schaltete wie wild die Gänge, indem er immer wieder die Spülung betätigte. Dann erzählte sie von einem Mann, einem ehemaligen Soldaten mit mechanischen, technischen und großen organisatorischen Talenten, der die gesamte Belegschaft des Heims zur Verzweiflung brachte, indem er seine Fäkalien versteckte. Am Ende fanden sie heraus, daß er die Heizung auseinandergenommen hatte, um seinen Schatz darin zu verbergen.
Nun laufen ihren Zuhörern die Tränen über das Gesicht. Sie hat ihnen klargemacht, worauf sie hinauswill. Niemand, der einen solchen Patienten betreut, weder als Familienmitglied noch professionell, wird es überstehen, wenn er nicht in der Lage ist, das Absurde daran zu sehen, den Humor, das Komische an dieser Krankheit, die zum Wahnsinn und noch weiter führt. Es ist eine so grimmige Angelegenheit, daß man nicht durchhalten wird, wenn man nicht ein echtes Vergnügen am Absurden entwickelt.
Mehr als jeder andere entwickeln Krankenpfleger einen Sinn für die Zerbrechlichkeit der menschlichen Natur. Wir können lachen oder weinen. Wir können lachen oder zugrunde gehen.
Noch Wochen später lache ich, wenn mir das Bild von dem Mann in den Sinn kommt, der auf der Toilette Auto fährt. Es ist ein befreiendes Lachen, das für mich ein viel größerer Trost ist, mich viel weniger in Wut bringt als die philosophischen Platitüden des Neurologen. Allein dieses Bild war den Eintrittspreis wert.

Wir wohnen in Plains, Kansas, wo mein Daddy Opas Autohandlung führt. Wir müssen alle mithelfen, wenn wir Erfolg haben wollen.
Mutter hilft bei der Buchhaltung. Ich fege nach der Schule den Fußboden. Manchmal staube ich die Öldosen und Keilriemen und Wischerblätter und die Schokolade ab.
Ich kriege nie Süßigkeiten oder Limonade, weil ich davon schlechte Zähne bekomme und sie keine wichtigen Nährstoffe enthalten, im Gegensatz zu Erdnüssen, die mich am Leben erhalten, wenn ich auf einem Berg oder im Schneesturm auf der Landstraße festsitze. Wenn

ich die Regale mit den Süßigkeiten abstaube, fällt mir auf, daß die Schokolade nicht besonders gut geht. Am Ende werden wir sie noch wegwerfen müssen.
Jeden Tag nach der Schule knabbere ich alle vier Ecken eines Schokoladenriegels ein bißchen an. Die Folie, die ich bei jedem wunderbaren Schokoladenbissen in den Mund bekomme, spucke ich vorsichtig aus. Ich weiß, es wäre Diebstahl, wenn ich mir einen ganzen Hershey-Riegel nähme, auch wenn Daddy ihn wahrscheinlich nie vermissen würde.
Er ruft mich ins Hinterzimmer, wo Ned, der Mechaniker, uns nicht hören kann. Er blickt finster drein, seine Kiefermuskeln zucken, wie immer, wenn er mich nicht verprügeln will. Ich habe über einen halben Karton Hershey-Riegel verdorben. Was habe ich mir bloß dabei gedacht? Wollte ich unseren Kunden bazillenverseuchte Süßigkeiten verkaufen? Wollte ich, daß sie denken, wir hätten Mäuse? Wollte ich das Geschäft ruinieren? Ich arbeite als Mitglied des Familienteams bei der Wolfe Motor Company. Unser Geschäft ist nur so gut wie unser guter Name. Wir müssen ehrlich sein, guten Service bieten und gute Ware verkaufen, damit unsere Kunden uns vertrauen können. Ich glaubte vielleicht, so ein verdorbener Schokoladenriegel sei nicht der Rede wert, aber das sei nicht anders, als wenn man ein Auto verkauft, das einen Riß im Motorblock hat oder bei dem man den Kilometerzähler zurückgedreht hat.
»Wenn es nicht um eine geschäftliche Angelegenheit ginge, dann hättest du eine Tracht Prügel verdient. Ich habe mit deiner Mutter gesprochen, und wir haben beschlossen, dir Gelegenheit zu geben, den Verlust für die Firma auszugleichen. Du wirst jeden Tag nach der Schule für deinen üblichen Stundenlohn von fünf Cent arbeiten, so lange, bis du eine halbe Schachtel Hershey-Riegel abbezahlt hast. Insgesamt macht das sechzig Cent. Du kommst direkt nach der Schule hierher, bis du deine Schulden bezahlt hast.«
Bald hat es sich überall herumgesprochen. Ned hat Mitleid mit mir. Die Kunden behandeln mich wie ein kleines Kind. Daddy erlaubt mir nicht, Kunden zu bedienen, wenn er im Laden beschäftigt ist. Ich höre auf, die Schokoladenriegel abzustauben, bis eine feine Staubschicht den Kunden signalisiert, daß die Geschäfte nicht sonderlich gut gehen.

Jeder Tag bestätigt aufs neue die düsteren Prognosen über den Verlauf der Alzheimerschen Krankheit. In unserer Familie feiern wir gemeinsam, aber unser Unglück verarbeiten wir allein. Wir reden über das, was wir uns einzugestehen bereit sind, und verschweigen, was uns Schmerz zufügt. Wie in anderen Familien sind auch bei uns die Verhaltensregeln wohlbekannt, aber man nennt sie kaum je beim Namen. Jeder von uns zieht sich vor den anderen zurück, um über Erinnerungen zu brüten, von denen wir jetzt wissen, daß wir sie nur zum Teil gemeinsam haben. Jeder von uns tadelt die anderen, wenn sie über ihr privates Leid sprechen. Wir bemühen uns, persönliche Bindungen zu stärken, bevor sie sich endgültig auflösen. Wir sind wütend aufeinander, weil wir die Krankheit nicht anpacken können. Wir leiden unter Schuldgefühlen. Wir sind nachsichtig. Jeder von uns bemüht sich, der meistgeliebte, der wichtigste Teil eines Lebens zu sein, das allmählich in schrumpfenden und absterbenden Hirnzellen versinkt.

Es ist 1983. Ich fliege nach Kalifornien zum fünfzigsten Hochzeitstag meiner Eltern. Mutter fährt in der Ladezone vor. Ich werfe mein Gepäck hinten in den Kombi, und wir reihen uns in den dichten Verkehrsstrom ein. Es ist Geschäftsschluß. Das Fahren auf der Autobahn bereitet ihr keine Probleme, sie wechselt unvermittelt die Fahrspur und schimpft lauthals über die aggressiven kalifornischen Autofahrer.

»Er weiß, daß du kommst. Er war aufgeregt. Weißt du, ich weiß immer genau, wenn er sich auf etwas freut. Bevor ich losgefahren bin, um dich abzuholen, hat er mir einen ganz schönen Schrecken eingejagt. Ich habe die Veranda gefegt und den Garten in Ordnung gebracht. Er wollte mir helfen. Ich dachte, er wäre hinter mir und habe mich umgedreht, um ihm etwas zu sagen, und er war fort. Na ja, er war nicht wirklich fort. Ich konnte ihn nicht sehen, weil er gefallen war, einfach nach hinten umgekippt. Das passiert jetzt manchmal, es könnte überall geschehen. Aber ich muß ihm doch ein wenig Auslauf lassen.«

»Gewiß«, sage ich, und sie fährt fort: »Ich muß mir immer sagen, daß er, wenn er fällt, auch in der Obhut von jemand anderem fallen würde, auch in einem Pflegeheim.«

»Was hast du gemacht?« frage ich.
»Ich habe ihm hochgeholfen. Er hat eine Ewigkeit gebraucht. Ich habe einen Stuhl geholt, damit er sich daran hochziehen konnte.«
»Aber wie hast du ihn hochbekommen?« frage ich.
»Ich kann ihn nicht heben. Ich habe ihm gesagt: ›Jetzt mußt du selbst aufstehen. Du weißt, ich kann dich nicht heben.‹«
Beim Nachhausekommen macht mir mehr als nur die Zeitumstellung zu schaffen. Als ich ihn vor sechs Monaten zuletzt gesehen habe, ist er noch nicht auf den Rücken gefallen. Damals wäre ein Sturz noch eine kleine Katastrophe gewesen. Jetzt muß ich mich an den Gedanken gewöhnen, daß seine Stürze alltäglich sind, keine Katastrophen mehr.
Mein Viertel kommt mir düsterer vor als die Autobahn, die wir gerade verlassen haben. Ich konzentriere mich auf die Straßennamen und Hausnummern und versuche, nicht an seinen gestürzten, steifen Körper auf der Veranda zu denken.

Großmutters Küche ist kühl und spärlich möbliert. Das Lamm blökt jämmerlich in einer hölzernen Kiste neben dem schwarzen Holzofen.
Tommy und ich halten dem energisch saugenden Lamm abwechselnd die Babyflasche mit Kuhmilch hin. Das Lamm schwankt auf unsicheren Beinen und zerrt wie wild an der Flasche.
Ich will das Lamm für mich haben. Bitte, Daddy. Laß es uns mit nach Hause nehmen.
Nein. Lämmer gehören auf einen Bauernhof. Es sind keine Schoßtiere.
Ach bitte, Daddy. Wir können es auf der hinteren Veranda halten.
Nein.
Dann Hühner. Kleine Hühner.
Nein.
Bitte, Daddy. Nur zwei. Eins für Tommy. Eins für mich.
Na gut. Mal sehen.
Oh, prima! O Daddy. Wir sorgen für sie. Nicht wahr, Tommy?
Das müßt ihr auch, für sie sorgen. Sie sind kein Spielzeug. Es sind Lebewesen.
Wir fahren zurück in die Stadt, mit den Küken in einer Schuhschach-

tel mit etwas Hühnerfutter, und für später haben wir einen Extrasack.

Daddy hängt eine Glühbirne durch ein Loch, das er in eine große Pappschachtel geschnitten hat, und schließt sie mit einem Verlängerungskabel an. Wir streuen Körner um zwei Schraubdeckel mit Wasser. Mein Küken heißt Cheep. Tommys Küken heißt Chirp. Sie sind leicht auseinanderzuhalten. Cheep ist leuchtender gelb als Chirp.

Tommy schläft ein, ich hingegen liege wach und lausche. Sein regelmäßiger Atem bestätigt mir, daß ich die bessere Mutter für die piepsenden, flitzenden Küken bin.

Ich wache auf, und alles ist still. Ich habe Angst. Ich laufe zur Veranda, wo die Glühbirne zwei leblose gelbe Flaumbällchen beleuchtet.

Daddy ist da, noch ehe mein Schrei verklungen ist. Nackt. Wütend.

Ich erlebe einen zweifachen Schock. Das Entsetzen über die zerbrechlichen toten Küken. Und seinen überraschend nackten Körper, ein enthülltes Geheimnis. In ein und demselben Augenblick lerne ich den Tod kennen und die Sexualität.

Mutter fährt mit mir vom Flughafen direkt zu dem Treffen. Haus wie Gastgeberin sind kalifornisch-ungezwungen. Die Teilnehmer an dem Treffen der Alzheimer-Selbsthilfegruppe unterhalten sich angeregt in Zweier- und Dreiergruppen, ihre Gesichter wirken lebhaft. Die ängstliche Beklemmung, die mir die Brust zuschnürt, seit Mutter mir eröffnet hat, daß wir auf dem Weg nach Hause zunächst zu dem Treffen fahren würden, löst sich, als interessierte Blicke mich mustern und mich in ihrem Kreis willkommen heißen.

Rita, die Gastgeberin, leitet die turbulente Gruppe mit energischer und zugleich sensibler Hand. Alle wollen gleichzeitig reden. Die Frauen und Töchter und der einzige Mann sind alle hier, um zu reden. Rita versucht, die Bedürfnisse von Neuankömmlingen und regelmäßigen Teilnehmern unter einen Hut zu bringen, sie behutsam in die Kunst einzuführen, wie man ein Gleichgewicht zwischen Zuhören und Reden erreicht. Sie ist von einer ungeheuren

Intensität, ihre klugen Augen sind darin geübt, glatte Oberflächen zu durchdringen. Sie bringt Ordnung in das Durcheinander und lenkt die Aufmerksamkeit der Gruppe auf eine Besucherin, die zum ersten Mal da ist. Anne ist aus einem anderen Bezirk zu diesem Treffen gekommen, denn sie fand, daß die Gruppe in ihrem eigenen Viertel nicht mehr aktiv genug war. Sie hatte nur an einem einzigen Treffen jener Gruppe teilgenommen. Sie ist eine gepflegte Erscheinung, sonnengebräunt, elegant gekleidet. In ihren Augen blitzen Zorn und Humor.

»Ich hätte mich am liebsten umgebracht. Ich konnte nicht dort bleiben. Er weigerte sich, die Haare zu waschen. Oder ein Bad zu nehmen. Mein Mann hat sich immer für das Gemeinwohl eingesetzt. Überall hat er mitgemischt. Kunst. Theater. Sämtliche Wohltätigkeitsorganisationen. Er war ein führender Kopf in der Bürgerrechtsbewegung unseres Bezirks. Er hat sich mit Leib und Seele der Allgemeinheit gewidmet. Und jetzt hat er... wir haben niemanden. Kein Mensch ruft uns an oder schaut einmal vorbei. Wir sind Mitglieder in einem Country-Club. Vergangene Woche kam eine dieser scheinheiligen, neugierigen Frauen, eine Person, die ich kaum kenne, auf mich zu und fragte: ›Oh, Anne, was kann ich tun?‹ Und ich fing an zu weinen. Ich habe mich dafür gehaßt, daß ich in ihrer Gegenwart geweint habe. Wie kann man so jemandem sagen, was man von ihm will? Man will, daß sie einen behandeln wie jemanden, der noch am Leben ist. Dessen Leben noch etwas wert ist. Aber das kriegen sie nicht fertig. Sie rufen nicht an, sie kommen nicht vorbei, sie laden einen nicht ein. Ich konnte sie doch nicht bitten, ihrem Mann zu sagen, er soll meinen anrufen.

Mein Mann will nicht zugeben, daß mit ihm etwas nicht stimmt. Er hat die Diagnose schon x-mal gehört, aber er führt sich auf, als hätte er nach wie vor alle Fäden in der Hand. Mein Sohn führt den Betrieb, aber mein Mann geht jeden Tag in das Büro, das sie für ihn reserviert haben. Es ist ein einziges Durcheinander. In so einem Büro könnte keiner etwas zustande bringen. Aber alle seine Mitarbeiter sind höflich. Sie lassen ihn gewähren. Sie tun so, als hätte er noch immer einen Platz, eine Aufgabe in der Firma.

Wir hatten furchtbare Mühe, ihm das Auto wegzunehmen. Sein Führerschein war ungültig geworden. Er mußte eine Prüfung ablegen. Er konnte nur eine einzige Frage beantworten. Natürlich fiel er durch. Dann hat er einen Freund gefunden, der ihn in eine andere Stadt brachte, damit er dort die Prüfung machen konnte. Ich fand heraus, daß dieser Freund den Test für ihn absolviert hatte. Ich habe ihn angerufen und ihm gesagt: ›Wenn mein Mann einen Unfall hat, dann mache ich Sie dafür verantwortlich.‹ Jetzt meidet er meinen Mann. Ich habe ihn vertrieben. Er hat meinem Mann ja nur dabei geholfen, seinen Zustand zu leugnen. Ich war wütend, aber jetzt wünschte ich, ich hätte nicht angerufen.

Wir sind vollkommen isoliert. Ich fühlte mich nicht mehr wohl, wenn ich mit ihm im gleichen Zimmer war. Ich habe eine 325 Quadratmeter große Eigentumswohnung gekauft, weil ich dachte, da hätten wir genug Platz; aber das ist nicht genug für jemanden wie ihn. Er bringt alles durcheinander. Er leugnet, daß er krank ist. Er badet sich nicht. Er hat keinerlei Urteilsvermögen. Sieben Jahre lang haben wir zur Miete gewohnt, und er hat mir erzählt, die Preise würden fallen. Als ich diese Eigentumswohnung kaufte, habe ich einen Mann angestellt, der sich um ihn kümmern sollte, aber es hat alles nichts genützt.

Ich will nicht mehr leben. Ich kann nicht leben in diesem Grab, das seine Krankheit gräbt. Ich will mein Leben leben. Ich habe nur dieses eine.« Sie hält inne und schaut sich in der Gruppe um, ob jemand Einspruch erhebt. Die Frauen lauschen gebannt, und sie fährt fort.

»Schließlich bin ich ausgezogen. Ich habe mir ein Einzimmerappartement gemietet und nur ein bißchen Geschirr mitgenommen, ein paar Töpfe. Aber ich kann nicht allein sein. Nach der Arbeit gehe ich nach Hause und starre die vier Wände an. Ich bin seit zweiundvierzig Jahren verheiratet. Nichts hat mich auf das Alleinsein vorbereitet. Ich weiß nicht, wie man allein ist oder wie man aufhört, sich allein zu fühlen. Unsere verheirateten Freunde haben sich von uns zurückgezogen. Ich kann nicht in Bars gehen. Ich brauche Gesellschaft, aber ich weiß nicht, wie ich es anstellen soll.«

Anne bricht jäh ab, als sei sie überrascht von der Wucht ihres Ausbruchs. Rita nutzt die nachlassende Spannung in der Gruppe. Ihr Blick schweift von einem zum anderen. »Was denken die anderen

über das, was wir da eben gehört haben? Wie kann Anne Kontakt finden? Warum erzählen wir ihr nicht, wie wir mit der Isolation durch die Alzheimersche Krankheit fertigwerden?«
Sara sieht Anne an und betrachtet dann die Teekanne, die vor ihr auf dem Tisch steht. »Ich bin völlig allein. Seit drei Jahren bin ich völlig allein. Er ist da, und ich kümmere mich um ihn, aber er ist nicht mehr der Mensch, den ich früher einmal gekannt habe. Er reagiert nicht auf mich. Er hat keine Kontrolle über seine Körperfunktionen. Er macht überall hin. Ich schließe meine Zimmertür ab, damit er mir nicht den Teppich ruiniert. Den Rest des Hauses hat er schon ruiniert. Sein Zimmer hat keinen Teppich. Da kann ich einfach hinter ihm aufwischen.«
Anne spricht von einer Versicherung, die bei einer Monatsprämie von dreißig Dollar zwölfhundert Dollar im Monat für die Unterbringung in einem Pflegeheim zahlt. Sie erntet nur abfällige Bemerkungen. Eine ernste weißhaarige Frau sagt im Behördenton: »Medicare zahlt nicht für seine Heimunterbringung, wenn davon nur der Pflegende profitiert. Medicare tut nichts zugunsten oder zur Entlastung der Pflegenden.« Andere nicken.
Das Thema Einsamkeit wird nicht wieder aufgegriffen. Ich frage mich, ob die anderen Anne bewußt ignorieren, weil sie so offenkundig wohlhabend ist. Es gibt wenige andere Frauen im Raum, die einen Mann anheuern könnten, der den Chauffeur spielt und putzt und sie in die Lage versetzt, in ein Einzimmerappartement zu fliehen.
Sara fährt fort: »Es ist wirklich so, als ob man ein Tier versorgt. Am Ende denkt man nur noch an den Gestank von Exkrementen und Urin. Man denkt nur noch daran, wie man Flecken entfernt, wie man den Pinkler überlistet, der in jede Ecke macht.«
Ruby, die sich bislang abseits gehalten hat, fügt hinzu: »Man steht da und fleht ihn an zu gehen. Aber er geht nicht. Kaum gibt man auf, passiert es. Aber nicht in die Toilette oder ins Urinal. In die Ecke oder in den Schrank.«
Die Frustration in der Gruppe ist mit Händen greifbar. Rita sagt: »Jim hatte einen Sessel, den er wie eine Toilette benutzte. Es hatte eine gewisse Logik. Ich habe überall gesucht, woher der Gestank kam, der fürchterliche Gestank. Eines Tages hob ich zufällig das

Kissen an. Da sah ich den gräßlichen Fleck. Er hatte einfach das Kissen gehoben, so als ob es der Klodeckel wäre, hatte auf den Sessel uriniert und anschließend das Beweismaterial zugedeckt.«

Sie lacht laut auf. »Er hat mit seinem Reißverschluß gespielt. Rauf und runter. Rauf und runter. Wir haben versucht, ihn festzustekken, ihn zu blockieren oder mit dem Gürtel zu verschließen. Nichts konnte ihn von diesem Reißverschluß abbringen. In Bright Haven wollten sie ihn deswegen in einen Trainingsanzug stecken. Sein Reißverschlußtick regte sie auf. Er war tatsächlich ziemlich unbeliebt deswegen. Sie meinten, ich solle etwas dagegen tun. Ich habe ihnen erklärt, daß es mich genauso aufrege. Daß das einer der Gründe sei, weshalb er zu ihnen gekommen sei. Weil er Verhaltensprobleme habe, die ich nicht in den Griff bekommen könne. Er hat alles kaputtgemacht. Er hat überall hingepinkelt. Die Kinder schämten sich wegen seines Verhaltens. Sie hatten ihre eigene Art, es zu vertuschen. Sie gingen nie aus dem Zimmer, wenn ein Freund zu Besuch war, sie unterbrachen ihn, wenn er Unsinn redete, und sie überspielten seine Idiotie mit Witzen. Ich erinnere mich, einmal lag mein jüngerer Sohn auf dem Fußboden vor dem Fernseher, plötzlich schrie er – ›Hey, Mam!‹ Er sprang gerade noch rechtzeitig beiseite, als Jim begann, vor den Fernseher zu pinkeln. Das war, als ich ihn zu Weihnachten von Bright Haven nach Hause geholt hatte. Etwa drei Monate vor seinem Tod.«

Einen Augenblick herrscht Stille. Als Kinder glaubten wir, in einem solchen Augenblick flögen Engel über unsere Köpfe hinweg.

Bill, der einzige Mann in der Gruppe, fragt leise: »Er ist tot?«

»Ja. Er ist mit Siebenundfünfzig gestorben. Er hatte Krämpfe. Er war ein Kerl von einem Mann. Einsfünfundneunzig. Ein wahrer Riese. Hochintelligent. Ein Genie. Da hat mir das Schicksal wirklich einen üblen Streich gespielt. Gerade seine Intelligenz war es ja, seine Fähigkeit, über alles zu reden, die ich so anziehend fand. Ich dachte: ›Oh, du, du bist so ein schlauer Bursche.‹ Ich konnte einfach nicht widerstehen. Was für ein Witz. Ausgerechnet er wird zu einer so... mitleiderregenden Kreatur. Es ist so tragisch.

Er war höchste Sicherheitsstufe. In unserer Gruppe gibt es gleich drei Ehefrauen von Ingenieuren mit Sicherheitsstufe. Können Sie sich ihre glänzenden Karrieren in Bright Haven vorstellen? Sie starren in den leeren Raum. Weltraumkadetten. Ich frage mich, wie es uns gelungen ist, zum Mond zu fliegen. Es ist zum Lachen.
Ich stelle ihn mir in seinem Büro vor. Die Tür ließ sich nur mit einer Codekarte öffnen. Jahrelang saß er da zwischen seinen Papierstößen. In der ganzen Zeit hat er nur ein einziges kleines Büchlein verfaßt. Der Bursche, mit dem er zusammenarbeitete, sagte: ›Jim, ich bin ehrlich überrascht, daß du das geschrieben hast.‹ Ich habe nie verstanden, wie er das gemeint hat. Ich gehe seinen Geschäftskollegen aus dem Wege. Seit Jahren, obwohl ich mich manchmal mit ihren Frauen unterhalte.
Lange Zeit habe ich ihn beobachtet. Ich habe mir Gedanken um ihn gemacht. Er war ein ungewöhnlicher, exzentrischer Mensch, nicht wie andere. Sein Humor, seine Sicht der Dinge. Ich dachte, es sei eine Frage der Intelligenz. Die meiste Zeit war ich verwirrt. Mittlerweile überlege ich, ob nicht viele Alzheimer-Opfer von Anfang an exzentrisch waren.«
Ich ergreife zum ersten Mal das Wort. »Mein Dad war auch so. Wirklich merkwürdig, bizarr, anders als viele.« Mutter blickt interessiert, nicht so sehr schockiert. »Er war das Genie in der Familie. Und gerade er spielt uns diesen Streich. Ich glaube, wir hätten nicht so lange gebraucht zu verstehen, was los ist, wenn es nicht den Familienmythos von Daddy dem Exzentriker gegeben hätte, der uns in unseren Versuchen zu verdrängen, in unserer Hoffnung bestärkte.«
»Sie meinen, er wußte seine Symptome geschickt zu verbergen?« Rita versucht eine Regel daraus abzuleiten. Auch ich möchte das gerne tun.
»Er brauchte gar nicht die Symptome zu verbergen, denn jeder wußte ja, daß er wunderlich und introvertiert war. Ich erinnere mich, daß ich als Kind immer glaubte, Daddy denke über etwas Wichtiges nach, wenn er versonnen oder abwesend dasaß. Er hatte immer einen Rechenschieber in der Tasche. Er las viel. Er brütete über wissenschaftlichen Fragen. Er entwickelte Pläne und führte

sie aus. Und keiner erwartete von ihm einen pflegeleichten Umgang. Nicht daß es so etwas nicht gab, aber wenn es geschah, dann war es ein unverhofftes Geschenk.«
»Meinen Sie, gerade wegen seiner Persönlichkeit hätte man die frühen Stadien seiner Krankheit nicht erkannt?«
Darüber denke ich nach. »Wenn ich heute seine persönlichen Dinge durchsehe, staune ich, wie viele Einführungsbücher in die Mathematik er gesammelt hat. Er hat immer alles mögliche ins Haus gebracht. Er hat antiquarische Bücher gekauft, weil sie zu haben waren, nicht weil er sie brauchte. Noch heute finde ich kistenweise Bücher, die er vielleicht zum Nachschlagen benutzt hat. Nach seinem Fahrradunfall hat er immer Witze gemacht, daß er ja das Einmaleins unterrichten könne, wenn er vertrottele. Er rechnete damit, daß sich ein Hirnschaden einstellen würde. Allesamt haben wir die Belege, die er uns dafür anführte, nicht wahrhaben wollen. Wir wußten ja, daß er noch immer so viel intelligenter war als die meisten anderen Menschen, und gaben gar nichts darauf, wenn er über seinen Geisteszustand sprach. Nun bin ich unglücklich, daß wir ihn damals nicht getröstet und ihm Mut gemacht haben.«
»Und die Leute an seinem Institut«, hakt Rita nach, »die erkannten diesen Verfall wahrscheinlich, bevor Sie ihn sich eingestehen wollten?«
Heute finde ich es unglaublich, daß ich die offensichtlichsten Indizien und die unmißverständlichsten Beweise damals nicht gesehen habe. Mir fällt ein, wie er seine Dissertation aufgab, als ich nicht in der Lage war, ihm bei der Revision zu helfen. Ich fühlte mich schuldig, weil die mathematischen Fragen, um die es ging, zu hoch für mich waren. Ich weiß noch, wie wir darüber redeten, wie wir immer wieder die gleichen Anekdoten erzählten und als belanglos abtaten, wie wir uns an die Strohhalme klammerten, daß alles doch nicht so schlimm sei. Ich denke daran, wie alle in der Familie dieses Spiel des Verleugnens mitmachten. »Man kann nur darüber spekulieren, was seine Vorgesetzten und Kollegen alles auf sich genommen haben müssen, um ihn zu schützen. Er bekam eine neue Stelle, eine untergeordnete Stelle, vernünftig betrachtet, sie entbanden ihn von Verwaltungsaufgaben, und er unterrichtete

nun nicht mehr die Begabten-, sondern die Wiederholungskurse.«

»Ja. So geht das immer«, sagte Rita. »Ich glaube, Jims Arbeitskollegen wußten es auch, bevor ich es erfuhr. Ich war mir nie ganz sicher, aber ich glaube, sie wußten es. Sie überredeten ihn, zu einem Psychiater zu gehen, bevor ich es überhaupt versuchen konnte. Und der Psychiater sah sofort, was los war. Aber Jim wollte es nicht wahrhaben. Er fiel in eine fürchterliche Depression. Er zog sich zurück. Versank in Schweigen. Letzten Endes war das noch schlimmer als seine wunderliche Art, bevor er davon erfuhr. Und mir sagte er natürlich nichts. Er glaubte, ich würde den Verstand verlieren, wenn ich es erführe. Und da hatte er recht. Jeder verliert den Verstand, denkt an Mord und Selbstmord.«

Die Augen glänzen vor Tränen, und ihre Stimme wird sanft. »Bei der Autopsie stellte sich heraus, daß sein Gehirn geschrumpft war. Es war viel kleiner, als zu erwarten war. Er stürzte dauernd. Immer war er grün und blau und hatte Wunden. Er starb an einem subduralen Tumor, der auf das Gehirn drückte.«

Maureen hat dunkle Augen und beredte Hände, mit denen sie unterstreicht, was sie sagt. »Mein Mann machte mir Vorhaltungen, ich hätte ein Verhältnis. Es war für uns beide die zweite Ehe. Seine erste Frau war ihm untreu gewesen, und als es zwischen uns nicht mehr stimmte, verfiel er auf die Erklärung, die er am besten kannte und am meisten fürchtete.«

Susan greift das Thema Sexualität auf. »Eines Tages, wir waren mit dem Auto unterwegs, wendet er sich zu mir um und sagt, was er brauche, sei eine Frau. Zuerst wollte ich mich verteidigen, dann begriff ich, daß in seinen ausdruckslosen Augen keinerlei Anschuldigung lag. Er betrachtete mich, als sei ich nichts weiter als eine Bekannte. Ich begriff sofort, daß er in mir nicht seine Ehefrau sah, daß er sich nicht mehr erinnerte, daß er mein Mann und mein Liebhaber gewesen war. Einerseits war es so unglaublich abwegig, was er sagte, und andererseits traf es doch auf so schmerzhafte Weise zu. Er brauchte eine Frau. Er brauchte vollständige Geborgenheit und Sicherheit. Er brauchte etwas so sehr, so dringend, daß er es nur Frau nennen konnte.«

Es tritt eine längere Pause ein. Niemand blickt ihr ins Gesicht. Der Blick einer jeden Frau im Zimmer ist nach innen gerichtet, in die Vergangenheit, jede durchleidet diesen schrecklichen Augenblick sexueller Not, als sei er eben erst Gegenwart.

»Ich besuche ihn jeden zweiten Tag«, fährt Susan fort, »und gebe ihm sein Abendessen. Ich füttere ihn. Er freut sich, wenn ich komme. Er lächelt. Er ist aufgeregt wie ein Kind. Allerdings ist er bei jedem, der kommt, aufgeregt und lächelt.

Einmal war ich für zwei Wochen in New York, und er war wütend auf mich, als ich zurückkam. Ich war so froh darüber. Ich war sicher, seine Wut sei ein Zeichen, daß er zwischen mir und anderen Besuchern unterscheiden könne. Aber wenn es mit dem Geschlechtlichen vorbei ist, wird alles anders. Als er krank wurde, konnte ich nicht mehr in einem Zimmer mit ihm schlafen. Ich kann Ihnen gar nicht beschreiben, wie das war. Er war ständig hinter mir her. Und ich wollte großzügig sein und ihn trösten. Denn wenn die Kommunikation mit Worten versagt, bleibt immer noch die Berührung. Dann, einmal, hielt er mitten im Liebesakt inne. Er hatte vergessen, was wir gerade taten, vergessen, wie man das macht, vergessen, wer ich war. Ich kann Ihnen gar nicht sagen, wie ich mich fühlte. Wie eine Prostituierte. Wie ein Nichts. Am Ende konnte ich mich einfach nicht mehr dazu bringen. Ich sagte ihm, ich sei in die Wechseljahre gekommen, und da bedeute es mir einfach nicht mehr so viel wie früher. Ich erklärte ihm, ich sei es, die das Interesse verloren habe, und daß es nicht sein Fehler sei. Ich versprach ihm, es würde anders werden, wenn ich die Wechseljahre erst einmal hinter mir hätte.«

»Mein Mann ließ sich partout nicht davon abbringen, Auto zu fahren«, erzählt Ruby. »Wenn man ihn so sah, kam man nicht auf die Idee, daß etwas nicht stimmte. Sein Führerschein wurde verlängert, und ich dachte: ›Na gut, dann fahr eben.‹ Und das hat er dann auch getan. Er fuhr rückwärts aus der Einfahrt und geradewegs gegen einen Wagen in der Einfahrt gegenüber. Damit war die Sache erledigt. Ich mußte ihm einfach die Gelegenheit geben, selbst herauszufinden, daß er nicht mehr fahren konnte.

Er hat Durchblutungsstörungen im Herzen«, fährt Ruby fort. »Ich bin mit ihm zur Veterans' Administration gefahren, aber das Meßgerät war kaputt, und sie haben ihn für zwei Tage dabehalten. Sobald die Untersuchungsergebnisse da sind, weiß ich auch, wie es mit ihm weitergeht.«

Myra, Rubys Tochter, spricht stockend. »Ich finde, wir sollten uns jetzt darüber klarwerden, was wir tun, wenn sie ihn am offenen Herzen operieren wollen.«

Rubys Gesicht wirkt gelassen. »Ja, dieses Herzleiden hat er schon länger. Als er aus dem Krankenhaus kam, wollte er, daß ich mit ihm schlafe. Er ist wirklich lieb. Wenn man ihn so sieht, käme man nie auf die Idee, daß mit ihm etwas nicht stimmt. Er tut so viel im Garten. Er fegt das Laub zusammen und schneidet die Hecken. Er redet nicht mehr, aber er arbeitet und macht sich nützlich.«

Myra wendet sich an ein Gruppenmitglied nach dem anderen, auf der Suche nach Unterstützung. »Mutter muß sich überlegen, was wir dem Arzt sagen, wenn er operieren will. Keiner kann uns zwingen zuzustimmen. Angesichts der anderen Krankheit müssen wir überlegen, ob es moralisch richtig ist, sein Leben zu verlängern, obwohl wir wissen, daß er den Verstand verliert.«

Anne ist auf ihrer Seite. »Wenn er mein Mann wäre, dann würde ich ihnen verbieten, ihn anzurühren. Verdammt noch mal, sie können ihn doch sterben lassen. Kein Bypass für ihn. Ich würde alles darum geben, wenn er stürbe.«

Auf Myras Gesicht steht zu lesen, daß Anne in ihren Augen zu weit gegangen ist. Ihre Mutter stimmt wieder das Lied davon an, wie lieb er doch ist – »Oh, *ich* will nicht, daß mein Mann stirbt. Ich *liebe* meinen Mann. Er ist der liebste Mann auf der Welt.«

Anne bleibt unerbittlich. »Ich bete, daß mein Mann stirbt. Was ist ein solches Leben denn noch wert? Sie sind doch wie Tiere.«

»Also, die Untersuchungsergebnisse kommen am Dienstag.«

Myra schwankt und gibt klein bei. »Und ich will, daß wir das alles vorher durchsprechen. Ich will meine Zustimmung zu einer Operation am offenen Herzen nicht geben.«

»Ich wüßte nicht, was der Arzt sonst gegen die Störungen tun könnte.«

Wir alle kennen diesen Dialog auswendig. Er spielt sich regelmäßig in allen Familien von Demenz-Patienten ab. Die Familienmitglieder schlüpfen abwechselnd in verschiedene Rollen – der

Bösewicht, der Held, der Retter, dann wieder der Bösewicht. Es wäre besser, wenn er sterben würde. Sein Leben ist noch so wertvoll. Es ist unanständig, ihn so leiden zu lassen. Er bedeutet mir so viel. Sein Anblick allein erinnert mich daran, wer er einmal war. Wenn er nicht mehr da ist, bleibt uns nicht einmal das. Ich an seiner Stelle würde sterben wollen. Ich an seiner Stelle würde wollen, daß du mich tötest. Wenn du mich liebtest, würdest du mich töten.

Ich widerstehe der Versuchung, mich auf die Seite der Tochter zu schlagen. Wie einfach es wäre, wenn wir alle wählen könnten, auf welcher Seite wir stehen. Mutter ist auf Distanz gegangen zu allen, die eine andere Position beziehen als sie selbst. Wie bei anderen fortschreitenden Erkrankungen bestimmen die Betroffenen wie auf einer Skala ihren Standort und verurteilen die, die einen leichteren Weg beschreiten. Mutter pflegt Daddy zu Hause, und ihre einzige Hilfe ist ihr Enkel William, ein Teenager. Obwohl sie zugibt, daß nur seine Anwesenheit verhindert, selbst wahnsinnig zu werden, verachtet sie in gewisser Weise diejenigen, die regelmäßig die Dienste einer Krankenschwester in Anspruch nehmen oder den Patienten zu bestimmten Zeiten bei einer anderen Person in Obhut geben. Besonders schrecklich findet sie die Klagen derer, die ihre Angehörigen in Pflegeheimen untergebracht haben. Sie erhält lobende Worte dafür, daß sie Daddy länger lebenstüchtig erhält, und zwar von denen, die es selbst aufgegeben haben, ihren Partner zu Hause zu pflegen. Wie es scheint, glaubt jeder, der seinen Partner in einem Pflegeheim untergebracht hat, daß er dadurch den Verlauf der Krankheit beschleunigt hat. Das erinnert mich an die sinnlosen, aber hartnäckigen Versuche der Ehepartner von Alkoholikern, die Krankheit unter Kontrolle zu halten oder zu kurieren, und an ihre innere Gewißheit, sie selbst irgendwie ausgelöst zu haben.

Rita spricht mich an. »Und was halten Sie von dem, was Ihre Mutter tut?«

Ich wende mich von Rita direkt an Mutter. »Ich sage jedem, daß ich dich großartig finde. Ich kenne niemanden, der soviel Mut hat.«

»Ich weiß nicht, ob das Mut ist oder ob ich einfach nur dumm bin.« Es überrascht mich, daß sie wie ein junges Mädchen vom Lande spricht. »Vielleicht bin ich nur störrisch. Vielleicht kann ich mich auch einfach nicht entscheiden, was ich tun soll und wann. Vielleicht ist gerade die Unentschlossenheit meine Stärke. Alle Leute sagen mir, daß sie nicht wissen, wie ich das schaffe, aber vielleicht schaffe ich es nur, weil ich keinen anderen Ausweg weiß.«

Maureen wartet, daß sie mit ihrer Geschichte fortfahren kann. »Als ich zum ersten Mal in die Gruppe kam, war ich verzweifelt, ich saß in der Falle. Ich war erst seit zehn Jahren verheiratet. Wir hatten nur drei Jahre, bevor bei ihm die Krankheit entdeckt wurde. Vorher war ich zehn Jahre lang allein gewesen. Ich habe meine Tochter allein großgezogen. Als sie aus dem Haus war, fühlte ich mich vollkommen verloren. Ich war ihre Mama gewesen, und mir war, als hätte ich überhaupt keine eigene Identität, keinerlei Vorstellung, wer ich eigentlich war. Nach und nach kam ich mit mir ins reine. Ich begann mich für andere Menschen zu interessieren. Es war wunderbar. Plötzlich wurde mir klar, daß einige meiner Kolleginnen tatsächlich Spaß am Leben hatten. Und ich fing an, abends mit ihnen auszugehen. Ich fand wirklich zu mir selbst.«

Sie spricht in mitfühlendem Ton zu Anne. »Das werden Sie auch tun. Wenn Sie erst einmal anfangen, die Menschen in Ihrer Umgebung wirklich wahrzunehmen, dann werden die anderen es auch merken, und sie werden sehen, was in Ihnen steckt. Sie dürfen sich nicht immer nur als Ehefrau begreifen. Sie haben sich eine Wohnung gemietet und sind allein, aber Sie hegen einen solchen Groll. Sie kommen nicht los von der Idee, daß Sie für die zweiundvierzig Jahre mit Ihrem Mann eigentlich eine Belohnung verdient hätten. Sie fühlen sich betrogen.«

Anne nickt und wischt sich die Augen. Maureen fährt fort: »Denken Sie mal an mich. Ich hatte drei Jahre, drei herrliche Jahre, mit diesem wunderbaren Mann. Als ich merkte, daß er mich verließ, indem er den Verstand verlor, glaubte ich, das Leben hätte mir einen üblen Streich gespielt. Ich fühlte mich übers Ohr gehauen. Ich wußte von Anfang an, daß ich ganz allein mit ihm dastehen würde. Seine Kinder waren froh, daß er jemanden geheiratet hatte, der ihn pflegen konnte. Es war undenkbar, daß ich ihn verließ. Das einzige, was ich tun konnte, war, mich umzubringen.

Doch heute sehe ich die Sache anders. Fragen Sie die Frauen hier, ob ich mich verändert habe. Ich kann Ihnen nicht genau sagen, wie es geschehen ist, aber ich habe gelernt, mein Schicksal anzunehmen. Ich habe mich verändert. Ich kann für ihn und trotzdem dabei auch für mich selbst sorgen.«

Einen Augenblick lang sind alle im Raum wie gebannt, ganz offen, sie malen sich aus, was das für eine Gnade ist, die sie beschreibt. Sie flüstert: »Ich weiß nicht, woher es kommt, aber irgendwie bin ich heiter und entspannt. Ich weiß, ich werde alles finden, was ich brauche, um das zu überstehen. Ich habe wunderbare Nachbarn.«

»Bei mir sagt die Nachbarin, sie habe es satt, mit anzuhören, wie ich meinen Mann bei offenem Badezimmerfenster anschreie«, erzählt Ruby. »Ich hatte gar nicht gemerkt, daß ich laut wurde, wenn ich versuchte, ihn zur Toilette zu schicken. Es dauert eine Ewigkeit. Er versteht kaum, was ich ihm sage. Aber ich wußte nicht, daß die Nachbarn mithören konnten und wie ich geklungen haben muß.«

Myra schildert uns den Tonfall ihrer Mutter, indem sie mit den Augen rollt.

Rita erklärt: »Alle hier kennen diese Nachbarn, die es leid sind, uns schreien zu hören, die unsere Klagen nicht mehr ertragen können. Manche von uns erleben wunderbare Augenblicke der Kraft, oder sie finden sogar etwas, was ihnen Durchhaltevermögen gibt. Andere erkennen, daß sie keifen wie ein Marktweib oder jammern und klagen und voller Selbstmitleid sind.

Gerade heute früh«, fährt sie fort, »hat mich eine Frau angerufen, die an ein paar Gruppensitzungen teilgenommen hat, aber behauptet, eine Selbsthilfegruppe sei nicht das richtige für sie. Sie glaubt, ihre Probleme seien anders als die aller anderen, und sie empfindet es als unerträgliche Belastung, sich die Probleme anderer Leute anzuhören. Sie hat mich angerufen, weil wir so eine Art Vertrauensverhältnis haben.

Sie sagte, sie will mir Bescheid geben, damit jemand weiß, was sie vorhat. Sie wolle eine tödliche Dosis Tabletten schlucken. Ich habe sie gefragt, wer für ihren Mann sorgen würde, wenn sie nicht mehr da wäre. Sie antwortete, das sei ihr egal. Sie wollte einfach nicht darüber nachdenken. Ich habe sie gefragt, was aus ihren Kindern ohne Mutter, allein mit einem verrückten Vater, werden solle. Wir haben geredet und geredet. Ich wußte, sie würde sich nicht umbringen, aber sie wollte einfach über diese Möglichkeit reden. Sie ruft mich hin und wieder an und sagt, daß sie sich mit dem Auto von einer Klippe stürzen will. Dann antworte ich: ›Blödsinn. Bei deinem Glück bist du am Ende nicht tot, sondern ein Krüppel.‹« Alle lächeln wissend und voller Mitgefühl. »Sie weiß, daß ich recht habe, und hat beschlossen, am Leben zu bleiben.«

Bill, der sich bislang schüchtern im Hintergrund gehalten hat, steuert jetzt auch etwas bei. »Meine Töchter haben getan, was sie konnten, bis wir meine Frau im vergangenen Monat in ein Heim bringen mußten. Die vier haben abwechselnd einen Tag pro Woche bei ihrer Mutter verbracht, und außerdem hatten wir einmal die Woche eine Zugehfrau. Aber es wurde so schlimm mit meiner Frau, daß man sie nicht mehr allein lassen konnte, und ich konnte nicht von der Arbeit daheimbleiben, um mich ganz um sie zu kümmern. Die Nachbarn beschwerten sich. Wir konnten sie einfach nicht mehr zu Hause behalten. Ich weiß nicht, wie ihr zumute war, als sie in ein Heim mußte, aber die Mädchen fühlten sich natürlich schuldig. Und jetzt weiß ich nicht recht, wie es weitergehen soll. Ich gehe zur Arbeit und komme nach Hause.« Er versucht, es ins Scherzhafte zu wenden, und setzt mit einem ironischen Grinsen hinzu: »Ich belle den Hund an, und der Hund bellt mich an.«

»Haben Sie schon einmal überlegt, ob Sie gern ausgehen würden?« fragt Rita.

»Ehrlich gesagt, ja, manchmal.« Bill und seine Tochter sehen sich nicht an. »Ich finde schon, daß das kein natürliches Leben ist, das ich führe. Aber was könnte ich einer Frau sagen? Ich bin nicht wirklich verheiratet, aber geschieden bin ich auch nicht. Ich kann mir nicht vorstellen, daß irgend jemand an einer solchen Situation Gefallen finden könnte.«

»Denken Sie manchmal an Scheidung?«

»Wie stellen Sie sich das vor?«

»In Kalifornien kann man sich von einem geistig gestörten Ehepartner scheiden lassen. Der Besitz wird geteilt, genau wie bei einer gewöhnlichen Scheidung. Oder man kann eine Vereinbarung treffen, daß man zeitlebens für den Ehepartner aufkommt.«

»Tja, ich weiß nicht, was die Mädchen davon halten würden.«

Seine Tochter schweigt.

Rita fährt fort: »Natürlich lassen sich viele Männer und Frauen von ihren Ehepartnern scheiden, oder sie haben eine Beziehung mit jemand anderem. Der Vorsitzende unserer Sektion Kalifornien war in der Toni-Grant-Show. Er erzählte Toni von seinem herrlichen neuen Leben. Er liebt seine Frau, er läßt sie daheim von festangestellten Pflegekräften versorgen, und er hat Liebesaffären. So hat keiner das Nachsehen. Mir war das wirklich peinlich. Ich kann mich nicht mit ihm identifizieren.«

Ich frage: »Woher weiß man eigentlich, daß eine Ehe zu Ende ist?« Ich bin im Begriff, den fünfzigsten Hochzeitstag meiner Eltern zu feiern, und für meine eigene Seelenruhe hätte ich gern Gewißheit, daß ihre Ehe zu Ende ist.

»Bei dieser Krankheit weiß man sehr früh, daß man allein ist«, sagt Rita. »Man kann seine Pflicht als Ehefrau tun, später als Vormund und Pflegerin, aber man weiß schon, daß man ebenso isoliert ist wie eine Witwe. Keiner kümmert sich um einen.«

Bill ergreift die Hand seiner Tochter und sagt, ohne sie dabei anzusehen: »Und kein Außenstehender, nicht einmal eine Tochter, kann ermessen, wie schwer es ist, mit dieser Einsamkeit fertigzuwerden.« Er hält inne, als sie zu weinen beginnt. »Oder was es heißt, eines Morgens aufzuwachen und zu wissen, daß die Frau, die man liebt, ebenso tot ist, als hätte man sie zu Grabe getragen.«

Ich träume, daß ich über Schutt klettere, ich erkenne die Überreste eines Hauses, in dem ich einmal zu Hause war. Ich entdecke, daß ein Hobbymaurer eine Garage angebaut hat. Sie ist dunkel und voller Gerümpel. Anfangs kann ich die Formen der ausrangierten Möbelstücke, die Berge alter Kleider nicht erkennen. Als sich meine Augen an das spärliche Licht gewöhnt haben, entdecke ich die Umrisse eines leblosen Körpers, der Körper meines Vaters. Ich bin wütend auf meine Mutter, die sich nicht um seinen Körper gekümmert hat. Sie hat keinen Arzt gerufen, keine Polizei, und auch nicht den

Leichenbestatter. Sie hat ihn sterben lassen und geleugnet, daß er tot ist.
Ich wache auf und spüre unvermittelt einen derart irrationalen, ungerechten Zorn, daß ich durch die Zimmer meines dunklen Hauses wandere und darauf warte, daß sich mein Herzklopfen legt.

Ich lande in Kalifornien mit einem Gefühl der Beklommenheit. Als ich mit meinem Gepäck in den Kombi steige, mustern mich Daddys Augen. »Hast du genug Geld?«
»Ja, danke, Daddy. Ich habe Geld.« Ich küsse ihn auf die Wange. Ich weiß nicht, ob er mich erkennt, aber auf alle Fälle spürt er etwas Vertrautes. Ich bin die, die vielleicht Geld braucht. Wer immer ich sein mag. Die vielen Gelegenheiten fallen mir ein, in denen er mir Geld gab, die zahllosen Fälle, in denen er seine ebenso impulsive wie verläßliche Großzügigkeit unter Beweis stellte. Ich beschreibe den Flug. Ich war in einem riesigen Flugzeug. Zehn Plätze nebeneinander. Ich weiß nicht mehr, wie diese Flugzeuge heißen.
»Sieben-vier-sieben.« Unvermittelt. Präzise. Seine Augen hellwach und voller Selbstzufriedenheit.
Er reagiert, er ist wach, er ist *da* – für die ersten zwanzig Minuten meines einwöchigen Besuchs. Im Laufe der nächsten sechs Tage lassen seine Aufmerksamkeit, seine Haltung, seine Konzentration nach. Als ich abreise, ist er mehrfach gestürzt. Überall auf seinem Körper hat er neue Flecken und Schrammen.
Die Befehle aus seinem Gehirn kommen nicht mehr bis zu den Beinen durch. Er steht wie angewurzelt da, gebeugt, blickt auf die Füße hinunter, die sich nicht bewegen, obwohl wir ihn drängen zu gehen. Erst regt sich das eine, dann das andere Knie ein klein wenig, aber er kommt nicht voran. Er kann nicht mehr einen Schritt vor den anderen setzen. Es ist hoffnungslos. Er kommt nicht mehr an die Treppe heran, geschweige denn, daß er sie hinaufsteigen könnte. Mutter macht ihm das Klappbett fertig und legt ihn schlafen.
Später weckt sie ihn und hält ihm die Urinflasche vor. Sie drängt ihn. Lange Zeit stehen sie da, doch es geschieht nichts. Am Ende geben sie auf.

»Miststück! Was denkst du denn, was ein Mann sich alles gefallen läßt?« Dieser Ärger ist neu und angsteinflößend. Nie zuvor hat er geflucht. Es gibt Berichte darüber, daß Alzheimer-Patienten ausfällig und gefährlich werden. Mutter ist wütend. Sie behandelt ihn wie ein unfolgsames Kind. »Ich bringe dich ins Krankenhaus und lasse dich ein Vierteljahr lang dort.«

Linda und ich benutzen ihre Wut als Hebel, wir sind rasend vor Empörung und Hilflosigkeit. »Wir wollen nicht, daß du bei ihm bleibst, bis du anfängst, ihn zu hassen. Du mußt wissen, wann es Zeit ist aufzugeben. Niemand kann diese Belastung auf Dauer ertragen.«

Sie fährt auf einer wildgewordenen Achterbahn, sie schlingert gefährlich zwischen Sorge und Anschuldigung. Sie nennt ihn »mein liebes Baby«, sie beschwichtigt ihn zärtlich, dann reißt sie ihm fast dic Arme aus, als sie seinen widerspenstigen Leib aus einem Sessel hochziehen will. Sie ist das Medium, das die Verbindung herstellt zwischen seiner stummen Welt der Phantome und verworrenen Bilder und der Hölle des täglichen Lebens, zu der sie beide verdammt sind.

Sie macht sich verrückt mit Rache-, Folter-, Mordphantasien. Die radikale, endgültige Lösung, die dem Alptraum ein Ende bereitet, scheint leichter zu erreichen als die Erlösung, die sie fände, wenn sie ihn in ein Pflegeheim gäbe.

Im November 1954, einen Monat vor dem Tag, an dem John und ich heiraten wollen, ruft John aus Pennsylvania an, daß sein Vater gestorben sei. John erklärt mir, daß ich einige Sitten, die in seiner Familie herrschen, vielleicht nicht ohne weiteres verstehen werde. »Der Sarg steht im Wohnzimmer«, flüstert er mir am Telefon zu, »und mein Vater darf bis zur Beerdigung nicht allein gelassen werden. Wahrscheinlich kannst du hören, wie sie den Rosenkranz beten.« Was ich höre, ist das Murmeln seiner Mutter und ihrer trauernden Schwestern, Töchter und Nichten.

Als ich bei ihm zu Hause in Pennsylvania eintreffe, schiebt er mich eilig am Wohnzimmer vorüber und erklärt mir, während ich einen Blick auf seinen toten Vater erhasche, daß sämtliche Spiegel im Haus verhängt und sämtliche Bilder zur Wand gekehrt sind, wie es in Ungarn in orthodoxen Haushalten Brauch ist. Es sind Zeichen, die jedem, der draußen vorübergeht oder der das Haus betritt, verraten, daß das Alltagsleben zum Stillstand gekommen ist, daß Leben und Trauer zwei Dinge sind, die streng voneinander zu trennen sind. Seine alten Tanten – schwarz gekleidet, die gesenkten Häupter mit Kopftüchern verhüllt, singen sie leise vor sich hin und lassen die abgegriffenen Perlen durch die Hände gleiten – trauern gemeinsam, wie sie es ihr ganzes Leben lang getan haben. Die Trauerkleider seiner Mutter sind das äußere Zeichen, daß man auf ihre innere Verfassung Rücksicht zu nehmen hat. Ihre Töchter versuchen zwar, sie zu überreden, daß Marineblau und Dunkelbraun ein zulässiger Ersatz für Schwarz seien, doch sie besteht darauf, sie will »trauern wie bei uns zu Hause«. Zwar wäre sie, wie sie eingesteht, nach der Geburt ihres vierten Kindes gern nach Ungarn zurückgekehrt und fühlte sich »eingesperrt« von ihrem Mann, von dem sie insgesamt dreizehn Mal schwanger werden sollte, doch betrauert sie trotzdem seinen Tod und ihr eigenes schweres Los nun bitterlich, der festen Überzeugung, daß sie ein Anrecht auf das Mitgefühl aller in ihrer Umgebung hat.

Die Alzheimer-Selbsthilfegruppe meiner Mutter erinnert mich, wenn sie einmal im Monat zum gemeinschaftlichen Klagen zusammenkommt, an diese trauernden Schwestern von Johns Mutter. Die Frauen verschwistern sich in ihrer Anonymität. In der Nachbarschaft werden sie oft gemieden – Aussätzige unserer Zeit, deren Seelen befleckt sind von dem Leid, das sie bezeugen. Wenn sie Schwarz trügen, wenn sie verschleiert gingen als äußeres Zeichen der Trauer, würde man ihnen Respekt entgegenbringen, oder würde sich keiner um sie kümmern?

Ich überlege, wie das bei Hiobs Frau war, und als ich bemerke, daß ich mich kaum noch erinnern kann, lese ich das Buch Hiob noch einmal. Sie fleht Hiob an: »Fluche Gott und stirb.« Er antwortet: »Schweig, törichtes Weib.« Kein Wort des Trostes für eine Frau, die die Leiden ihres Mannes teilt und sie an seiner Stelle auf sich nimmt. Das Mitleid gilt Hiob. Die Ehefrau Hiobs wird verächtlich zum Schweigen gebracht.

Unter den Briefen, die Oma aufbewahrt hat, finde ich ein Schreiben Daddys an den Selective Service, die Wehrerfassung. Zwar verstehe er sich, schreibt er darin, als Pazifist und würde gern in einer Welt leben, in der Pazifismus realisierbar wäre, doch trotzdem bitte er, von seinem Status als Kriegsdienstverweigerer aus Gewissensgründen zurücktreten zu dürfen. »In Anbetracht der Erklärungen, die ich zu meiner Musterung abgab, verstehe ich nur zu gut, wie diese Einstufung zustande kam. Doch meine Definition eines imperialistischen Kriegs zu jenem Zeitpunkt war übereilt und unüberlegt, und zweifellos ist sie von den Ereignissen, die folgen sollten, überholt worden. Mein Schrecken vor dem Krieg ist derselbe geblieben. Doch der unerbittliche Marsch der Geschichte in den letzten Jahren erfordert, daß ich meine Einstellung zum Krieg neu definiere. Mein Haß auf den Faschismus ist, und war es immer gewesen, größer als selbst mein Haß auf den Krieg. Vernünftig betrachtet kann Faschismus nur zum Kriege führen, zu einer Erniedrigung des Menschen und letzten Endes zur Zerstörung aller Kultur. Ich glaube an die Demokratie, in wirtschaftlicher ebenso wie in politischer Hinsicht, denn nur in ihr findet die Menschheit eine Hoffnung auf eine bessere Welt und einen dauerhaften Frieden.«

Tommy und ich streiten uns.
»Ich bin dran.«
»Du warst grade erst dran.«
»Mama. Er schummelt schon wieder.«
Daddys Stimme klingt streng. »Psst. Hört zu.«
Die Stimme des Ansagers scheint aus der orange beleuchteten Skala zu kommen: »Bomben... Todesopfer... Japaner... Krieg...« Die Worte treiben meine Eltern in die einzige Umarmung, an die ich mich später aus meiner Kinderzeit erinnern werde. Jetzt sind sie kleiner und ängstlicher, als ich sie je gesehen habe. Jetzt reden sie, und ich begreife, daß alles, was wir bislang hatten – der Spielplatz in der Schule, die Wiese zwischen dem Haus und den Bäumen, wo wir unser Versteck haben, die zerfledderten Seiten in den Schullesebüchern, Murmeln und Papierpuppen –, all das Teil war von etwas Unsichtbarem, Unausgesprochenem namens Frieden.

Wir brauchen keine Angst zu haben. Aber sie reden und reden, spät abends im Wohnzimmer und auch noch, als sie das Licht ausgeschaltet haben und ins Bett gegangen sind. Ich schlafe in einem weißgestrichenen Eisenbett, und obwohl die Wände des Zimmers rosa sind, verwandelt das Mondlicht, das vom Schnee reflektiert wird, den mitternächtlichen Raum in Silber. Die Puppen, die neben mir mit geschlossenen Augen schlafen, werden zu Babys, deren Häuser bombardiert, deren Mamas und Daddys getötet werden.

Und Daddy muß nach Kalifornien gehen und sich eine Arbeit in der Fabrik suchen, sonst wird er eingezogen wie meine jungen Onkel. Wir warten, daß die Post kommt. Mutter liest seine Briefe und packt Kisten und wartet auf Briefe und sagt uns, daß wir uns keine Sorgen zu machen brauchen. Kalifornien wird uns gefallen. Wir werden Apfelsinen essen und das Meer sehen. Und Mama und Tommy und ich werden ganz allein hinfahren. Nana und Grandad machen sich Sorgen: eine Frau und zwei kleine Kinder allein auf den Highways. Aber wir werden Mama helfen wachzubleiben, wir werden lauthals singen: »California, here I come, right back where I started from.«

Wir haben Angst, dabei ist es wunderbar. Die Wüste ist gar kein Sand. Es gibt Felsen und sogar Bäume. Und dann gibt es einen Highway, der auf beiden Seiten von Rosen gesäumt ist. Und meilenweit nichts als Obstgärten. Und Mama sagt: »Ich steige nur mal eben aus und klaue mir eine Apfelsine. Es gibt so viele. Wer wird schon eine einzige Apfelsine vermissen. Oder drei?« So ist sie. Manchmal fürchte ich, daß sie sich nicht an das Gesetz hält. Wenn sie zum Beispiel auf der falschen Straßenseite fährt. Sie fährt gerne auf der falschen Straßenseite, »wenn sowieso keiner kommt«.

Daddy sagt, man darf nie auf der falschen Straßenseite fahren, genausowenig wie man mit Spielzeugpistolen spielen darf, weil man, auch wenn es nur Spielzeugpistolen sind, anfängt zu glauben, daß Krieg ein Mittel ist, Probleme zu lösen. Und wenn man auf der falschen Straßenseite fährt, auch wenn es ungefährlich ist, dann könnte man vergessen, wann es nicht ungefährlich ist, und das könnte zu einem Unfall führen. Und dann müssen wir noch viele, viele Meilen fahren.

Nein, wir sind noch nicht da. Von hier aus kann man Long Beach

noch nicht sehen. Ehe wir das Meer sehen, werden wir Städte sehen, und noch mehr Städte, ehe wir Daddy sehen und die Neubausiedlung. In allen Neubausiedlungen gibt es Spielplätze und viele Freunde für all die Kinder aus Kansas und Oklahoma. Wir werden jede Menge Spielgefährten haben, und die werden kein bißchen anders sprechen als wir, und ihre Daddys werden nicht kämpfen müssen, weil sie Flugzeuge bauen und Schiffe und Panzer für unsere Jungs dort drüben.
»Over there. Send the word. Send the word. That the Yanks are coming, the Yanks are coming...«
In der Werft lernt man, wie man Schiffe baut, und auch wenn man das bei Stellenantritt noch nicht weiß, hat man ja einen Chef und Pläne, und wenn man einen Abschluß von der Kansas University hat und gut genug rechnen kann, um Ingenieur zu sein, dann kann man auch ein Schiff bauen, in das das Wasser nicht hineinläuft. Daddy ist sehr klug und hat in allen Fächern eine Eins. Außer im Schönschreiben natürlich. Er hat die schlechteste Handschrift, die ein Erwachsener nur haben kann. Und in Englisch, weil er sich nie zu Wort gemeldet hat, weil er so still und schüchtern ist. Aber in Mathematik und Naturwissenschaften war er Spitze, und das ist jetzt sehr nützlich, wo wir diesen schrecklichen Krieg haben und wo er helfen muß.
Und jetzt sehen wir ihn. Er winkt, kommt den Gehsteig entlanggelaufen, er lächelt, er lächelt. Er zeigt uns unsere Wohnung. Wir wohnen in Long Beach, Kalifornien. Wir sind zusammen in Kalifornien. Wir werden das Meer sehen. Soweit man blicken kann, nichts als Wasser. Und wir können unsere Schuhe ausziehen und in der Brandung waten, die uns vor- und zurückjagt, vor und zurück, wünschend, flüsternd.

»Manchmal will ich nicht, daß er anderen vor Augen tritt, aber manchmal denke ich auch, daß sie ihn sehen sollten. Warum soll ich den ganzen Schmerz allein tragen?« Mutter tritt aufs Gas, wenn sie über ihren Zorn spricht. »Es ist eine Seuche. Die Leute müssen die Wahrheit über die Krankheit erfahren. Es ist wie Altwerden, wie Sterben.«
Wir kommen in Bright Haven an, einem modernen kalifornischen

Sanatorium, direkt an einer vielbefahrenen Straße gelegen. Mutter hat mir erläutert, daß es sich um eine geschlossene Anstalt handelt, euphemistisch als »Genesungsheim« bezeichnet, in die nur Patienten aufgenommen werden, die noch »mobil«, bewegungsfähig, sind. Bonnie und Ruth, zwei Mitglieder ihrer Selbsthilfegruppe, haben ihre Ehemänner hier untergebracht. Zwar klagen sie über die Zustände, die in dem Heim herrschen, doch sind sie beide überzeugt, daß es die beste Pflege bietet, die in dieser Preisklasse zu haben ist. Der Leiter stellt uns eine attraktive, freundliche Pflegerin vor, die uns gerne herumführt. Mutter erklärt ihr, daß sie selbst schon hier war, ihre Tochter sich aber die Einrichtung ansehen solle, um bei »der Entscheidung« ihren Rat beizusteuern.

Man kann noch so gut vorbereitet sein auf das, was einen erwartet, nichts mildert den Schock, den man erfährt, wenn man die Welt verläßt, in der die Kranken und die Gesunden gemeinsam wohnen, und eine Welt betritt, in der nur geistig Behinderte leben. Ich habe mich auf Mutters Angebot, mir Bright Haven zu zeigen, eingelassen. Ich möchte es mit Bravour meistern. Und doch ist es schwer, nicht den Boden unter den Füßen zu verlieren. Ich kann mir einfach nicht vorstellen, wie Daddy über diese Korridore zwischen den Fremden mit ihren ausdruckslosen Augen wandelt. Oder vielleicht sollte ich sagen: Ich kann ihn mir nur zu gut vorstellen. Welche Angst ihm all diese Menschen einjagen würden. Mobil sind sie tatsächlich. Jeder der Bewohner scheint ziellos durch die Gänge zu irren. Doch offenbar bemerken die meisten von ihnen gar nicht, daß auch andere unterwegs sind. Was sie gemeinsam haben, ist ihre Isolation. Sie warten nicht auf ein Erkennen in den Augen der Fremden, die vorüberziehen. Wenn sie mit jemandem sprechen, dann scheinen es eingebildete Gesprächspartner zu sein, nicht die anderen Heimbewohner.

Mutter und die Schwester unterhalten sich ungezwungen. Die Schwester erzählt uns gerade, wie sie ihren zweiten Mann kennengelernt hat, als wir auf Bonnie treffen, die ihren Ehemann Fred besucht.

Bonnie begrüßt uns mit einem breiten, doch unsicheren Lächeln. Sie stellt mich in aller Form Fred vor, fast als erwarte sie, daß er etwas entgegnet. Er sitzt in einem Stuhl mit einem daran befestigten Plastiktablett, starrt die Wand hinter uns an und greift gierig nach den Plätzchen, die sie ihm eins nach dem anderen in die Hand drückt, während sie uns erzählt, wieviel besser es ihm schon gehe.

»Fred ist so glücklich, daß er heute morgen auf den Beinen ist. Das war ein wunderschöner Besuch. Er mag die Vanillewaffeln so sehr – obwohl ich sie ihm wahrscheinlich besser erst nach dem Mittagessen gegeben hätte.«

»Na, ich kann mir schon vorstellen, daß so eine Leckerei ihm Freude macht«, meint Mutter.

»Bis Mittag hat er sicher wieder Appetit«, sage ich, und erst da bemerke ich, daß wir von ihm in der dritten Person reden.

Die Schwester rettet uns vor weiteren Peinlichkeiten. »Sag mir, wie du heißt, Schätzchen«, bittet sie. »Gestern wußtest du doch noch, wie du heißt. Oder war es vorgestern?« Sie wendet sich an Bonnie. »Sie denken sicher, ich flunkere Ihnen etwas vor, aber es stimmt wirklich, er hat mir gesagt, wie er heißt. Ganz deutlich.«

Bonnie treten die Tränen in die Augen. Ihr Lächeln bleibt unerschütterlich. »Ich glaube Ihnen. Ich bin sicher, daß Fred seinen Namen weiß.« Sie blickt Mutter ins Gesicht, sucht nach Bestätigung. »Und an meinen Namen erinnert er sich auch. Er weiß, daß ich Bonnie bin, und er ist Fred. Und daß wir schon seit so vielen Jahren Mann und Frau sind.«

Mutter hat mir versichert, daß es Daddy längst nicht so schlecht gehe wie den anderen Insassen von Bright Haven. Doch nun, wo ich sie gesehen habe, bin ich mir nicht mehr so sicher, daß er nach den Maßstäben des Hauses als »mobil« klassifiziert würde.

Als wir wieder draußen sind, komme ich auf meine Sorge zu sprechen, daß sein Zustand vielleicht schon so schlecht sei, daß er nicht mehr aufgenommen würde. Wenn die Insassen von Bright Haven nicht mehr ohne Gefahr gehen können, werden sie auf ihren Stühlen festgeschnallt.

»Die würden ihn einfach auf dem Stuhl oder im Bett festbinden, wenn er hier wohnte.« Mutter ist empört. »Sie würden es nicht zulassen, daß er umherwandert, wie ich es tue. Weil ich weiß, daß er, selbst wenn er fällt, wenigstens in Freiheit lebt. Was denkst *du* denn darüber?« Sie verschanzt sich hinter der Frage. »Willst du, daß er auf einem Stuhl oder in einem Bett verschnürt ist, oder willst du, daß er sich frei bewegen kann, bis er körperlich nicht mehr in der Lage dazu ist?«

Ich weiß noch, wie überrascht ich war, als mein zweites Kind, J. D., mit acht Monaten zum ersten Mal alleine stand. Ich war überzeugt, daß er zu jung zum Stehen war, daß er noch kein Gefühl für die freie Bewegung im Hause hatte. Ich überlegte, wie ich ihn vom Stehen abbringen konnte, und streute seine Spielsachen auf dem Boden aus, und am Ende gab ich ihm eine Schachtel Kekse. Doch er ließ sich durch nichts ablenken. Immer und immer wieder stand er auf, schwankte, bis er fiel, rappelte sich hoch, nur um von neuem zu fallen. Die Krankheit ist wie ein Bumerang, der ihre Opfer vom Erwachsenenleben durch die Zeit zurück in eine entsetzliche Kindheit schleudert. Daddy ist ein typisches Krabbelkind, er richtet sich auf, fällt, richtet sich wieder auf.

Der Schock von Bright Haven hat mir die Sprache verschlagen. Ich weiß, Mutter erwartet, daß ich ihr entweder Mut mache oder daß ich nicht mehr auf dieser Alternative beharre. Wir spielen »Reise nach Jerusalem« mit unseren Schuldgefühlen, keine von uns will die Nachteile des Pflegeheims eingestehen, beide stehen wir verwirrt vor dem Dilemma, vor das unsere Verantwortung uns stellt.

»Mutter, ich weiß, nur du allein kannst entscheiden, wann der Punkt gekommen ist, an dem du aufgeben mußt. Ich weiß, es nützt dir gar nichts, daß wir anderen versuchen, dir bei der Entscheidung zu helfen. Ich weiß, den Schuldgefühlen kann man nicht entgehen. Aber glaube den Frauen nicht, die dir erzählen, sie überlegten, ob sie ihre Männer wieder aus Bright Haven zurückholen sollten. Sie träumen vielleicht davon, daß sie die Zeit umkehren, daß sie den Mann, den sie einmal hatten, zurückbekommen könnten. Doch wenn eine Frau erst einmal so am Ende ist und so sehr alle Hoffnung verloren hat, daß sie ihren Mann nach Bright Haven bringt, dann wird sie zwangsläufig nicht nur Erleichterung, sondern dazu auch Schuld verspüren, ebenso Schmerz wie Freiheit.«

»Bonnie sagt, Fred hätte sicher eine Möglichkeit gefunden, sie zu Hause zu behalten, wenn es ihr zugestoßen wäre.«

»Woher will sie das denn wissen? Wovor fürchtet sie sich? Fürchtet

sie, daß sie an die Grenzen ihrer Hingebung stößt und einsehen muß, daß er solche Grenzen ebenfalls gehabt hätte?«
»Ja, was bedeutet Ehe? Wann ist sie zu Ende? Ist sie zu Ende, wenn dein Ehepartner dich nicht mehr erkennt?«
»Wenn Ehe Bindung ist, ist sie dann vorüber, wenn einer der beiden Partner die Bindung nicht mehr begreift?«
»›Bis daß der Tod euch scheidet‹, gilt das nur für den physischen Tod? Oder kann es auch einen emotionalen, sozialen, psychischen Tod bedeuten?«
Definitionen formen sich und lösen sich wieder in einem diffusen Schatten auf, während ich bald den einen, bald den anderen Standpunkt einnehme. Ich will, daß meine Eltern mir beweisen, daß es die ideale Ehe wirklich gibt. Ich will sehen, daß ihre Ehe selbst die verheerenden Auswirkungen dieser Krankheit überstehen kann. Doch ist dieser Beweis es mir wert, daß meine Mutter eingekerkert und zugrunde gerichtet wird? Wie steht es mit den Wünschen des Vaters, der er einmal war? Er hätte getobt, wenn er gehört hätte, daß ein Leben für ein anderes geopfert werden soll. Er hätte das Grundsätzliche an diesem Kampf gesehen, und er hätte darauf bestanden, daß der überlebende Partner ein Recht auf Leben und Freiheit hat. Er war ein Anhänger der Euthanasie. Er fand, daß Leichen verbrannt werden sollten. Das einzige Leben nach dem Tode, an das er glaubte, war das Leben der nächsten Generation. Aber nun ist dieser Vater ein Kind, den man vor seinen Alpträumen und Hirngespinsten schützen muß. Er ist ein Kind, das seine Frau braucht, damit sie ihn bemuttern kann. Er muß in Sicherheit, in seinem eigenen Bettchen schlafen können, eingelullt von den an- und abschwellenden Stimmen der Erwachsenen, die noch spät im Wohnzimmer sitzen.
Er braucht sie.

Das nächste Sanatorium ist im Stil eines kalifornischen Motels erbaut, mit vielen Fenstern, die auf eine Folge von Innenhöfen blikken. Die Patienten, die noch laufen können, sind überall auf den Fluren unterwegs. Einige reagieren auf uns, doch die meisten starren ausdruckslos vor sich hin. Mutter versichert mir: »Die meisten hier sind viel schlimmer dran als Daddy.«

Ich will sie nicht mehr länger in ihrer Selbsttäuschung unterstützen, denn ich habe den Verdacht, sie hat mich hergebracht, um mir einen Schrecken einzujagen, so daß ich von meinem ewigen Drängen, sie solle Daddy in ein Heim geben, ablasse. »Nein, Mutter, das glaube ich nicht. Ich glaube, bei Daddy ist die Krankheit weiter fortgeschritten als bei manch anderem hier.«
Ein alter Mann, gebückt, doch mit strahlenden Augen, klammert sich an den Arm einer vorbeikommenden Schwester. Sie gibt ihm einen Kuß auf die Wange. Mit einem Lächeln kommt er auf uns zu, er ist ein ganzes Stück größer geworden, und als er bei uns vorbeigeht, summt er leise vor sich hin.
Die meisten Patienten sitzen nur da und starren ins Leere. Diejenigen, die umherschlurfen, scheinen nichts von ihrer Umgebung wahrzunehmen, reagieren jedoch oft, wenn jemand den Kontakt mit ihnen aufnimmt.
Ich war schon in Pflegeheimen, wo der Geruch nach Ammoniak stärker war als der nach Desinfektionsmitteln, aber hier halten sie sich die Waage. Ich bekämpfe den Ekel, der mich seit jeher in dieser Art von Institution befällt. Die Geister von Großpapa Ford, Oma und Opa tauchen kurz auf und verschwinden wieder.
»Die Patienten tragen saubere Kleidung, aber sie bekommen nicht immer ihre eigene aus der Wäscherei zurück. Siehst du, wie viele die Sachen von anderen tragen?«
Ich denke an die Zukunft und bin verzagt. Wird er hier seine Identität verlieren? Wird er ein Nichts sein, nicht nur für sich selbst, sondern auch für andere, die durch ihn hindurchsehen, und für die Pflegerinnen, deren mechanische Nettigkeit und Fürsorglichkeit so unpersönlich wirkt?

Im Traum beobachte ich den Himmel. Ich bin umgeben von Menschen, die sich auf einer winzigen Insel drängen. Die Luft ist schwer und dunkel. Wir wissen, daß ein Wirbelsturm kommt. Wir müssen fort, so schnell es geht. Ich will abwarten. Ich bin nicht sicher, ob der Sturm die Insel wirklich erreichen wird. Am Himmel liegen dunkle Wolkenstreifen auf tiefblauem Hintergrund. Ich entdecke einen Hauch von hellerem Blau und Rosa. So angenehme Farben, daß ich die Unabwendbarkeit des Sturms leugnen kann. Plötzlich kommt

ein kalter, rauher Wind auf. Am Kai sind Hunderte von Menschen, es herrscht helle Aufregung. Lange, panzerartige Hubschrauber nähern sich. Menschen drängen hinein. Plötzlich liegen Fährschiffe am Kai, voll beladen mit verzweifelten Passagieren. Ich überlege, ob ich auf eine Brücke klettern soll, so schmal wie ein Band, um einen der schwebenden Hubschrauber zu erreichen. Ich habe Angst. Der Wind ist jetzt so stark, daß ich mir vorstelle, wie der Hubschrauber in ein Luftloch sackt und ins Wasser stürzt.
Ich bin auf einer Fähre, am Heck eingezwängt im Gedränge der Menschen, die über Bord zu fallen drohen. Ich kämpfe mich vor und spüre, wie sich die Fähre in Bewegung setzt. Meine Panik legt sich. Einer der Seeleute geht zum Kapitän, er trägt eine schwarze Kiste. Der Kapitän öffnet die Kiste. Schmerz steht in seinen Zügen. Ich sehe, daß die Kiste voller toter Vögel ist. Ich weiche zurück.
Er wirft die Vögel über Bord. Ich weiß nicht, woher sie kommen oder wie sie gestorben sind.

Zum zweiten Mal nehme ich mit Mutter an einem Treffen der Alzheimer-Gruppe teil. Beth ist eine hübsche Frau, Anfang Dreißig, mit leiser Stimme. Mutter erzählt mir, daß sie gelegentlich mit ihrem Vater zu den Treffen erscheint. Heute ist sie allein.
»Daddy ist zu Hause bei meiner Mutter. Er kümmert sich um sie. Ich tue, was ich kann. Kürzlich habe ich sie zu einer Geschenkparty anläßlich einer bevorstehenden Geburt mitgenommen, weil ich dachte, das würde ihr Spaß machen. Aber wir haben ihr nicht begreiflich machen können, worum es ging. Wie erklärt man Geschenke für ein Baby, das noch gar nicht da ist? Sie hatte Angst, daß jemand ihr eine Frage stellen würde, die sie nicht beantworten konnte. ›Wie viele Kinder habe ich?‹ fragte sie. Sie weiß nicht, daß wir vier sind und daß ich ihre Tochter bin. Sie wollte nach Hause, bevor die Gastgeberin den Nachtisch serviert hatte. ›Meine Mutter weiß nicht, wo ich bin‹, sagte sie. Das sagt sie immer, obwohl ihre Mutter schon vierzig Jahre tot ist. Ich habe ihre Mutter, meine Großmutter, nie kennengelernt. Meine Mutter kann mich, ihre vergessene Tochter, nicht erreichen, weil sie ihre eigene tote Mutter sucht.«
Susans Mann ist am Vatertag gestorben. Sie ist zu dem Treffen

gekommen, »weil ich dachte, es interessiert die anderen, was man für Beerdigung und Autopsie an Vorbereitungen treffen muß«. Sie sagt es, als fürchte sie, daß sie nun keinen triftigen Grund mehr habe, an den Zusammenkünften der Gruppe teilzunehmen, als versuche sie, ihre eigenen Ziele für diese Treffen neu zu definieren. »Er hatte einen leichten Tod. Ich wußte ganz genau, was ich zu tun hatte. Ich hatte mir alles aufgeschrieben, weil man mir gesagt hatte, das Ende komme vielleicht schon bald. Ich erreichte die Gehirnbank eine Stunde, nachdem ich es erfahren hatte. Der Pathologe entnahm das Gehirn, aber später war von der Autopsie nichts mehr zu erkennen. Er sah gut aus in seinem Sarg.«

Sie erläutert die »Vorkehrungen« mit einer Art von traumverlorener Versonnenheit, wie man sie oft bei Menschen beobachtet, die einen nahen Angehörigen verloren haben, aber noch nicht von der Alltäglichkeit des Trauerns überwältigt sind. Sie schärft uns ein, daß wir, »wenn es soweit ist«, nicht vergessen dürfen, umgehend die Gehirnbank zu verständigen, und daß die Leiche gekühlt werden muß, bis das Gehirn entnommen ist. Sonst läßt der Zustand des Hirngewebes die Untersuchungen nicht mehr zu, die vorgenommen werden müssen, um festzustellen, daß der Verstorbene tatsächlich ein Opfer der Alzheimerschen Krankheit war.

Ihre Direktheit, die klinische Nüchternheit, mit der sie an das Thema herangeht, gibt uns die Gelegenheit, unsere morbide Neugier zu befriedigen.

Ich frage: »Wird das ganze Gehirn entfernt? Ich hatte mir immer vorgestellt, daß nur Gewebeproben entnommen werden, um sie dann unter dem Mikroskop zu untersuchen.«

»Das muß doch einen großen Hohlraum ergeben«, sagt eine Frau.

»Vielleicht stopfen sie den Hohlraum irgendwie aus.«

»Nein. Der Schädel bleibt leer.«

»Wenn man das Gesicht anschaut, sieht man nichts. Sie sehen gut aus«, versichert Rita. Ich erinnere mich an meine erste Begegnung mit der Gruppe und an ihre Erzählung vom Tod ihres Mannes. Sie lenkt das Gespräch wieder auf Susans Trauer.

Susan gibt zu, daß sie, obwohl sie immer geglaubt hatte, sie sei auf den Tod ihres Mannes vorbereitet und begrüße ihn, sich trotzdem dabei ertappte, wie sie die Ärzte ermunterte, jedes nur mögliche Antibiotikum einzusetzen, um die Infektion, an der er schließlich starb, zu bekämpfen.

Evas Mann ist gerade in das Pflegeheim zurückgekehrt. Sie hatte ihn mit der Ambulanz in ein Krankenhaus bringen lassen, weil sie überzeugt war, daß er einen Schlaganfall erlitten habe. Sie ist eine Frau, die den unabwendbaren Verfall, der mit der Krankheit einhergeht, immer ganz besonders nüchtern konstatiert hat. Jetzt gibt sie etwas beschämt zu, daß sie »hysterisch war« und daß sie hätte wissen müssen, die zunehmende Körperstarre ihres Mannes war ein Symptom seiner weit fortgeschrittenen Krankheit und kein neuer Angriff auf seinen Körper.

Jetzt hat sie Angst, daß ihr Mann nicht in dem Pflegeheim bleiben kann, weil man dort Patienten entläßt, die als »komatös« bezeichnet werden. Sie engagiert sich sehr stark in der Alzheimer's and Related Disorders Association, der Vereinigung für die Alzheimersche und verwandte Krankheiten. Ich stelle mir vor, wie sie zusammen mit einer Gruppe von Frauen ihren Mann auf einer Bahre trägt und an die Tür des Weißen Hauses klopft. Der Präsident öffnet die Tür, und die Frauen setzen die Bahre auf der Schwelle ab, drehen sich um und gehen. Die Frauen in meinem Tagtraum tragen keine Banner. Auf ihren T-Shirts stehen keine Slogans. Aber sie sind so voller Zorn, daß ihr Protest zum Mittelpunkt ihres Lebens wird.

Die Gruppenmitglieder sprechen nun über die amtlichen Erlasse und Verordnungen, die die Pflege und Hilfe, die einem Alzheimer-Patienten zukommen können, beschränken. Ein Mann, der versichert, daß man bei seiner Frau anfangs »multiple Infarkte« diagnostiziert habe, bevor es als Alzheimersche Krankheit erkannt wurde, erhält den Rat, bei dieser Diagnose zu bleiben, weil sie damit ein Anrecht auf Behandlung und nicht nur auf Pflege hat. Wenn die Diagnose auf etwas lautet, das behandelt werden kann, wird sie vielleicht bei ihrer Versicherung Ansprüche für den Krankenhausaufenthalt geltend machen können. Unkosten für Pflege sind von der Erstattung ausgeschlossen, weil man davon ausgeht, daß sie eher den Angehörigen als den Kranken nützt. Jemand, der zum ersten Mal dabei ist, gerät in Wut, als er das erfährt.

In gewissem Sinne bietet jedes dieser Treffen einen Mikrokosmos der gesamten Krankheit. Die Gruppenmitglieder halten sich nicht an die säuberlich unterteilten Phasen der Trauer nach Kübler-Ross. Im Laufe des Abends reagiert jede dieser Frauen, die ihre Geschichte erzählt und darüber berichtet, was sie die Woche über erlebt hat, mit Leugnen, Wut, Taktieren, Depression *und* Einsicht. Und in der Hülle jeder dieser Emotionen steckt ein Kern aus Schuldgefühl.

Sandra ist seit dem Tod ihres Mannes dünner und immer dünner geworden. Sie nimmt weiter an den Sitzungen teil, weil sie sich Hoffnungen macht, dadurch aus ihrer Trauer herauszufinden. »Jetzt ist er schon ein Jahr tot, und ich fühle mich schuldiger als zu der Zeit, als er noch lebte. All das Unerträgliche an der Krankheit vergißt man wieder. Aber nicht, wie schrecklich man selbst sich benommen hat. Wenn ich gewußt hätte, daß er, als er ins Heim kam, nur noch ein Jahr zu leben hatte, dann hätte ich es vielleicht ertragen und ihn zu Hause behalten können. Und nun kann ich gar nicht begreifen, wie ich einem Menschen, der mir so lieb war, etwas so Schreckliches antun konnte. Wie konnte ich ihn in ein so abscheuliches Loch stecken, wo er so krank war, wo er nur noch so kurze Zeit zu leben hatte? Ich kann an gar nichts anderes mehr denken. Er war ein so wunderbarer Mann, und ich habe ihn in ein Pflegeheim gesteckt.«

Zwangsläufig bringt die Witwe die Schuldgefühle, die sie mit ihrem Mann unter die Erde bringen wollte, wieder ans Tageslicht zurück. Sie kann Mutter und den Frauen im Raum, die ihre Männer erst noch begraben müssen, keine Hoffnung machen, daß sie nach deren Tod von Schuldgefühlen frei sein werden.

Daddy steht in der Küche, starrt den Fußboden an, als sei es die wogende See. Er streckt den Fuß aus, als ob er fühlen wolle, wie warm das Wasser ist.

Der Fernseher versetzt ihn in Schrecken wie ein Eindringling. Seine Augen wandern vom Bildschirm zu meinem Gesicht, und ich erkenne an dem angewiderten Ausdruck, daß er mich für ein Ungeheuer hält.

Es scheint, daß er überall unsichtbare Wesen durch das Zimmer

huschen sieht. Er versucht die Füße zu heben, so als wolle er ihnen aus dem Weg gehen. Er schreit nicht mehr laut auf wie vor einem Jahr, wenn er von solchen Erscheinungen berichtete.
Ich weiß noch, wie er eines Morgens in der Küche auf der Stelle schlurfte und dabei unzusammenhängende Silben murmelte.
»Was fehlt dir, Dad?«
»Da sind vier Bomben hochgegangen, nacheinander.«
»Das hast du gehört?«
»Hast du denn nichts gehört? Vier Explosionen. Vier Druckbomben waren es.«
Seine Augen fordern Antwort. Dann zuckt er die Schultern, und sein Blick wird leer. Ich überlege, ob es einem Geistesgestörten wohl so scheint, daß die anderen eine offenkundige Gefahr ignorieren, von der er selbst weiß, daß er darin umkommen wird.
Als Linda zu Weihnachten zu Besuch war, forderte er sie auf, sie solle die Autobahnpolizei verständigen. »Die Camper haben sich im Schneesturm verirrt. Bis morgen früh sind sie erfroren. Du mußt sofort anrufen.«
»Was für Camper, Daddy?«
»Frag nicht so dumm. Tu, was ich dir sage.«
»Aber wir sind in Kalifornien, Daddy. Hier gibt es keinen Schneesturm. Es gibt keine Camper.«
»Hör mir doch zu. Tu, was ich dir sage.«
Sie macht einen Schritt über die Grenze zwischen den beiden Welten. »Die Autobahnpolizei hat eben angerufen. Sie haben die Camper gefunden. Sie sind gerettet. Sie sind alle in Sicherheit.«
Er lächelt erleichtert. Dies eine Mal krampft sich sein Körper nicht zusammen, als sie ihn umarmen will. Er wendet seinen Kopf nicht ab, als sie ihn auf die Wange küßt. Vielleicht ist es besser für ihn, man gibt seiner Sicht der Dinge nach, als daß man versucht, ihn mit Gewalt in unserer Welt festzuhalten.

Ich blättere in alten Familienalben, ein Versuch, Anschluß an die Vergangenheit zu finden. Auf einer Albumseite finde ich eine Photoserie, die zeigt, wie ich ein kleines Wildkaninchen mit Buschelschwänzchen anlocke, es liebgewinne, es in die Freiheit der Wälder entlasse und schließlich den Verlust betrauere. Auf

dem letzten Photo der Serie sieht man eine zerzauste, tränenüberströmte Sechsjährige.
Die Bildunterschrift lautet: »Wenn es glücklich ist, dann bin ich auch glücklich.« Notiert hat es Daddy, aber es sind meine Worte.

»War das nicht lieb von Carol, daß sie zu unserem Hochzeitstag gekommen ist?« – »Das will ich meinen.« Ist das der letzte Satz, den ich je von ihm hören werde? Bei diesem Besuch habe ich einen neuen Entschluß gefaßt. Ich glaube, es ist besser für ihn, wenn ich ihn nicht mehr in Gespräche verwickle. Offenbar braucht er jetzt all seine Konzentration, sich aufrecht zu halten, wenn er steht, und beim Essen seine Hände vom Teller zum Mund zu bewegen.
Er braucht Anweisungen, wie er beim Gehen die Füße setzen soll. Mutter steht oft hinter ihm und schiebt ihn voran. Zu energisch, für meine Begriffe. Sie verliert die Geduld, wenn er zu lange an einem Ort steht, wenn sich seine Knie leicht beugen, ausgelöst durch Nervenreize, die nicht mehr zu Schritten führen. Er macht beinahe verhängnisvolle Fehler auf der Treppe: Er steht mit dem Gesicht zum Geländer und hält es mit beiden Händen umklammert, er steigt hinunter, bis ein Fuß auf dem anderen zu stehen kommt, die Beine überkreuz, so daß er nicht mehr weiterkann. Einer von uns bückt sich neben ihm und versucht, den Fuß anzuheben, den er freibekommen muß, damit er weitergehen kann. Wenn er richtig an die Treppe herantritt, eine Hand auf dem Geländer, dann schafft er es kaum, seine Zehen auf die äußerste Kante der Stufe zu setzen, so daß der, der hinter ihm geht, damit rechnen muß, daß er nach hinten kippt. Er wuchtet sich so schwerfällig aus dem Sessel, daß es eine Qual ist, ihm dabei zuzusehen. Wenn er sich setzen will, läßt er sich nach hinten fallen, verpaßt fast die Sitzfläche und schlägt schmerzhaft auf die Armlehne. Wenn man ihn sich bewegen sieht, erwartet man mit jedem Augenblick eine neue Katastrophe. Ich denke an Patienten mit Gehirnlähmung und überlege, ob wir ihm einen Schutzhelm kaufen sollen.
Seit einiger Zeit wandert er nachts umher. Er steht auf, zieht sich halb aus und steht dann reglos im Flur, weil er vergessen hat, wohin er wollte. Linda weckt Mutter, als sie ihn halbnackt und zit-

ternd vor Kälte oben an der Treppe findet. Als er wieder in sein Bett fällt, kann er sich nicht zudecken. Aber das Haus ist so kalt wie immer, seit sie gemeinsam beschlossen haben, Energie zu sparen.

Mutter hat manchmal etwas so Hinterlistiges, daß es mich in Erstaunen versetzt. Ihre Augen sprühen vor Vergnügen, als sie erzählt: »Er hat von mir in der dritten Person gesprochen, als ob er mich nicht erkennt. Ich wollte ihn zum Reden bringen und fragte: ›Was hältst du von Fern? Ist sie eine Xanthippe? Kommandiert sie dich herum, daß es kaum noch zu beschreiben ist?‹ Er hat alles genau mitbekommen. Er sagte: ›O nein. Ich liebe sie.‹ Ich dachte: ›Er ist immer noch zu schlau für mich. Ich kann ihn nicht an der Nase herumführen. Er weiß, daß er mir ausgeliefert ist.‹«
Sie freut sich über seine Leistungen, als ob er ein Kind wäre, das von Tag zu Tag klüger wird.
»Er konnte *Massachusetts* buchstabieren. Ich ließ ihn ein paar Wörter buchstabieren, und er konnte sie alle.«
Ein Hoffnungsschimmer: Ist es möglich, daß sich sein Zustand bessert?

Wenn ich von einem Besuch zurückkomme, fühle ich mich bisweilen merkwürdig distanziert. Ich denke: »Ja, ich habe mich damit abgefunden. Ich bin ruhig. Ich leide nicht.« Ich bin erleichtert, daß ich so weit entfernt bin von der leidvollen Existenz meiner Eltern. Kaum bin ich ein paar Stunden zu Hause, versuche ich, mir seine Gestalt und seine letzten Worte ins Gedächtnis zu rufen. Ich erinnere mich an Mutters Frage: »Leonard, war das nicht lieb von Carol, daß sie zu unserem Hochzeitstag gekommen ist?« Und ich höre noch seine Antwort, poetisch vom Schwung der Höflichkeit: »Na, das will ich meinen.« Die Erinnerung an diesen einen Moment, wo er noch er selbst zu sein schien, hat etwas Tröstendes, obwohl mir im Verlauf des Besuches klargeworden ist, daß er mich nicht mehr erkennt.
Ich bin *nicht* ruhig. Ich habe mich *nicht* mit den verheerenden Auswirkungen seiner Krankheit abgefunden. Noch Wochen nach meinem Abschied möchte ich am liebsten stündlich anrufen. Es ist, als

läge er in der Intensivstation, nach einem schrecklichen Unfall, den er mit knapper Not überlebt hat. Ich will bei ihm sein, an seiner Seite. Mich bedrängen lebhafte Träume, ich erwache mit seinem Bild vor Augen, klar und fordernd.

Im Haus meiner Eltern ärgere ich mich über offene Schranktüren, zerschlissene Polstermöbel und gesprungene Teetassen. Ich hasse es, wenn einfache Annehmlichkeiten fehlen und die Form nicht bis zu einem gewissen Grade gewahrt bleibt. Ich will Ordnung schaffen, aber ich beherrsche mich, will meinem Ärger nicht Luft machen. Ich versuche, meine Vorschläge für mich zu behalten und Mutter nicht mehr hineinzureden. Schließlich war ich noch nie eine gewissenhafte Hausfrau. Aber ich will, daß sie den ganzen Trödel verkauft. Ich will die Bücher los sein, die niemand je wieder lesen wird, und die ganze Campingausrüstung, die nie wieder in den Kombi geladen wird. Die Schreibmaschinen, Rechenmaschinen, Kameras, Fahrräder, Hämmer, Sägen, Astscheren – all die Symbole von Daddys Arbeit und Freizeit, all die Symbole seiner Hobbys und Interessen –, all diese Dinge bereiten mir Schmerz. Ich will sie nicht mehr sehen. Ich will Ordnung. Leere. Einen Schlußstrich.

Ich überrede Tom, zu Mutter zu kommen und mir beim Aufräumen zu helfen. Wir machen einen Spaziergang durch das Viertel, und ich merke, daß ich atemlos bin vor Wut und von der Anstrengung des Gehens. Tom ist distanziert und gelassen. Er lebt in einer selbstgeschaffenen ruhigen, schönen Welt und gesteht unseren Eltern ihre Unordnung zu.
»Ich habe mich damit abgefunden, daß Mutter keine Entscheidungen treffen wird. Es muß erst zur Krise kommen. Dann müssen wir bereit sein zu übernehmen. Sie trennt sich weder von den Anhängern noch von der Campingausrüstung oder der Büroeinrichtung oder sonst irgendwas.« Spöttisch setzt er hinzu: »Ich staune ja, daß du überhaupt wiedergekommen bist, wo du doch wußtest, daß sie nach deiner Aufräumorgie vom vergangenen Sommer keinen Flohmarkt veranstaltet hat.«
»Viel erstaunlicher als meine Rückkehr ist mein Stillschweigen.«

Er weiß, daß ich normalerweise nicht mit mir handeln lasse. Wer kennt die Machtbedürfnisse und die harten Urteile einer älteren Schwester besser als ihr jüngerer Bruder? Wer hat es leichter als er, Geduld und gelassene Distanz zu kultivieren?
Ich nehme mir vor, mein Leben einfacher zu gestalten. Wenn ich mich nach Ordnung sehne, dann muß ich sie bei mir selbst schaffen, statt daß ich sie anderen aufzwinge.
Wie oft kommt es vor, daß Mütter und Töchter sich um Geschmacksfragen streiten? Darüber, was wertvoll ist und was etwas bedeutet? Sie kann sich nicht von dem Trampolin trennen, das hinter dem Haus steht. Wer weiß, welch liebgewonnene Erinnerungen sie damit verbindet? Wenn ich den ausgeblichenen Stoff und den rostigen Metallrahmen sehe, schleppe ich es im Geiste weg und pflanze Blumen dorthin.
Ich kann das Knäuel widersprüchlicher Gefühle nicht entwirren, das diese zähe, kleine, weißhaarige Frau in mir weckt, diese Siebzigjährige, die ihren Kombi durch den Verkehr von Los Angeles steuert, als ob sie mit Rückenwind über eine Stromschnelle hinwegschösse. Ich will, daß sie sich ein praktisches, kompaktes Auto kauft, eins, das besser zum Transport eines Kranken geeignet ist. Aber sie klammert sich an all die greifbaren Überbleibsel ihrer Abenteurertage. Sie klammert sich an ihre verwaschenen Jeans und Wanderstiefel, und sie klammert sich an den Pionier in ihr, für den ich zu vorsichtig, zu zahm bin.
Oftmals wirkt sie so jung, so optimistisch, so unerschrocken, daß es mir vorkommt, als sei ich die Mutter und sie die Tochter.
Für mich sind unsere Identitäten wie Stückchen aus farbigem Glas. Sie fügen sich zu komplizierten, exotischen Mustern, die sich im kaleidoskopischen Wirbel des Augenblicks drehen. Im einen Augenblick wirkt sie gebrochen, das Opfer eines grausamen Schicksals. Im nächsten Augenblick ist sie so unzerstörbar wie eine Muttergottheit, die Hände im Schlamm der Schöpfung. Dann wieder keck wie ein Mädchen, das in einer High-School-Aufführung von »Tiptoe through the Tulips« mitwirkt.

Manchmal ist er nicht nett zu meinen Puppen. Manchmal springt er mit ihnen um, als hätten sie keine Gefühle. Er kann sich nicht an ihre Namen erinnern. Lumpenlieschen. Paulette. Sandra. Susan. Jennifer. Ich habe nicht genügend Betten für meine vielen Kinder. Wenn ich einige von ihnen für ein Nickerchen auf das Sofa lege, dann setzt er sich womöglich auf sie, ohne hinzusehen. Ich darf sie nie alle mit an den Strand oder nach Long Beach nehmen. Ich muß zwei auswählen, die mitdürfen, und mir merken, wen ich beim nächsten Mal zu Hause lassen muß. Ich versuche, ihnen zu erklären, warum er so gemein zu ihnen ist. Sie versuchen, ihn zu verstehen. Aber die, die zu Hause bleiben müssen, sind trotzdem traurig, auch wenn ich ihnen Spielzeug aus Popcorntüten mitbringe oder eine Fahrkarte von der Achterbahn auf dem Pike.

Ich habe Literatur studiert, und ich brauche Handlung, brauche Struktur. Ich versuche immer, meine Erfahrungen zu etwas Literarischem zu gestalten. Ich wünschte, alles Leiden wäre heroisch. Ich will in Daddy einen Helden sehen, der die Niederungen der Verzweiflung durchschreitet und am Ende durch die Offenbarungen im Herzen der Gefahr ein neuer Mensch wird.

Familien, die von der Alzheimerschen Krankheit betroffen sind, sind ganz von dem Gedanken beherrscht, wie es weitergeht. Wenn wir zusammenkommen, bringen wir es kaum fertig, uns die Probleme anderer anzuhören, so eilig haben wir es, vom Zusammenbruch der Ordnung im Leben der Person, die jetzt im Mittelpunkt unserer Familie steht, zu berichten. Egal, ob der Patient ignoriert wird oder man sich um ihn kümmert, er steht unweigerlich im Zentrum. Wir tragen seine Krankheit zur Schau wie früher die Witwen ihre Trauerkleidung, um die Allgegenwart des Todes im Leben zu dokumentieren.

Und man geht uns aus dem Weg, wenn wir die Aufmerksamkeit gleichgültiger Passanten erheischen wollen und ihren tauben Ohren verkünden: »Mein Schwiegervater war ein guter Mann, ein lieber Mann, doch als er die Frau, mit der er sechzig Jahre verheiratet war, mit einem Schlachtermesser verfolgte, da wußten wir, daß wir ihn in ein Heim stecken mußten.«

Oder: »Sie hatte eine wahre Engelsgeduld, bis er die Laken in Fetzen schnitt. Da wußte sie, daß sie nicht mehr mit ihm zurechtkommen konnte.«

»Er fing an, ihr Obszönitäten an den Kopf zu werfen, und dann, eines Tages, hat er ihr den Arm verdreht. Da wußte sie, daß sie einen Fremden vor sich hatte, einen Feind, nicht den Mann, den sie von Jugend an geliebt hatte.«

Und wir klagen unser Leid denjenigen, mit denen wir unsere Schmerzen teilen. Wir ertappen uns dabei, wie wir vor unseren Arbeitskollegen und Nachbarn schmutzige Familienwäsche waschen, als sei es uns ein Bedürfnis, Gericht zu halten. »Meine Mutter hat stets mit meinem Vater gehadert, weil er das Geld verwaltete und alle Entscheidungen traf. Wenn ich heute die blauen Flecken auf seinen Armen sehe, frage ich mich, ob er gefallen ist oder ob sie ihn geschlagen hat.«

Und: »Mutter ist wütend auf die Jungs. Ihr Dad erkennt sie nicht mehr, aber sie will, daß sie ihn im Pflegeheim besuchen, als Zeichen des Respekts. Man sollte meinen, daß sie es ihr zuliebe tun, aber sie weigern sich. Sie gehen nicht mehr zu ihm hin, und am Ende werden sie auch nicht mehr zu ihr kommen. Sie ist ihnen kein Trost, und sie verlieren einen Vater dabei. Doch sie nimmt es ihnen übel und beschuldigt sie, sie vernachlässigten sie. Sie hören, wie über sie hergezogen wird, und dann kümmern sie sich nicht mehr um sie.«

»Als sie ein Baby war, hat ihre Mutter sie gehegt und gepflegt wie eine Prinzessin. Und jetzt, wo Mutter krank ist, glauben Sie, da bringt sie es fertig, den verkrüppelten alten Leib auch nur anzurühren? Persönlich tut sie überhaupt nichts für sie. Sie putzt ihr nicht die Zähne, sie wäscht ihr nicht das Haar, sie badet sie nicht. Sie sagt, Krankenpfleger haben gelernt, wie das geht. Sie war sich ja schon immer zu fein zum Arbeiten, so wie wir anderen das mußten.«

Die Alzheimersche Krankheit ist eine Familienkrankheit. Sie ist wie Krebs oder Alkoholismus oder jede Krankheit, bei der der Körper verfällt, denn sie erinnert uns alle an unsere Sterblichkeit und an die Vergänglichkeit der Rollen, die wir in der Familie spielen. Die Familie ist ein System, bei dem Rechte und Pflichten in einem empfindlichen Gleichgewicht stehen. Nur die wenigsten von uns sind in der Lage, eine Funktion bereitwillig und mit Würde aufzugeben. Die Krankheit ist ein Spiegel, von dem wir unseren Blick abwenden.

Wir idealisieren das Bild des Kranken, das er uns zeigte, als er noch gesund war, und schrecken vor der jämmerlichen Hülle zurück, in die er sich vor unseren Augen verwandelt. Jeder von uns hat an seinen ureigenen Schuldgefühlen zu leiden. Es ist das Schuldgefühl des Überlebenden, ganz gleich, ob es vor oder nach dem physischen Tod auftritt. Wir empfinden die Auflösung des anderen wie das unwillkürliche Zurückschrecken derer, die den Anblick des Kranken nicht ertragen können, als Strafe. Gleich doppelt werden wir an die Grenzen unserer physischen und spirituellen Möglichkeiten getrieben.

Und was uns immer wieder zur Verzweiflung bringt, ist, daß es keine Logik gibt. Je weiter der Kranke durch einen regressiven Tunnel in eine Vergangenheit zurücksinkt, von der wir ausgeschlossen sind, als desto größer empfinden wir unsere Verlassenheit und unseren Verlust und denken über das Irrationale nach. Wir wollen Ordnung in diesem Chaos. Wir wollen durch das Leiden des anderen geadelt werden, so daß wir unsere Ohren verschließen dürfen vor seinem Winseln in der Nacht.

Ich ziehe eine Linie entlang der Mitte des Bettes, und zum x-ten Male sage ich Tommy, daß er auf seiner Seite bleiben soll. Ein paar Sekunden lang schaue ich zu, wie die schwarzen Umrisse im Schrank sich bewegen, dann schließe ich meine Augen, um den Dieb nicht mehr zu sehen, der jeden Abend, wenn wir schlafengehen, im Schrank lauert. Aus dem Wohnzimmer hört man das Murmeln des Radios, das Knistern, wenn Mutter die Seiten der Zeitung umblättert, aus der sie Daddy laut vorliest.

»Du singst als erste.«

»Ich habe gestern abend als erste gesungen.«

Er gibt nach und singt mit einer Stimme, die kaum lauter ist als ein Flüstern:

> *Over there. Over there.*
> *Send the word. Send the word.*
> *That the Yanks are coming.*
>
> *The Yanks are coming.*
> *And it won't be over*
> *Till it's over over there.*

Ich singe Tommy etwas vor, male mir aus, daß ich erwachsen bin, in den Armen eines leinwandgroßen Mannes, der aussieht wie Johnny Thomas:

There'll be blue birds over
The white cliffs of Dover
Tomorrow, just you wait and see.

Mit einem Mal wird die Tür aufgerissen. »Schlaft jetzt, Kinder. Es ist schon spät.« Mutters Stimme ist streng.
Wir sind mucksmäuschenstill. Ich spüre Tommy vor ersticktem Lachen beben, als die Tür sich schließt. Wir kuscheln uns aneinander, ein zitterndes Knäuel aus unterdrücktem Lachen.
»Am besten, wir trommeln die Melodien nur«, flüstere ich.
Die nächste Runde unseres abendlichen Spiels beginnt. Ich trommle eine Melodie auf seinem Rücken. Er errät »Sentimental Journey« schon nach den ersten paar Takten. Ich muß mir merken, daß ich das nicht mehr nehme. Das rät er zu schnell.
Ich drehe mich um, damit er bei mir trommeln kann. Auch er nimmt immer wieder seine Lieblingslieder:

Anchors aweigh, my boys,
Anchors aweigh.
Farewell to college joys.
We sail at the break of day, day, day, day.

Ich döse einen Moment, bevor ich es errate. »Anchors aweigh.«
»Das rätst du ja immer. Laß mich was anderes probieren.« Er vergißt, daß er flüstern muß.
»Paßt bloß auf, daß ich nicht zu euch reinkomme.« Daddys Stimme hat seinen ›Das ist eure letzte Warnung‹-Tonfall. Wir halten den Atem an. Ich zähle vor mich hin, bis mir das Brummen von Mutters Stimme verrät, daß er wieder abgelenkt ist.
Tommy trommelt mir seine Melodie auf den Rücken und schummelt dabei, weil er schneller trommelt, als es im Lied ist. Ich gebe es auf. Er dreht sich um, das Gesicht zur Wand. Ich rücke näher, atme tief seinen Geruch nach Kernseife ein, spüre die weichen Sohlen seiner kleineren Füße oben auf meinen eigenen Füßen. Wir sind Löffelchen. Wir sind zwei kuschlige Löffelchen in der Schublade.

Als wir um die Ecke kommen, entdeckt Tommy den Lastwagen als erster. Die Aufschrift lautet: »Sears, Roebuck and Company«. Die beiden Männer tragen eine große Kiste ins Haus. Wir stürmen hinein und sehen, wie in der winzigen Kammer Bettgestelle aus lackiertem Ahorn zusammengesetzt werden.
Mutter strahlt. »Das ist dein neues Klappbett, Tommy. Du bist jetzt ein großer Junge. Daddy sagt, du bist zu groß, um noch mit Carol in einem Bett zu schlafen. Daddy sagt...«
Beim Abendessen frage ich: »Könnten wir nicht noch warten? Wie wär's, wenn er noch eine einzige Nacht bei mir schläft?«
Daddys Augen werden kalt und grau. Seine Stimme ist hart. »Jungen und Mädchen schlafen nur als Kinder zusammen in einem Zimmer. Es dauert nicht mehr lange, dann seid ihr erwachsen. Bald kommt ihr in die Pubertät.« Das neue Wort hört sich wichtig und gefährlich an. Ich kann es gar nicht abwarten, daß ich vom Tisch weg kann.
Er wendet sich an Mutter, als ob er mich entlassen hätte. Sein Kinn entspannt sich. Er blickt an mir vorbei. »Ich habe dir ja gesagt, daß es Zeit wird.« Er steht auf und stapft aus dem Zimmer, ohne sich zu entschuldigen. Er murmelt vor sich hin: »Wenn es nicht sogar schon zu spät war.«

Meine Schwester Linda und ihr Sohn William ringen miteinander, als sie ihn auf ihren Schoß zerren will, damit er noch einmal ihr Baby sein kann. Stolz auf seine erst jüngst erlangte Größe, hält er ihre Handgelenke über den Kopf und macht sich über sie lustig, als er sieht, wie hilflos sie ist, wie ausgeliefert seiner so ungewohnten Statur. Sie lacht, bis ihr die Tränen kommen. Ich sehe zu und muß an die Mischung aus Stolz und Trauer zurückdenken, die ich empfand, als ich begriff, daß mein kleiner Jeff ein Mann geworden war.
Der Augenblick, in dem William in das Erwachsenenleben eintritt, wird wie in einem Standbild festgehalten, als Daddy polternd die Treppen hinunterstürzt, ächzend und stöhnend auf jeder Stufe aufschlägt. Als wir bei ihm sind, liegt er am Fuß der Treppe wie zu einer Faust zusammengeballt. Er ist still, er starrt die Wand an. Mit sanfter Stimme tröstet Mutter ihn – uns ebensosehr wie ihn.

»Ist ja alles gut, mein Lieber. Alles halb so schlimm. Gar nichts passiert. Mach dir keine Sorgen. Gleich ist wieder alles in Ordnung. Bleib einfach einen Augenblick liegen, bis du wieder bei dir bist. Hier, Liebling, tut das weh? Fühl mal deine Arme. Alles in Ordnung? Laß mich deine Stirn fühlen. Ich glaube, der Schädel hat nichts abbekommen.«
Sein Körper ist starr. William versucht vergebens, zuerst Daddys Beine, dann seine Arme zu bewegen. Am Ende rückt Mutter einen Stuhl heran und wartet, bis er ein Stuhlbein ergreift. Als er das geschafft hat, kann er sich auf Händen und Knien heranziehen, und dann rappelt er sich auf, wobei der Stuhl ihm Halt gibt.
Ich schaue mit jenem Gefühl der Distanz zu, das ich manchmal habe, manchmal nicht. Ich spüre, wie ich über das Mitleid hinausgehe, an einen stillen, qualvollen Ort.
Mitten in der Nacht höre ich ihn schreien. Linda steht auf und geht ihn trösten. Ich schlafe wieder ein. Ein traumloser Schlaf.

»Jetzt, wo er sein logisches Denkvermögen verloren hat«, überlegt Linda, »kann er andere Menschen, die ganze Welt nicht mehr analysieren oder in ein Ordnungsschema pressen. Vielleicht hat er jetzt nur noch sein mystisches Ich. Vielleicht befindet er sich in einem reineren Zustand, wie in einer Trance. Ich wünschte, ich könnte glauben, daß sein Verstand sich in etwas rein Geistiges verwandelt hat. Daß seine Wahrnehmungen zu Licht geworden sind.«
»Das möchte ich auch gerne glauben. Reinheit. Schlichtheit. Nicht der Sprache beraubt, sondern völlig jenseits der Sprache.«
Aber der Anblick seines gekrümmten, schwachen Körpers, schwankend und steif, nackt unterhalb der Gürtellinie, die Augen gefangen in einem Tunnel des Entsetzens, läßt sich nicht wegleugnen. Auch nicht die Laute des gefangenen Tieres in ihm, sein Stöhnen. Das Leitmotiv, das weltweit in den Korridoren der Pflegeheime erschallt, hallt in unseren Köpfen wider. Daddy gibt Laute von sich, die allen Alzheimer-Patienten gemeinsam sind: »Kitty, kitty, kitty, kitty.«

Ich stehe hinter ihm, die Arme um seine Taille gelegt. Er neigt sich der Treppe entgegen und starrt gebannt auf ein Phantom, das auf der untersten Stufe lauert.
»Komm, setz dich. Komm mit mir, Daddy, Lieber. Daddyboy.«
Ich spüre, wie sein Wille vorwärtsstrebt, hinunter zu der Stelle am Fuß der Treppe. Aber seine Füße bewegen sich nicht vom Fleck. Er ist stumm, ganz auf diesen einen Punkt fixiert. Eine Viertelstunde vergeht. Ich rede ihm gut zu, aber vergebens. Ich drehe ihn um, so daß er in Richtung Wohnzimmer blickt, und hoffe, daß er mir vielleicht folgt, wenn ich vorausgehe. Als ich ihm den Rücken zukehre und über die Schulter zurückblicke, beginnt er heftig zu schwanken, kann weder das Gleichgewicht halten, noch den Aufprall abfangen. Er schlägt mit dem Kopf auf die Treppenkante, liegt stocksteif zu meinen Füßen. Seine Augen sind weit aufgerissen. Er ist still. Er verzieht keine Miene, und er stöhnt nicht. Lange Zeit stehe ich reglos. Dann lege ich ihm ein Kissen unter den Kopf. Ich bin entschlossen, auf Mutter zu warten, damit sie mir hilft, ihn hochzuziehen. Als sie von ihrer Besorgung zurückkommt, ist sie ruhig und geduldig, gibt ihm Anweisungen, so daß er ihr helfen kann, ihn wieder auf die Beine zu stellen.
Wir untersuchen die Schwellungen unter seinem Hemd und an seinem Kopf. Bis morgen werden diese Schwellungen zu blauen Flekken erblühen.
Da gibt es keine mystische Reinheit. Ich erschrecke vor meiner Hilflosigkeit, meiner Unfähigkeit, dies mitleiderregende, verwundete, sterbende Geschöpf zu beschützen.

Sie ist eine Kampfmaschine. Sie trägt ein hochgeschlossenes dunkelblaues Kreppkleid. Über dem Kragen wölbt sich ein Kropf, genau wie die dicken Knöchel über den braunen Schnürschuhen mit den Blockabsätzen. Dünne Haarsträhnen hängen lose aus dem kleinen festen Nackenknoten.
Sie will mich nachsitzen lassen, weil ich Mopsy gezeichnet habe, anstatt ihr zuzuhören, als sie uns, genau wie gestern auch schon, von den Regenfällen am Amazonas erzählte. Sie erwartet, daß wir uns merken, was da wächst. Nicht, wer da lebt. Menschen kommen in Erdkunde nicht vor. Kulturen gibt es und Stämme, aber keine

Menschen. Es gibt Zahlen, Getreide, in Scheffeln gemessen. Es gibt jahreszeitliche Temperaturschwankungen in Fahrenheit und Celsius. Zahlen zum Auswendiglernen. Schaubilder zum Studieren. Sie will, daß wir uns die Zahlen für alle Zeiten merken. Ich will abwarten bis zum Tag vor der Klassenarbeit, damit ich sie nur so kurz wie möglich im Gedächtnis behalten muß, bevor ich sie wieder vergesse. Ich vergesse sie absichtlich, sobald ich eine Arbeit hinter mir habe. Wenn ich all die Fakten kennen würde, die sie kennt, dann wäre ich wie sie. Ich bekäme einen Kropf und dicke Knöchel und stahlgraue Augen, die durch angehobene Pultdeckel hindurchsehen, hinter denen Schüler sich um ihre eigenen Angelegenheiten kümmern.

Mopsy hat kurze, dunkle Locken, unglaublich lange Wimpern, eine Stupsnase und einen Schmollmund. Der Cartoon-Zeichner zeigt sie meistens im Profil, und das kann ich sehr gut nachmachen. Wenn ich sie von der Seite zeichne, dann könnte man schwören, daß ich der Cartoon-Zeichner bin. Ich zeichne sie immer wieder, stundenlang. Sie hat hohe, runde Brüste, eine Wespentaille und üppige Hüften, die in lange, schlanke Beine übergehen.

Ich zeichne sie immer im Badeanzug, einem Badeanzug, wie ihn meine Mutter für Jackie und mich machen soll, sobald sie *da sind. Der Badeanzug ist aus weißem Wollstoff, zweiteilig, das Oberteil ist über* ihnen *gerafft und in der Mitte gebunden, und das Unterteil hat vorne Falten und seitlich Spitzeneinsätze, so daß die Haut durch die Spitze durchschimmert. Jackie hat* sie *seit der vierten Klasse. Sie läßt die Schultern hängen, weil sie* sie *so früh bekommen hat, und ich lasse die Schultern hängen, weil* sie *bei mir zu spät kommen, wenn überhaupt.*

Daddy beobachtet mich die ganze Zeit und sagt, ich soll mich »gerade halten«. Ich hasse es, wenn er das sagt. Immer redet er mit Mutter über mich. Er sagt: »Also, Fern, es ist Zeit, daß du dich einmal mit ihr unterhältst.«

Wenn sie *erst mal da sind, gehe ich jeden Tag in meinem Mopsy-Badeanzug an den Strand. Ich klebe mir die Buchstaben »L. D.« mit Klebeband hinten auf die Oberschenkel, und Jackie klebt sich die Buchstaben »J. T.« hinten auf die Oberschenkel, auf jedes Bein einen Buchstaben. Dann lassen wir uns in der Sonne braten. Wenn* wir richtig braun sind, werden sich die Anfangsbuchstaben unserer Freunde abzeichnen. Zu Hause trage ich Jeans, damit niemand etwas sieht. Es geht sie sowieso nichts an. Wenn Jackie und ich auf der Wiese mit Louie und Johnny und den anderen Fußball spielen, ziehe ich am liebsten hochgerollte Jeans, Sandalen und eines von Daddys alten Hemden an.

Anfangs mochte ich Johnny, aber dann haben wir beschlossen auszulosen, wer von uns wen mag. Das war, bevor sie wußten, daß wir sie mögen. Jetzt weiß Louie, daß ich ihn mag. Jackie hat es Johnny erzählt, und der hat es Louie erzählt. Irgendwie haben Pinky und Patsy Postal es auch spitzgekriegt. Wenn der Sommer vorbei ist, wird aus Patsys Sommersprossen sicher eine einzige große Sommersprosse geworden sein. Ich weiß nicht, was sie dann macht. Und was ihre anderen Probleme angeht, da werde ich sie wahrscheinlich vor ihr bekommen, falls sie überhaupt je welche bekommt.

Daddy hat zu Mutter gesagt, daß sie jetzt »eine Sperrstunde festsetzen« und bei der Gelegenheit gleich »ein paar Dinge mit Carol besprechen« soll. Also hat sie mich beiseite genommen und, ohne mir dabei in die Augen zu sehen, in so einem besorgten Tonfall gesagt: »Leonard will, daß ich mit dir rede, Carol. Er sagt, es ist an der Zeit, daß du ein paar Dinge erfährst. Und er sagt, du sollst nicht mehr mit den Jungen Fußball spielen. Du bist viel zu groß, um mit diesen großen Jungen herumzurangeln. Ist dieser Louie nicht schon in der achten Klasse? Also, in deinem Alter solltest du nicht mehr so viel Körperkontakt mit großen Jungen haben. Du wirst bald verstehen, warum das wichtig ist...«

Ich hätte im Boden versinken können. Dann hat sie mir so eine Broschüre über Damenbinden gegeben und einen kleinen, flachen BH für jemanden, der eigentlich keinen braucht. Sie hat gesagt, Daddy sei aufgefallen, daß der Baumwollstoff von seinen Hemden zu dünn wäre, wenn ich kein Unterhemd drunterhätte, und sie hätte da zufällig gerade diesen »Büstenhalter«, und sie glaubt, er könne mir passen. Ich hätte im Boden versinken können. Daddy guckt meinen Oberkörper an. Er glaubt, daß ich sie bekomme. Oder er macht sich Sorgen, daß ich sie nicht bekomme. Er glaubt, daß ich meine Periode kriege. Er wird Bescheid wissen, wenn ich *eine Binde trage. Oder er fragt, und sie sagt es ihm. Ich würde am liebsten im Boden versinken.*

Miss Humbert glaubt, sie kann mich nachsitzen lassen, aber sie hat kein Recht, mir meine Pläne zu durchkreuzen. Jackie und ich wollen mit dem Bus nach Long Beach fahren. Wir kaufen im Kaufhaus Buffum ein, dann essen wir ein Thunfischsandwich mit Salat auf Weißbrot und trinken eine Schokolade, und dann fahren wir mit dem Bus über den Ocean Boulevard zurück. Wir kennen den Fahrplan und die Haltestellen, und wir müssen nur einmal umsteigen. Wir werden über Louie und Johnny reden und Pläne für den Samstag schmieden, weil ich da bei ihr übernachte.

Wir schlafen zusammen in ihrem großen Bett, auf dreckigen Laken in ihrem unordentlichen Zimmer. Wenn sie sich anziehen will, hebt sie die Kleider einfach vom Fußboden auf. Sie hängt ihre Kleider nie in den Schrank, und sie holt auch nie etwas aus den Schubladen, nicht einmal frische Unterwäsche. Ich finde ihr Zimmer toll. Es riecht so... behaglich. Ich denke mir, es ist behaglich. Sie hat einen Toilettentisch mit einem Volant aus geblümtem Chintz, passend zum Bettvolant. Die Wände sind voll mit Bildern aus Illustrierten. Sie hat ein Bild von Alan Ladd an der Decke über ihrem Bett. An der Decke!

Ihre Eltern haben ein Restaurant. Sie rauchen beide. Sie sind nie zu Hause. Sie rufen jeden Tag nach der Schule an, um zu sehen, ob sie da ist. Wenn wir in ihr Restaurant gehen, dürfen wir bestellen, was wir wollen, aber sie hat nie etwas zu essen im Haus. Manchmal, wenn ich bei ihr übernachte, schlage ich vor, bei mir zu Hause Arme Ritter für uns zu machen. Arme Ritter sind meine Spezialität. Den Sirup mache ich selbst, aus weißem und braunem Zucker, Wasser und einem Spritzer Ahornaroma.

Miss Humbert funkelt mich zornig an. Sie stürmt durch den Mittelgang, schnappt sich meine Zeichnung von Mopsy und hält sie vor der Klasse hoch.

»Sicher interessiert euch, womit sich Carol die Zeit vertreibt, während wir lernen, wie unsere Welt aussieht«, faucht sie. Und weil alle lachen, setzt sie hinzu: »Und aus welchem Grunde sie nicht nur heute nachsitzen wird, sondern die ganze Woche.«

Die Glocke läutet, als wollte sie ihren Worten Nachdruck verleihen.

Bevor ich recht weiß, was ich tue, setze ich mich in Bewegung und bin schon draußen vor dem Schulgelände. Ich sehe Jackie, die an der Ecke auf mich wartet.
»Hallo, Kleine«, sagt sie, während wir zur Bushaltestelle hasten.
»Den Bus kriegen wir nicht mehr«, keuche ich, und wir laufen los.
Höre ich, wie Miss Humbert mir etwas nachruft, oder ist es nur das Blut, das in meinen Ohren pocht, weil wir so rennen, immer schneller, immer schneller?

Ich bin müde von der Reise. Streß-Nachwirkungen, das ist immer die perfekte Ausrede. Ich laufe zu Höchstform auf, wenn ich bei ihnen zu Besuch bin. Ich probe vorher tagelang und verberge meinen Schock, wenn ich ihn zum ersten Mal wiedersehe. Ganz gleich, wie sehr ich mir einrede, ich hätte mich mit seinem Verfall abgefunden, weiß ich doch noch zu gut, wie er jung und gesund gewesen war, und es quält mich zu sehen, wie er heute ist. Mutter ist meine fröhliche Art peinlich.
Wenn ich wieder zu Hause bin, versuche ich mich dem Tempo meiner Arbeit und dem Maßstab der Probleme anzupassen, die meine Studenten haben, aber ich neige zu plötzlichen Tränenausbrüchen. Plötzlich drängt sich mir das Bild seines gekrümmten, reglosen Leibes in den Sinn.
Wenn ich bei ihm bin, weiß ich, daß wir einander fremd sind. Zu Hause bilde ich mir dann ein, er habe mich erkannt. Ich bilde mir ein, er habe mich erkannt, auch wenn es ihm nicht anzumerken war. Immer wieder gehen mir die wenigen Sekunden dieses gesamten Besuchs durch den Kopf, in denen er so sehr der alte zu sein schien. Ich kann nicht von ihm lassen. Von dem Menschen, der er einmal war. Dem Riesen. Dem anderen, der alles wußte, alles gab, alles war und alles bedeutete. Ich glaube immer noch, daß dieser Mann noch irgendwo da ist. In wie vielen Zellen? Was wird aus den Zellen, die sein Innerstes enthielten? Wann trinken wir auf das Wohl jenes essentiellen Wesens?
Ich stelle mir vor, wie er stürzt. Er bricht sich die Hüfte und stirbt kurz darauf, und so entgeht er dem eher zu erwartenden Tod durch Verhungern und Ersticken. Mutter sagt, wenn er weint, kann er

ihr nicht sagen, warum er weint. In meinen Gedanken spiele ich den Tod durch, den ich mir für ihn wünsche, ohne Tränen.

Oma und Opa können nicht begreifen, daß ihr ältester Sohn unheilbar krank ist. Ich besuche sie in dem Altersheim, in dem sie wohnen, seit Oma ihren Schlaganfall hatte.
Opa ist ein Macher, einer, der alle Probleme löst, ein Patriarch, dessen Wort seit neunzig Jahren Gesetz ist. Früher war er Autohändler, und seit er sich mit achtundachtzig Jahren zur Ruhe setzte, bringt er seine Zeit damit zu, seine Waffen für die Auseinandersetzung mit dem gewieftesten Kunden von allen zu wetzen. Er glaubt, Gott ließe mit sich handeln. Er hat auf eine Anzeige von Oral Roberts geantwortet, die ein »Wunder« verspricht, und zahlt monatlich achtundachtzig Dollar und achtundachtzig Cents, damit Oma den rechten Arm und das rechte Bein bald wieder bewegen kann.
»Ich will, daß du Tommy schreibst und ihn bittest, für Leonard zu beten.«
»Opa, Leonard hat eine unheilbare Krankheit, die sein Gehirn allmählich schrumpfen läßt.« Ich habe mir in den Kopf gesetzt, daß dieser alte Mann mich kennenlernen soll, bevor er stirbt. Ich will den ehernen Grundsatz der Familie brechen, ihm nur zu sagen, was er hören will. »Da helfen Gebete auch nichts.« Immer, wenn ich ihm so gegenübertrete, zittere ich innerlich.
»Na, das weißt du ja erst, wenn du es versucht hast. Tom würde versuchen, ein Wunder zu erbitten.«
Ich frage mich, ob ihm bewußt ist, daß er in letzter Zeit ein wenig zuviel verlangt. Glaubt er tatsächlich, es sei seine persönliche Strafe, wenn es Oma nicht bessergeht? Zwar hat er schon vor Monaten geschworen, er habe gesehen, wie sie ihren Zeh bewegte, doch seitdem war von weiteren Zeichen des Fortschritts nicht mehr die Rede. Auch wenn ich nichts von seiner Religion halte, ist mir seine Ausdauer doch ein Trost.
»Wenn Leonard in die Kirche gegangen wäre...«
»Wenn Leonard in die Kirche gegangen wäre, was dann?« Mein Mitgefühl wandelt sich in Trotz.
»Ja dann...«

»Dann wäre das nicht passiert? Er wäre womöglich gar nicht krank geworden?«
»Na, vielleicht nicht...«
»Du sagst also, Gott hat ihn für seinen Atheismus mit einer Hirnkrankheit bestraft?«
»Na ja...«
»Ist dir jemals ein anständigerer Mensch als mein Vater begegnet?« Ich stelle fest, daß meine Loyalität in diesem Punkt es mir unmöglich macht, »dein Sohn« zu sagen.
»Nein, eigentlich nicht...«
»War er ein guter Sohn, ein guter Ehemann, ein guter Vater, ein guter Arbeiter? War er ein aufrechter Mann, der sich in allem, was er tat, von der Moral leiten ließ?«
»Ja, ich glaube schon.«
»Na, wenn er ein solcher Mensch ist und jetzt mit einem solchen Fluch belegt wird, was hältst du denn da von Gott, Opa?«
So stelle ich mir die Auseinandersetzungen zwischen Daddy und Opa vor, als Daddy noch ein Teenager war. Ich bin gnadenlos, ohne Mitleid für sein Alter und seine Gebrechlichkeit. »Ist nicht ein Gott, der so etwas einem so guten Menschen antut, ein Ungeheuer?«
Er ist ebenso raffiniert wie zäh. »Na, vielleicht hast du ja doch recht. Es ist nur eine körperliche Erkrankung.«

Die meisten unserer samstäglichen Telefonate beginnen weniger gespannt als das heutige. Mutters Stimme klingt hohl, als sie ihre Hoffnungslosigkeit eingesteht. Sie flüstert in die Sprechmuschel, und ich male mir aus, wie er auf dem Küchensofa sitzt, vielleicht verwirrt vom Klingeln des Telefons, so als habe er selbst einen Anruf erwartet.
»Ich war böse auf Leonard. Er hat seine Hose naßgemacht, und ich war wütend. Ich konnte nichts dafür. Ich war müde, und ich hatte ihm gerade frische Sachen angezogen. Ich habe ihn angeschrien.«
Ein langes Schweigen, dann höre ich, wie sie tief durchatmet.
»Er weinte. Er sagt, er gibt sich solche Mühe. Es tat mir so leid. Immer wieder nehme ich mir vor, ich will nicht wütend auf ihn

sein, und dann verliere ich die Nerven. Eine Zeitlang geht es gut mit ihm, dann passiert es wieder.«
»Ach, Mutter. Weißt du...«
»Es ist einfach zu viel für einen einzelnen Menschen...«
»Natürlich ist es das«, sage ich beschwichtigend und warte, daß die Wut, die wie ein Schmerz in mir aufsteigt, nachläßt.
Sie ist in vertraulicher Stimmung. »Meine Freundin Jean rief an und erzählte mir von einer Reise, die sie mit ihrem Mann unternehmen will. Sie klang so glücklich. Ich antwortete: ›Na, ich fahre nirgendwohin. Ich werde einfach nur sehen, daß ich nicht den Verstand verliere. Ich verstehe gar nicht, daß mir das nicht passiert. Wirklich nicht.‹ Dann verabschiedete ich mich und legte auf. Jean dachte wahrscheinlich, ich würde mich umbringen. Sie rief mich an, als sie von ihrer Reise zurück war. Ich glaube, sie war gar nicht so wütend, daß ich sie angeschnauzt hatte, wie ich dachte.«
Ich zögere, auf der Hut.
»Na, habe ich denn nicht das Recht, mich so zu fühlen? Ich war einfach eifersüchtig, daß sie glücklich war, und ich saß in der Falle. Ich glaube, ich habe ein Recht darauf, das so zu sehen.«
Ich gebe nach, denn ich weiß, daß alles, was ich zu der Wut sagen könnte, die hinter dieser Frage steht, keiner von uns beiden helfen wird.
Das Telefonat endet mit einer Kriegslist. Ich erzähle ihr stolz, daß ich sechsundzwanzig Erdbeeren geerntet habe. Die kleinsten Erdbeeren, die ich jemals gesehen habe, aber sechsundzwanzig Stück.

Ich lasse meinen Zorn eine Woche lang schmoren, dann weiß ich, daß ich sie zurückrufen muß. Ich habe mir vorgenommen, ihrer negativen Einstellung entgegenzutreten, ich will sie davon abbringen, ihren Freunden Vorwürfe zu machen. Ich denke an meine Freundin Sharon, deren Mutter die Alzheimersche Krankheit hat. Sie nennt ihr Elternhaus »das Haus der lebenden Toten«. Ich weiß, daß alles positive Denken, alle vorgetäuschte gute Laune das Entsetzen nicht zu lindern vermag, das einen zufälligen Besucher – von einem Freund ganz zu schweigen – angesichts von Daddys allmählichem Verfall ergreifen muß. Sein Körper stirbt langsam dahin, Mutters lebenssprühendem Temperament hingegen

scheint ein rascher Tod beschieden zu sein, so daß mir beide Eltern, wie ich sie einmal kannte, verlorengehen.
Sie erzählt mir, daß ihre Schwester Esther und deren Mann eine Europareise planen und daß sie ihr angeboten haben, sie mitzunehmen.
»Dann mußt du unbedingt fahren.«
»Ich wollte es dir eigentlich gar nicht sagen. Ich wußte, daß du mich drängen würdest zu fahren.«
»Da hattest du recht. Ich bestehe darauf, daß du mitfährst. Wenn du eine andere Arbeit als das Pflegen hättest, dann hättest du bezahlten Urlaub. Du würdest doch niemanden einstellen, der Daddy versorgt, und ihm dann einen zweiwöchigen Urlaub verweigern. Wenn du mal überlegst, wieviel du dadurch gespart hast, daß du ihn selbst versorgst, wenn du die Kosten überschlägst und auch nur einen Mindestlohn ansetzt, dann hast du dir eine Reise verdient.«
Ich habe an einen Nerv gerührt. »Genau besehen sogar mehr als diese Reise«, sagt sie zögernd, während sie im Kopf Berechnungen anstellt. »Wenn ich bedenke, was ich für eine Pflegekraft zahlen müßte, die pro Tag nur eine Schicht arbeitet, und ich mache drei...«
»Genau. Und ich rufe an, weil ich dir sagen wollte, wie sehr mir unsere Unterhaltung letzte Woche angst gemacht hat. Du hast deine Freundin Jean behandelt, als hättest du ein Anrecht auf ihre Betroffenheit und Freundschaft. Das war verrückt. Wenn du deine Freunde haßt, weil es ihnen gutgeht, und ihnen ihre Freude mißgönnst, dann bist du am Ende. Du hast ihr ihr Glück vorgeworfen, als ob du dir wünschtest, ihr Mann wäre krank. Als ob ihr beide dann quitt wäret. Ich kenne das. Ich war auch schon einmal soweit, daß ich anderen ihr Glück nicht gegönnt habe. Es ist die schlimmste psychische Krankheit, die man haben kann.«
Höre ich sie da am anderen Ende weinen? Ich weiß es nicht, aber ich kann nicht aufhören. »Du hast Depressionen«, sage ich. »Du schläfst zu viel. Du hast keine Energie. Der Gesichtskreis deiner Interessen und die Beziehung zu deiner Umwelt werden immer enger. Du hast nichts, worauf du dich freust. Du empfindest kaum noch etwas für andere Menschen. In deinem Gefühlsleben gibt es

weder Höhen noch Tiefen. Du zeigst alle Symptome von Depression, die ich kenne. Du zeigst alle Symptome von Depression, die ich je an mir selbst festgestellt habe. Und auch wenn du vielleicht nicht einsehen willst, daß ich auf diesem Gebiet Erfahrung habe – ich bin Expertin. Es ist ein überaus gefährlicher Zustand, und du nimmst ihn auf die leichte Schulter. Du glaubst offenbar, du könntest unbegrenzt lange für Daddy sorgen. Tom sagt, du sorgst für ihn, bis es zur Krise kommt – bis du unter der Last zusammenbrichst. Und auch wenn du, wie es scheint, unverwüstlich bist, kann ich mir durchaus vorstellen, daß du daran zerbrichst und die Scherben nie wieder kitten kannst.«
Jetzt bin ich sicher, daß sie weint. Und mir ist es egal, wenn sie mich weinen hört. Ich keuche, erschöpft von der Anstrengung, Tatsachen ins Auge zu sehen, von denen ich nichts wußte, ehe ich sie aus meinem eigenen Mund hörte.

Mutter ist in der winzigen Küche unseres Hauses in Seal Beach. Sie lehnt am Spülstein und schaut auf die Uhr, die sie aus ihrem Schlafzimmer mit in die Küche gebracht hat, wo sie Pfirsiche einkocht. Sie mißt die Abstände zwischen den Wehen. Die Pfirsiche hat sie beim Obst- und Gemüsemann gekauft, weil sie so schön sind und weil sie glaubt, die Zeit reicht noch, sie alle einzukochen, ehe das Baby kommt... wenn sie sich beeilt. Was für eine große Rolle die Sinneseindrücke spielen, wenn man sich an etwas lebhaft erinnern kann. Das Haus ist erfüllt vom Duft der Pfirsiche in Zuckerlösung. Mutter trägt ein langes Kleid aus altrosa Seide mit weißen Tupfen. Über dem großen Rüschenkragen glüht ihr Gesicht geheimnisvoll vor Erwartung. Ihre Augen strahlen.
Daddy beobachtet sie auf Schritt und Tritt. Er schaut zu, wie sie die heißen, abgekochten Gläser hinten auf dem Herd aufreiht, wie sie die heißen Pfirsiche mit dem Löffel in die Gläser füllt und wie sie die dampfenden Deckel aus dem Wasserkessel fischt. Seine Stimme ist ruhig und beherrscht. Nur ein Muskelzucken unterhalb des Ohrläppchens verrät seine unterschwellige Wut. Sie ist eine Frau, die sich nicht hetzen läßt. Er ist ein Mann, der es haßt, zu spät zu kommen.
Es ist das erste Mal, daß sie in die Klinik muß, um zu entbinden. Sie

will keine Minute länger als unbedingt nötig in der Klinik verbringen. Er denkt an den Verkehr, an die Möglichkeit, daß ein Notfall eintritt, an seine erzwungene Untätigkeit. Er packt ihre Tasche nach den Anweisungen, die sie ihm zuruft, während sie die letzten Pfirsiche »versorgt«.

Tommy, Tante Everta und ich sitzen auf einer Decke, die wir auf dem Rasen im Vorgarten ausgebreitet haben, und warten auf Neuigkeiten. Die Haustür haben wir offengelassen, damit wir das Telefon läuten hören, wenn Daddy anruft, und damit wir die Radionachrichten nicht verpassen.

Er ruft an und sagt uns, daß wir eine kleine Schwester haben. Ich wußte schon immer, daß das der glücklichste Tag in meinem Leben sein würde. Ich renne die Straße hinauf und hinunter und verkünde meinen Freunden und sämtlichen Nachbarn lauthals die Nachricht. Tommy findet diese Vorstellung sehr peinlich. Er sagt schon die ganze Zeit, daß wir das Baby zurückschicken können, wenn es ein Mädchen ist.

Als Daddy zurückkommt, sieht er eher verhärmt als überglücklich aus. Er erklärt, daß »das Baby viel zu schnell kam, aber... anscheinend alles in Ordnung«. Dann kommt einer seiner charakteristischen Gedankensprünge von der persönlichen auf die historische Erfahrungsebene. »Wir dürfen uns von der Presse nicht einreden lassen, die Vereinigten Staaten hätten den Krieg gewonnen.« Er äußert seine tiefe Besorgnis darüber, daß wir in einer Welt aufwachsen müssen, in der es möglich ist, Atome zu spalten.

Mutter und ich reden wieder über die Europareise, die sie am liebsten nicht antreten möchte. Nach einem wütenden Nachmittag und einer schlaflosen Nacht rufe ich sie wieder an. Ich bestehe darauf, daß sie fährt. Ich stelle sie zur Rede wegen ihrer negativen Einstellung und sage ihr, daß sie schwerer krank ist als er, daß ihre seelische Gesundheit davon abhängt, daß sie einmal etwas anderes sieht, daß sie Zeit hat zum Ausruhen, um neue Perspektiven zu entwickeln.

Sie sagt zu mir: »Wenn ich seinen Körper habe, ist das immerhin etwas. Ein Teil von ihm ist immer noch da, auch wenn er starr und steif ist. Gestern abend bin ich zu ihm ins Bett gekrochen, nur um in seiner Nähe zu sein. Mir fehlt die Zärtlichkeit. Es ist so einsam, wenn einen keiner berührt, wenn ich ihn hier bei mir habe und er doch nicht bei mir ist. Er ist so still. Wenn er jetzt redet, dann flüstert er nur noch. Und er kann sich nicht ausdrücken. Gestern wollte er mir etwas erzählen, aber ihm fehlten die Worte. Er fing an zu weinen. Ich habe versucht, ihn zu trösten, aber er hat nicht aufgehört zu weinen. Ich habe ihn in den Arm genommen und gesagt, ich fände, er hätte es gut gemacht und sich wirklich bemüht. Und daß er immer ein wunderbarer Mensch war. Ich weiß nicht, ob er mich verstanden hat, aber ich wollte, daß er es weiß.«

»Würde nur eine einzige Frau die Wahrheit über ihr Leben erzählen, spränge die Welt in Stücke«, schreibt Muriel Rukeyser. Das ist die Essenz dessen, was ich Samstag für Samstag von meiner Mutter erfahre. Die Woche verbringe ich damit, eine Mauer der Vernunft um meine Gefühle zu errichten, nur um sie in einem einzigen Augenblick einstürzen zu sehen, wenn ich höre, was sie mir Unerträgliches offenbart. Ich will, daß sie an ihre Europareise denkt, damit ich nicht mehr daran denken muß, wie sie sich an seinen starren Körper schmiegt und in seine leeren Augen blickt.

»Er kommt in mein Zimmer, er hat Jeans an und trägt dazu das Jackett von seinem Seidenanzug«, fährt Mutter fort. »Er weiß, daß es Morgen ist, und er hat Angst, zu spät zu kommen, so als ob er glaubt, er gehe noch immer zur Arbeit. Und da begreife ich, daß er noch nicht völlig aufgegeben hat. Da ist etwas in ihm, das dagegen ankämpft. Es gibt einen Teil von ihm, wo er noch *er selbst* ist.«

Ich bin traurig und wütend nach unserem Telefonat. Jana und Jeff erzählen beim Essen unanständige Witze, und obwohl ich lache, hänge ich düsteren Gedanken nach. Mutter trägt die Krankheit weiter, und das nehme ich ihr übel. Und weil ich es ihr übelnehme, werde ich ihr ähnlich. Ich habe versucht, die Situation zu manipulieren, damit die Reise ihr eine Verschnaufpause verschafft. Sie hat meine Aufmerksamkeit auf Daddy und seine Hartnäckigkeit gelenkt.

Wie lästig müssen ihr meine Vorträge, meine Ratschläge, meine Härte sein. Wenn sie mir erzählt, daß sie zu ihm ins Bett gekrochen ist, kommen mir die Tränen. Ich sehe den Verlust – die grausame, entsetzliche Auflösung des Bandes, das zwischen ihnen bestand. Es entzieht meinem selbstgerechten Zorn die Basis. Wie kann ich ihr raten, ihn zu verlassen? Wie werde ich es ertragen, wenn sie es wirklich tut? Ich verteidige einen Standpunkt, von dem ich glaube, daß er ihn eingenommen hätte, als er so jung und arrogant war, wie ich es heute bin. Und dennoch weiß ich, die Überzeugung, der reine Idealismus *jenes* Mannes entsprechen nicht der Wirklichkeit *dieses* Mannes.

Vielleicht konnte die Arroganz *jenes* Mannes allein durch das Leiden *dieses* Mannes gebrochen werden. Vielleicht ist dieses Leiden realer als jene Arroganz. Vielleicht sollte ich seinem Leiden mit Ehrerbietung begegnen.

Warum bitte ich sie nicht, bei ihm zu bleiben, bis der letzte Funke seines Bewußtseins endgültig erloschen ist? Ist meine Entschlossenheit, sie zu befreien, ein Verrat an ihm?

Die Entscheidung liegt nicht bei mir. Ich weiß nichts von dem geheimen Band, das sie verknüpft. Ich habe keine Ahnung, was sie zusammenhält, ich könnte nicht einmal sagen, wie sie einst zueinandergefunden haben. Eines Tages bin ich zwischen sie getreten – wie alle Erstgeborenen. Noch heute versuche ich ein Dreieck zu schaffen. Heute stelle ich fest, daß ich mit Leonards schroffer, idealistischer Stimme spreche, wenn ich darauf bestehe: »Niemand soll die kurzen Freuden des Lebens einem anderen Menschen opfern.« Sie muß ihm getrotzt haben, wie sie mir trotzt, als ich versuche, ihr meine Lösungen für ihre Probleme aufzudrängen.

Womöglich ist es wichtiger, die Ehe zu erhalten, als daß es einem von beiden gutgeht. Vielleicht bedeuten ihre Opfer und ihr Zorn und ihr Selbstmitleid und ihr Toben mehr, als ihre Freiheit jemals bedeutet hätte. Vielleicht *ist* sie die Ehe.

In *The Common Wisdom* schreibt Howard Nemerov: »Wann ist eine Ehe eine gute Ehe? Nun, wenn die Leine sich abnutzt, aber nicht reißt, wenn die beiden zusammenbleiben. Der eine sollte zusehen, wie der andere stirbt.«

Den ganzen Tag über habe ich geglaubt, es sei Donnerstag, obwohl ich an einer Konferenz teilgenommen hatte, die regelmäßig mittwochs stattfindet. Außerdem hatte ich mich den ganzen Tag über darauf eingestellt, eine Showveranstaltung zu besuchen, von der ich nun feststelle, daß sie erst heute in einer Woche stattfindet. Mit meiner Verwirrung habe ich eine Reihe anderer Leute durcheinandergebracht, und ich hatte den Eindruck, sie verbargen vor mir, wie unangenehm und peinlich ihnen das war. Mir fällt wieder ein, wie ich letzten Samstag eine Preisverleihung verpaßt habe, wie ich in aller Seelenruhe im Nachthemd in der Küche Kaffee trank, genau zu der Zeit, zu der ich meine Rede hätte halten sollen.

Wenn ich auch nur die kleinste Kleinigkeit vergesse, jagt es mir einen Riesenschrecken ein. Als ich mir einen Film im Fernsehen ansah, konnte ich an nichts anderes mehr denken, als daß mir der Name der Hauptdarstellerin, Faye Dunaway, nicht mehr einfiel. Als mir plötzlich die Erinnerung kam, war es wie ein göttliches Zeichen, daß meine Gesundheit und Verstandeskräfte doch noch nicht schwanden. Die Angst bekommt ebenso wie das Glücksgefühl etwas Obsessives. Ich kann ja nicht wissen, ob meine Vergeßlichkeit von Unaufmerksamkeit herrührt, von Streß oder einfach nur vom Älterwerden. Und doch ist meine Furcht, daß ich ein Wort oder ein Faktum, das ich wiedergefunden habe, erneut vergesse, so groß, daß ich mich gedrängt fühle, alles aufzuschreiben.

Meine Arbeit ist anstrengend. Ich gehe ganz auf in meiner Beschäftigung mit den Problemen, die die vielen Studenten haben. Wenn ich das tue, fühle ich mich ausgelastet. Ich habe nicht das Gefühl, daß ich übermäßig »abdrifte«, wenn es darauf ankommt, sich zu konzentrieren. Ich bilde mir ein, ein Talent zu haben, die Welt, in der ein anderer Mensch lebt, einfühlsam zu erfassen, aber ich frage mich, ob es nicht eine Täuschung ist.

Ich breche aus meinem Käfig des Schweigens aus, wie ich es auch bei anderen Fragen getan habe, wenn es um Stereotypien oder Benachteiligung ging. Wenn ich jemandem von meinen Ferienplänen erzähle und als Einleitung sage: »Mein Vater hat den Verstand verloren«, dann weiß ich, daß ich mir sein Leid ans Banner stecken will. Ich will, daß sein Leiden an die Öffentlichkeit kommt. Dabei weiß ich, daß es ein Banner ist, das ich vielleicht nie wieder ablegen kann. Mich mit der Krankheit meines Vaters identifizieren heißt, auch die mögliche genetische Verbindung anerkennen.

Ich sitze bei der Eröffnungsfeier auf dem Podium. Mein akademischer Ornat ist zu warm und ein wenig unbequem, doch ich genieße mein Staunen darüber, daß ich mich nun auf dieser Seite der Vorbühne befinde. Wie jedesmal bei dieser und ähnlichen Veranstaltungen male ich mir aus, wie stolz er sein würde, mich auf der Bühne sitzen zu sehen, als Repräsentantin von Dekan und College, eine Verkörperung der Ideale, die ich nach seinem Beispiel gelernt habe.

In einem der oberen Ränge sehe ich ein Fakultätsmitglied, das sich im vergangenen Dezember zur Ruhe gesetzt hat, ein Mann, dessen Ähnlichkeit mit meinem Vater mir schon vor Jahren aufgefallen war, als ich an einer anderen Universität einen Kurs in Buchführung bei ihm besuchte. Er hat seine Lehrtätigkeit nach mehreren unglücklichen Jahren aufgegeben, nachdem sich mehr und mehr Studenten über seine Wirrheit und Vergeßlichkeit beschwert hatten. Er ist ein Mann, den früher die Studenten, die sich seinem scharfen Verstand zu stellen hatten, fürchteten. Bevor er vorzeitig in Rente ging, lachten ihn die Studenten aus wegen seiner konfusen Vorlesungen und des Unsinns, den er an die Tafel schrieb.

Es läuft mir kalt den Rücken herunter, als hätte ich ein Gespenst meiner eigenen Zukunft gesehen. Gefällt auch mir dieses Ritual so gut, daß ich noch zu den Feiern meiner Kollegen kommen werde, nachdem sie sich gezwungen sahen, mich aus ihren Reihen zu verbannen?

Indem ich aus dem Käfig der Angst ausbreche, riskiere ich da, diese Verbannung noch zu beschleunigen? Mache ich die Kollegen nur darauf aufmerksam, so daß sie mein Verhalten beobachten, Anekdoten sammeln, über mich tuscheln, mir meine Lehrbefugnis beschneiden, mich von Beförderungen ausschließen, mich nicht mehr respektieren, mich nicht mehr anerkennen?

Nach dem Zweiten Weltkrieg ziehen wir wieder aus Kalifornien fort, weil die Arbeit dort nicht für alle reichen wird und es wichtig ist, zum einfachen Landleben zurückzukehren. Sollte das Schlimmste geschehen, so wären diejenigen, die vorausschauend genug waren, aufs Land zurückzukehren, im Vorteil gegenüber denjenigen, die sich auf die Industrie und einen unsicheren Arbeitsplatz verlassen hatten.

Fast zwei Jahre lang leben wir bei Oma und Opa, dann kauft Daddy die Farm. Mit dem Kauf dieser Farm erfüllt er sich seinen Traum vom Leben auf dem Lande. Die Farm wird uns von anderen Menschen isolieren, gerade zu einem Zeitpunkt in meinem Leben, wo es mir vor allem anderen darauf ankommt, dazuzugehören.

Ich bin wütend auf Daddy, daß er mir mein Leben kaputtgemacht hat, indem er aus Kalifornien wegging. Als wir hinaus auf die Farm ziehen, ist mir zumute, als stecke er mich in einen Sarg. Ich gehöre an den Strand. Ich sehne mich nach Ebbe und Flut und nach dem Horizont des Pazifiks. Ich habe nichts von einem Pionier. Ich finde es entsetzlich, auf einer kleinen Farm bei einer kleinen Stadt in Kansas zu hocken.

Seine Energie kennt keine Grenzen. Das Farmhaus ist ein ehemaliger Country Club an einem ausgetrockneten Stausee, dessen Damm gebrochen ist. Der Grund des Sees ist ein Dschungel aus Unkraut, den wir mit einem Ford-Traktor und einem Pflug erobern werden. Reihum müssen wir ans Steuer, zuerst zum Mähen, dann zum Pflügen der dichten Stoppeln.

Ich leide unter der Monotonie des Pfluges, wie er im Schneckentempo seine Runden dreht, und versuche, etwas Dramatisches daraus zu machen. Ich singe. Ich rezitiere Gedichte, die ich eigens auswendig lerne, damit ich etwas für meine einsamen Stunden habe. Ich hänge endlosen Tagträumen von Liebe nach, wobei die männliche Hauptrolle immer wieder wechselt, denn der Unterschied zwischen Kleinstadtjungen und Farmjungen und den Jungen am Strand ist mir nur zu schmerzlich klargeworden. Ich bin ganz benommen von der Hitze und von dem Rhythmus des Pfluges in den wogenden Furchen des Feldes.

Ein kurzes, schrilles Quieken hinter mir reißt mich jäh aus meiner Trance. Ich drehe mich um und sehe, wie der zerfetzte Leib eines flauschigen Kaninchenbabys von der Pflugschar beiseite geschleudert wird. Wie aus dem Nichts stieben plötzlich kleine Kaninchen in alle Richtungen. Bevor ich den Schaltknüppel finden kann oder den Zündschlüssel, um den Motor abzustellen, hat der Pflug noch einmal zwei, vielleicht auch drei oder mehr Kaninchen verstümmelt.

Weinend stapfe ich über die weichen Wellen der frischgepflügten Erde. Er kommt über das Feld auf mich zugelaufen. Ich weiß, er glaubt, daß ich verletzt bin. Keuchend und zitternd stehen wir uns gegenüber. Sein Gesicht ist bleich, und er blickt mich durchdringend an.

»Ich habe sie umgebracht. Ganz viele, oh, die kleinen...«

»Kaninchen? Bloß Kaninchen? Und ich dachte, du wärest verletzt.«

»Ich konnte nicht mehr rechtzeitig anhalten. Ich...«

Seine Züge verhärten sich. »Nicht einmal wenn du es darauf anlegtest, könntest du alle Kaninchen auf dieser Farm mit einem Pflug umbringen. Die Welt würde von Kaninchen nur so wimmeln, wenn keine umkämen.«

»Ich pflüge nie wieder.«

»Jetzt hör mir mal gut zu, junge Dame. Wir bekommen den Boden dieses Sees nur in Ordnung, wenn wir ihn pflügen. Die Kaninchen finden einen anderen Platz für ihren Bau.«

»Aber ich bringe sie nicht um. Du kannst mich nicht dazu zwingen.«

»Du wirst deinen Anteil an der Pflügarbeit leisten. Und jetzt Schluß mit der Gefühlsduselei.«

Ich pflüge. Drei Tage lang spreche ich kein Wort mit ihm. Schließlich legt er mir sein Exemplar von Die Entstehung der Arten *auf den Nachttisch. Ein paar Wochen später setzt er sich zu mir ans Bachufer und erzählt mir, daß man das Leben besser versteht, wenn man sich in den Naturwissenschaften auskennt und bestimmte Grundprinzipien wie das Prinzip der natürlichen Auslese und das des Überlebens des Stärksten durchschaut.*

Er beendet seinen Vortrag, den ich mir mit eisigem Schweigen angehört habe, etwa mit den Worten, daß wir uns, »von dem Drang, unnötig zu leiden, befreien können, wenn wir uns und unser Leben

als etwas eher Unbedeutendes im großen Plan der Dinge begreifen«.
Möglicherweise hat der Pflug die Kaninchen vor dem Kojoten gerettet, den wir beim abendlichen Konzert der Zikaden in der Ferne hören.

Sie erzählt mir, daß er am Küchentisch sitzt und Eiswaffeln ißt, ohne Eis. Obwohl sie Eis im Gefrierfach hat, holt sie ihm keins, und sie sagt ihm auch nicht, daß er etwas vergessen hat.
Ihr Paß für die Europareise ist da. Als der Paß ankam, erklärte sie Daddy, daß sie sich einen Paß habe machen lassen, für den Fall, daß sie einen braucht. Er antwortete: »Das ist eine gute Idee.«
Sie hat Bedenken. Ich spiele mit ihr durch, »was schlimmstenfalls passieren könnte«. Er könnte sterben, während sie fort ist. Sie wird die Telefonnummer des Forschungsinstituts in San Diego dalassen, das die Autopsie durchführt. »Er könnte stürzen und an den Folgen des Sturzes sterben«, sagt sie. Oder: »Er könnte stürzen und sich ernsthaft verletzen.« Dann müßte er ins Krankenhaus. Tom könnte sich telefonisch um seine Einlieferung in die Klinik kümmern oder binnen ein paar Stunden auch persönlich. Ich könnte hinfliegen und helfen, wenn es wirklich schlimm wäre. Sie beschließt, die Versicherung, die dem Fluggast den Rückflug zum Charterpreis garantiert, falls er wegen eines Notfalls zurückgerufen wird, nicht abzuschließen. Falls ein Notfall eintreten sollte, mit dem die eigens angestellte Pflegerin nicht fertig wird, könnten wir versuchen, ihn nach Bright Haven zu bringen.
Wir fragen uns beide, ob die Notfälle, die wir durchspielen, heimliche Wunschvorstellungen sind. Begraben wir ihn in unserer Phantasie, weil wir seine Gegenwart, seinen Anblick, seinen Schmerz leid sind?
Wir überlegen, wann wir ihm von der geplanten Reise erzählen sollen. Wir rechnen nicht damit, daß er enttäuscht darüber sein wird, daß er nicht mitkann, oder unglücklich, daß sie fährt. Wir rechnen damit, daß er vergißt, wo sie ist, und daran erinnert werden muß. Sie frage sich, vertraut sie mir an, ob er froh sein wird, sie eine Zeitlang los zu sein.

Ich notiere mir ihre Reiseroute und fühle mich dabei, als hätte ich einen Krieg gewonnen.

»Carol, aufwachen. Es ist fünf Uhr. Wir müssen bei Sonnenaufgang mit dem Aufstieg beginnen. Aufwachen, Carol. Es ist Zeit für unsere Kletterpartie.«

An Hüfte und Schulter spüre ich durch die dünne Luftmatratze hindurch den Boden. Wenn es Tommy bessergeht, wenn seine Halsschmerzen weg sind, dann brauche ich nicht mit. Tommy hat sich auf die Bergtour vorbereitet. Den ganzen Sommer über sind er und Daddy die dreieinhalb Meilen von der Farm in die Stadt zu Fuß gegangen. Keiner von ihnen ist je auf die Idee gekommen, ich solle für die Kletterpartie trainieren. Nicht, daß ich nicht mitgemacht hätte, wenn sie mich gefragt hätten. Aber ich wußte, sie wollten unter sich bleiben.

»Ziehst du dich an? Wir müssen los, ehe die Sonne zu hoch steht. Wir wollen doch nicht riskieren, daß wir erst nach Sonnenuntergang zurückkommen. Wir können an einem Tag den Berg hochsteigen und wieder herunterklettern, wenn wir uns an unseren Plan halten.«

»In Ordnung, Daddy, ich beeile mich.« Wir ziehen uns in der dunklen Enge des Zeltes an. Wir flüstern, während Mutter ruhig und Tommy keuchend atmet. Ich muß mit. Ich erinnere mich, wie mir das Herz fast stillstand, als Daddy sagte, er würde vielleicht allein hinaufklettern, wenn Tommy nicht mitkönne.

»Ich weiß, du kannst es schaffen, Carol. Du bist zwar nicht mitgewandert, aber du bist diesen Sommer fast täglich zum Schwimmen gewesen. Deine Arme und Beine sind kräftig. Und du solltest genügend Puste haben.«

Wenn er wirklich allein ginge und abstürzte, dann wüßte niemand, wo seine Leiche zu finden wäre. Oder er könnte sich verirren. Es könnte regnen. Er könnte vom Blitz getroffen werden. Er ist ein »Draufgänger«, sagt Oma.

Tommy wird wach und klagt vor Neid und Entrüstung. Ich nehme seinen Platz ein, und er ist nicht so krank, daß ihm das nichts ausmacht.

Wir brechen von unserem Zeltplatz in der Nähe des Pfades, der uns zum Gipfel führen wird, auf, und er läßt mich vorangehen. »Du bestimmst das Tempo, Carol. Ein flottes Tempo, aber keines, das wir nicht durchhalten können. Tief einatmen. Und entspann dich. Wir wollen uns über die Bäume, die Felsen und die Vögel freuen. Wahrscheinlich werden wir nicht viel Energie aufs Reden verschwenden. Wir wollen uns doch nicht von dem Aufstieg ablenken lassen.« Seine Stimme liebkost das Wort Aufstieg ehrfurchtsvoll. Er hat schon immer bestimmte Worte zum Strahlen gebracht, so daß sie nie aufhören werden, vor meinem inneren Ohr zu funkeln. Longs Peak. Aufstieg. Unsere Wanderung. Die Tiere, unser Lager. Ich schrecke vor diesem Tonfall zurück, denn die Schlichtheit seiner Freude und sein Wunsch, mich in den Bann seiner Ehrfurcht zu ziehen, berühren mich peinlich.

Der Pfad steigt von Anfang an steil an. Es sind sieben Meilen bis zum Gipfel und noch einmal sieben Meilen zurück. Ich merke rasch, was für eine trügerische Größe eine Meile ist, als die Luft beim Anstieg immer dünner wird. Unsere Farm liegt dreieinhalb Meilen außerhalb der Stadt, aber das hier ist etwas anderes als zwei Spaziergänge über sanft gewellte Felder in die Stadt und wieder zurück. Ich zwinge mich, das einmal eingeschlagene Tempo zu halten, und ich versuche zu verbergen, wie schwer mir das Atmen fällt.

»Laß uns eine Pause einlegen. Wir müssen mit unseren Kräften haushalten. Wir dürfen uns nicht verausgaben. Der schwierige Teil des Aufstiegs beginnt erst in ein paar Meilen, oberhalb der Baumgrenze.« Er weiß, ich bin schon so müde, daß ich den Mut verliere.

Der Gesang der Vögel klingt spröder, hier in der dünneren Luft. Ich stelle mir vor, daß ich unter Wasser schwimme, weit unter der Oberfläche, und verzweifelt nach Luft ringe, aber das glitzernde Geheimnis der Tiefe hält mich in seinem Bann.

Seine Stimme ist lyrisch vor Begeisterung. »Wir können alle fünf Minuten anhalten und uns ausruhen. Kein Wunder, daß wir in dieser Höhe rasch müde werden. Das ist der Sauerstoffmangel.«

Der Weg wird immer steiler, je höher wir emporsteigen. Ich bitte ihn vorauszugehen, während ich mal eben kurz verschwinde. Ich hocke mich unbeholfen hinter einem lichten Busch und höre, wie er hinter mir »Oh Susanna« pfeift.

Diesmal will ich schon drei Schritte nach unserer letzten Rast wieder anhalten. Diese Bäume knausern mit Blättern, sie bieten den einsamen Vögeln, die in ihren Zweigen nisten, nur spärlichen Schutz.
Wir zögern das Mittagessen hinaus. Wir setzen einen Zeitpunkt fest, zu dem wir unseren Durst stillen. Ein gleichmäßiges Tempo ist wichtig, wenn man durchhalten will. Wir trotzen Müdigkeit, Hunger, Durst, Schwerkraft, Trägheit. Wir besiegen die Natur. Wir besiegen uns selbst. Mich wird er nicht besiegen. Im Norden ziehen Gewitterwolken auf.
Er verspricht mir, daß wir eine Mittagspause einlegen, wenn wir die Baumgrenze erreicht haben. Aber dann will er nicht haltmachen. Obwohl er von einem »Felsenmeer« gesprochen hat, konnte ich mir nichts darunter vorstellen. Jetzt sehe ich ein aufgewühltes, unruhiges Meer aus grauen Granitblöcken, das sich meilenweit erstreckt.
»Spiegeleier. Die aufgemalten roten und gelben Kreise heißen Spiegeleier«, erklärt er. »Erfahrene Bergsteiger haben diese Eier gemalt, als sie eine Route festlegten. Es könnte passieren, daß man einen Pfad nimmt, der nur in eine Sackgasse führt. Nicht alle Wege führen zum Gipfel. Viele Bergsteiger haben sich verirrt. Sogar auf der Westroute, von der Ostflanke ganz zu schweigen. Es kann passieren, daß man eine falsche Route wählt. Die Spiegeleier sind Symbole, die den Weg zum Drahtseil markieren. Sie markieren den direkten Weg von der Baumgrenze zum Drahtseil.«
»Zum Drahtseil?« Ich bekomme eine Gänsehaut und blicke hinüber zu den Gewitterwolken.
»Man hat ein Drahtseil gespannt, um Bergsteigern den steilsten Teil des Aufstieges zu erleichtern. Wir werden viel Kraft brauchen, wenn wir am Drahtseil hinaufklettern.« Auch sein Blick gleitet unwillkürlich zu den Gewitterwolken in der Ferne. »Und damit wir Kräfte sammeln können, sollten wir jetzt unsere Mittagspause einlegen.«
»Sollen wir uns einen Felsen suchen, auf dem wir essen können?« frage ich und beiße auf seinen Köder an.
Er reicht mir eine Apfelsine und nimmt sich selbst auch eine. Jeder Bissen ist mehr, als nur etwas zu essen. Nach der Apfelsine, vor den Rosinen, den Nüssen und dem Käse, fragt er: »Kannst du dir ein köstlicheres Mahl vorstellen als dieses?«

»Nein, niemals.«
Während wir essen, taucht am Horizont nahe der Baumgrenze ein beweglicher Punkt auf. Wir sind entsetzt über die Geschwindigkeit, mit der der Punkt zu einem Menschen, einer Frau, einer alten, weißhaarigen Frau wird. Drahtig und leichtfüßig wie eine Gemse kommt sie näher und geht an uns vorbei mit einem herzlichen »Guten Morgen. Schöner Tag für einen Spaziergang.« Schon im Weggehen erteilt sie uns über die Schulter hinweg eine ziemlich entmutigende Abfuhr: »Mache ich jeden Tag. Hält mich in Form.«
Wir lassen unseren Vorsatz, daß wir unsere Kräfte für den Aufstieg schonen wollen, außer acht. Unser Gelächter erklingt hell in der klaren Mittagsluft. Wir gönnen uns fünf Minuten Ruhe zusätzlich als Ausgleich für die vertane Energie.
Als wir unsere Apfelsinenschalen und Dosen im Rucksack verstaut haben und bereit zum Aufbruch sind, sehen wir, wie der bewegliche Punkt in der Ferne die Felswand hinaufklettert, wo sich das »Drahtseil« befindet. Sie bewegt sich geschmeidig, als würde sie an einem unsichtbaren Faden himmelwärts gezogen.
Nachdem wir drei oder vier Felsblöcke überquert haben, kommen wir fast zum Stehen. Er mahnt mich zur Vorsicht beim Gehen. Ein verstauchter Knöchel wäre eine Katastrophe. Die Gewitterwolken bewegen sich beinahe unmerklich.
Jedes aufmunternde Wort von ihm macht mich wütend. Wie kommt er auf die Idee, daß ich die Kraft haben werde, an dem Drahtseil hochzuklettern? Ich bin erschöpft. Das ist nicht fair. Er ist nicht fair. Immer will er, daß ich besser bin als alle anderen. Daß ich bessere Noten habe. Daß ich Darwin lese statt Nancy Drew. Daß ich anderer Leute Aberglauben und Schranken erkenne und niemals, niemals an Wunder glaube.
Wir befinden uns auf einer Art natürlicher Brücke, einem Felsvorsprung an der Ostflanke des Berges mit Blick in das Tal. Als wir uns hinsetzen, um auszuruhen, starre ich wie gebannt auf die grüne Fläche in der Ferne. Ich spüre die Kraft des Grüns wie einen Sog.
»Carol. Sieh mich an. Sieh nach oben.« Seine Stimme ist hart. Auch er hat sie gespürt. Die Kraft, die mich nach unten zog. Jetzt fordert er mich auf, mir den Felsen, auf dem wir sitzen, anzusehen. Wir sind beide bestürzt, als wir entdecken, daß der Felsen in der Nähe

meines Fußes ein kleines Loch aufweist. Durch dieses Loch können wir ein Fleckchen von dem grünen Tal meilenweit unterhalb der Baumgrenze sehen.

»Wir müssen uns seelisch für den Aufstieg am Drahtseil rüsten«, sagt er streng und reißt mich damit aus meinem selbstvergessenen Traum. Schweigend arbeiten wir uns bis zu der Felswand vor, die im Sonnenlicht erstrahlt. Wir sind beide in uns gekehrt, kühl, angesichts der bevorstehenden Gefahr.

»Ich habe das Seil hier mitgebracht, damit wir uns aneinanderbinden können. Nicht, daß dieser Teil des Aufstiegs sonderlich gefährlich ist. Es ist nur der Teil des Aufstiegs, der ein Höchstmaß an Konzentration erfordert. Wir haben noch genug Kraft. Wir haben Glück. Das Wetter hat gehalten. Vor ein paar Stunden war ich besorgt wegen der Gewitterwolken, aber jetzt wissen wir, daß sie keine unmittelbare Gefahr bedeuten.«

Seine Beteuerungen lassen mir die Gefahr erst richtig bewußt werden. Es gibt kein Zurück. Er läßt sich nicht davon abhalten, mir das Seil um die Taille zu binden. Mir kommen die verschiedenen Knoten in den Sinn, die wir bei den Pfadfindern gelernt haben. Natürlich kennt er alle Knoten, und das Morsealphabet und die Grundlagen der Seefahrt und Erste Hilfe und die Namen aller Muskeln im Körper, und er weiß, wie man gegen den Wind kreuzt, wenn die See stürmisch ist, und wie man niemals, niemals seine Angst zeigt. Aber wenn mein Fuß abrutschen sollte, wenn ich an diesem dünnen Seil hinge, wie könnte er mich dann halten, wie könnte er mich retten, wie könnte er mich daran hindern, hinabzustürzen, wo er doch nichts hat als sein Wissen?

Jetzt sind wir aneinandergebunden. Er glaubt, daß er mich retten könnte. Ich weiß, daß ich ihn nicht retten könnte. Wenn sein Körper jetzt an mir vorbei zum Fuße der Felswand stürzte, was dann? Allein könnte ich seinen Tod nicht überleben.

Wir sprechen nur davon, wo Füße und Hände Halt finden können. Wir flüstern uns Anweisungen zu. Er führt, bestimmt mein Tempo durch Nachlassen des Seils. Er bewegt sich die Felswand empor, seine Füße finden Halt in der scheinbar glatten Oberfläche.

»Tut mir leid, Carol. Ich habe eine schlechte Nachricht.« Für den Bruchteil einer Sekunde lockert sich mein Griff. In meinem Über-

eifer, den Fehler zu korrigieren, packe ich das Drahtseil so fest, daß der Schmerz meine Finger durchzuckt.
»Das Drahtseil ist vereist. Vielleicht ist auch in den Haltepunkten für die Füße Eis. Es ist schon ziemlich spät im Jahr für so eine Kletterpartie. Vergangene Nacht muß es hier oben gefroren haben.«
Ich spüre, wie eine Welle von Adrenalin meine Arme und Beine durchflutet.
»Unser einziger Feind heißt Unaufmerksamkeit. Wir müssen uns so verhalten, wie wir es besprochen haben. Wir müssen uns konzentrieren.«
Noch immer versagt mir die Stimme.
»Carol, hör zu. Wir können es schaffen. Das Drahtseil ist nur stellenweise vereist. Wir sind angeseilt. Ich sage dir Bescheid, wenn du an Eis kommst. Tu nur, was ich dir sage. Los.«
Jetzt spüre ich die Kraft, die das Schwimmen meinen Armen verliehen hat. Sobald meine Zehen auch nur einen winzigen Vorsprung finden, auf dem sie sich abstützen können, halte ich mein Gewicht mit den Armen. Meine Hände erwärmen das Kletterseil. Ich blicke nach oben, präge mir genau die Stellen ein, an denen seine Füße Halt finden, damit meine Zehen sie leichter ertasten können.
Wir kommen langsam, aber stetig voran. Jetzt sind wir über den Punkt der Erschöpfung hinaus. Es gibt nur noch den Weg nach oben. Es gibt kein Zurück. Jedesmal, wenn ich mein Gewicht verlagere und mich hochziehe, spüre ich ein Aufwallen von Dankbarkeit. Jedesmal, wenn die Felswand einen Spalt preisgibt, in dem ein Fuß einen kleinen Halt findet, schöpfe ich neue Hoffnung.
Ich fühle mich mit dem Seil verbunden und mit dem Kletterer, der mich mit seinem Willen emporzieht. Ich fühle mich dem Berg verbunden. Ich stelle mir vor, daß ich mich im Meer treiben lasse, daß das Wasser mich trägt.
Und jetzt habe ich das Drahtseil hinter mir gelassen. Wir leben, und die Gefahr ist vorüber. Einen wilden Augenblick lang lachen wir, bis wir nicht mehr können.
Auf dem Gipfel ist ein Podest mit einem Buch. »Schreib deinen Namen hinein, Carol. Du gehörst jetzt zur Kameradschaft der Bezwinger von Longs Peak.«
Meine Hand ist plötzlich ganz ruhig, und ich schreibe meinen Na-

men mit erstaunlich eleganter Schrift; dann schreibe ich den Namen meiner Heimatstadt, Meade, Kansas.
»Und jetzt noch dein Alter«, sagt er.
»Nur, wenn du auch dein Alter hinschreibst«, necke ich ihn, denn ich weiß, wie sehr er sich vor dem Älterwerden fürchtet.
Mit seiner krakeligen Schrift schreibt er seinen Namen, unsere Heimatstadt und sein Alter, fünfunddreißig.
Dann setze ich zwischen meinen Namen und meine Heimatstadt mein Alter, dreizehn. Während ich das tue, sehe ich einen Blick in seinen Augen, wie ich ihn nie zuvor gesehen habe.

Mutter hebt sofort ab. Sie erklärt: »Ich bin noch im Bett. Er liegt hier neben mir, ganz fest zusammengerollt, er schläft... ›Ich schlafe nicht‹, sagt er gerade. In letzter Zeit hat er Mühe, die Augen zu öffnen. Dann jammert er: ›Fern, ich kann nichts sehen.‹ Aber wenn ich ihm erkläre, daß er die Augen zu hat, erwidert er: ›Ich kann die Augen nicht aufmachen.‹ Es ist ganz merkwürdig. Ich gerate in Panik, und später öffnet er die Augen dann ohne Mühe... aber so etwas habe ich noch nie gehört. Keiner in der Gruppe hat je davon gesprochen.«
Sie unterbricht das Telefonat, um mit ihm zur Toilette zu gehen. Als sie zurück ist, sagt sie in vertraulichem Ton: »Diese Woche bin ich kaum mit ihm fertiggeworden. Er geht rückwärts anstatt vorwärts. Er zieht in die entgegengesetzte Richtung, wenn ich mit ihm zur Toilette gehen will. Ich weiß, er versucht mir zu folgen, aber seine Nervenimpulse spielen verrückt. Er ist nicht widerborstig. Er kann einfach nicht vorwärts gehen. Also muß ich mich hinter ihn stellen und schieben. Aber das ist vielleicht ein Kampf!«
Ich male mir diesen Kampf aus. »Und ich schaffe nicht, ihn trokken zu halten«, fährt sie fort. »Ich warte eine Ewigkeit, wenn er auf der Toilette ist, und es passiert gar nichts, aber wenn ich aufgebe, dann macht er seine Windelhosen naß, sobald ich sie ihm angelegt habe. Und die kosten dreiundvierzig Cent das Stück. Kaum habe ich die Bettwäsche gewechselt, macht er die frischen Laken naß. Diese Windelhosen sind manchmal undicht. Es macht mich so wütend. Ich kann nicht anders, ich muß einfach mit ihm schimpfen.«

Ich verkneife mir, ihr wieder zu sagen, sie solle eine Hilfe engagieren oder ihn in ein Pflegeheim geben. Immer weniger bin ich bereit, mir die Litanei ihrer Leiden anzuhören. Es macht mir Sorgen, daß sie erschöpft ist und daß ihre Erschöpfung sie ungeduldiger werden läßt. Ich weiß, daß sie über ihr Leben sprechen muß, über das Alltägliche und die Öde dieser unsäglichen Mühen. Wenn sie nicht darüber sprechen kann, dann verlieren sie ihren Sinn. Und wenn sie ihren Sinn verlieren, dann ist ihr Leben eine einzige Leere.
Wenn ich ihr vorschlage: »Warum engagierst du nicht jemanden, der einmal die Woche für einen Tag kommt?«, dann glaubt sie, ich will damit sagen: »Man kann irgendeine x-beliebige Person engagieren, die das gleiche für ihn tun kann wie du.« Wenn ich sie anflehe, eine Reise zu machen, dann muß ich wohl glauben, daß er sie nicht vermissen würde. Wenn ich sie ermutige, sich jemanden zu suchen, der ihr bei der Hausarbeit und bei Reparaturen zur Hand geht, dann muß das wohl heißen, daß ich nicht bereit bin, meine Zeit zu opfern und ihr selbst zu helfen. Wenn ich sie ermuntere, neue Kontakte zu knüpfen und neue Interessen zu entwickeln, dann muß das wohl heißen, daß ich nicht verstehe, welche Auswirkungen diese zerstörerische Krankheit auf sie hat.
Die Krankheit führt zur Isolation, denn als Pflegende ist sie tatsächlich in einer Weise betroffen, die ein Außenstehender nicht begreifen kann. Wir sind Feindinnen, verbunden durch eine Wut, wie nur Mütter und Töchter sie kennen. Ich bin schuldig, denn zu der Zeit, wo ich ihr Leiden am eigenen Leib erfahren werde, wird sie nicht mehr am Leben sein. Ich lasse sie im Stich und mache mir Vorwürfe deswegen. Und niemals gestehen wir uns die Spannungen ein, die unter der Oberfläche unserer samstäglichen Telefonate schwelen, dieser Rituale aus Trost und Vorwurf.
Wenn ich schweige und der Versuchung widerstehe, die Verantwortung für etwas zu übernehmen, was ich ohnehin nicht ändern kann, dann kehrt sie immer wieder zum Ausgangspunkt zurück. Sie kommt auf der anderen Seite des Labyrinths heraus und ist aufs neue fest entschlossen, das zu tun, von dem sie glaubt, daß nur sie allein es kann. Sie will nicht zurückblicken und ihr eigenes Scheitern beklagen. Sie will eine Verpflichtung erfüllen, die ihr, so empfindet sie es, auferlegt ist.

»Was wäre, wenn er sich verloren fühlte und Angst hätte, wenn er weinte, und es wäre keiner da, den er kennt, um ihn zu trösten? Was wäre, wenn sie ihn weinen hörten und nicht reagierten? Was wäre, wenn er Angst hätte und nicht mehr wüßte, wie man weint?«

Er war immer ein Verstandesmensch, niemals sentimental. Er wußte, er war sterblich, entbehrlich. Seine Leiche sollten wir der Wissenschaft vermachen. Uns nicht mit seinen sterblichen Überresten belasten. Keiner von uns sollte zulassen, daß ein Leben, sei es das seine oder unser eigenes, künstlich verlängert wurde, wenn es kein produktives Leben mehr war, keine Funktion mehr hatte. Anderswo mag es Familien geben, die dem einzelnen gestatten, seine Entscheidungen in solchen Fällen selbst zu treffen. Fast mein ganzes Leben lang fand ich, daß unsere Familie etwas Besonderes war, wegen der Klarheit und Härte, mit der solche Wertvorstellungen bei uns vertreten wurden.
Was diese Klarheit am Ende hervorbringt, sind Schuldgefühle. Es ist, als zwängen wir ihn, seinen eigenen Kodex zu verletzen, indem wir zulassen, daß er in diesem gar nicht mehr menschlichen Zustand noch weiterlebt. Ich habe einen Tagtraum, in dem ich ihn mit einem Kissen ersticke. Seine Arme und Beine sind steif, im Schlaf in die uns nun so vertraute Fötushaltung zusammengerollt. Sein Körper spannt sich, doch wacht er nicht auf. Ich gestehe mein Verbrechen sogleich, werde verurteilt und komme ins Gefängnis. Stoisch sitze ich meine Strafe ab. Ich habe nach dem Willen meines Vaters gehandelt und weiß, ich habe bewiesen, daß ich wert bin, seine Tochter zu sein. In meinen Tagträumen bin ich die lebendige Verkörperung seiner Werte.
In einem anderen Traum vergiften Tommy und ich sein Frühstück mit Zyankali. Er ist begeistert von den frischen Erdbeeren und ißt hastig, mit leuchtenden Augen. Augenblicke später ist er tot. Wir lassen uns nichts anmerken. Mutter glaubt, die Krankheit habe einen lebenswichtigen Teil seines Hirns erreicht. Am Ende dieses Traums stehen wir alle zusammen am Ruder eines Bootes und streuen seine Asche in die wogenden Wellen, an einem sonnigen, warmen Tag. Wir sind guter Dinge. Der Geist des klugen, energischen Mannes wird vor unseren Augen wiedergeboren. Wir erin-

nern uns, wie er sich im Boot der Familie zurücklehnt, um nicht vom schlagenden Segel getroffen zu werden, und Anweisungen in die Gischtschwaden des Windes brüllt, elektrisiert von der Gefahr.

Die Krankheit schreitet nicht kontinuierlich fort. Unvermittelt gibt es Remissionsphasen, in denen wir Hoffnung schöpfen und an bessere Zeiten zurückdenken. Mutter erzählt, wie sie eines Abends, nachdem sie zu Bett gegangen war, seine Stimme gehört habe. Auf Zehenspitzen geht sie zur Tür und horcht. Er sagt das Einmaleins auf. Es ist Monate her, daß er zum letzten Mal zwei zusammenhängende Sätze zustande gebracht hat. Jetzt ist er schon bei der Sechs, der Sieben, der Acht, wie ein eifriges und gewissenhaftes Kind, das sich auf eine Prüfung vorbereitet. Sie wartet, bis er fertig ist, dann stellt sie ihm einige einfache Additions- und Subtraktionsaufgaben.
»Ich konnte es gar nicht glauben. Er hat eine ganze Reihe davon lösen können. Staunst du da nicht auch?« Glaubt sie, es werde wieder besser mit ihm? Warum soll das Wunder mehr als ein paar Sekunden dauern?

Er lehnt sich vor, den Rechenschieber in der Hand, und erklärt mir die Prinzipien der Differentialrechnung, als ich ihm eine Anfängerfrage in Algebra stelle. Bis er mir das notwendige Hintergrundwissen für seine Erklärung vermittelt hat, bin ich vollkommen erschlagen und komme mir wie ein Dummkopf vor. Er ist so versessen darauf, seine Ehrfurcht vor Mathematik und Naturwissenschaften weiterzugeben, und ich sperre mich sosehr dagegen, es aufzunehmen. Ich hasse Mathematik. Ich hasse seine Begeisterung für die Mathematik; er ist so überzeugt davon, daß alle höheren Wahrheiten sich nur durch Mathematik enthüllen lassen.

Nach der Operation an seinem subduralen Hämatom gestand er uns, daß er sich »verblödet« vorkomme. Er sagte verzweifelt: »Wenn ich wirklich schwachsinnig werde, kann ich immer noch Trigonometrie unterrichten.«
Jetzt machen wir Luftsprünge, wenn er das Einmaleins aufsagen kann.

Er kämpfte gegen Gefühle an, indem er das Undenkbare beim Namen nannte. Er lehnte alle herkömmliche Religion ab und wollte uns damit gegen Aberglauben und Schmerz immunisieren. Nun ist er selbst der Dämon, von dem wir besessen sind, der bei uns spukt, der uns gefesselt hält mit einem Blick auf das unversöhnliche Böse. Wie Hiob kann er nicht sterben. Jeder Tag bringt ihm eine schwärzere, unaussprechlichere Entwürdigung.
Und jenseits des gekrümmten Körpers dieses gebrechlichen Mannes schimmert das schillernde Bild von Daddy. Im einen Augenblick feierliche, versonnene Augen, am Horizont jenseits des Augenblicks verloren; im nächsten der gelenkige Akrobat, der Kopf und Kragen riskiert; dann wütend, jagt er mich über das Feld und in die Wälder, wild und unberechenbar wie ein Buschfeuer. Dann werden die Züge seines Gesichts weicher, seine Augen funkeln vor Stolz, als er sich über die Wiege lehnt. Der Junge, der zum Vater wird. Der Daddyboy.

Ich bin dreizehn, aber jeder hält mich für achtzehn. Daddy hat mich eingeladen, mit ihm nach Dodge City zum Vortrag des Knife-and-Fork-Club zu fahren, weil Mutter nicht mitkommen kann. Daddy ist sehr ernst und merkwürdig. Er trägt wieder den Anzug, den er von Opa Norman geerbt hat, aber er sieht gut darin aus, und die Leute merken wahrscheinlich gar nicht, wie seltsam er im Rücken geschnitten ist, zumal er ihnen ja immer die Vorderseite zuwendet. Ich trage ein Kleid von meiner Tante Willa, aus dünnem Krepp in Gold und Schwarz, mit einem gerafften runden Ausschnitt und weitem Rock mit schwarzem Taillenband. In einem solchen Kleid tritt meine eckige Figur nur um so deutlicher hervor, meine spitzen Schultern und Hüften.
Ich fühle mich unwohl in den geborgten Kleidern, durch die ungewohnte Vertraulichkeit im Auto mit Daddy, der offenbar eine ganze Liste mit neuen Gesprächsthemen für diese Gelegenheit aufgesetzt hat.
Seit Daddy die Schulleitung überredet hat, mich zu einer Prüfung zuzulassen, damit ich die siebte Klasse überspringen kann, sind unsere Unterhaltungen wie Schulstunden oder Quizsendungen. Er wünscht sich, daß ich nicht so bin wie andere Mädchen. Er setzt

große Hoffnungen auf mich. Er sagt, ich kann die anderen Schüler meines Alters in die Tasche stecken. Er fragt mich, was ich von Darwin halte. Ich habe die Antworten parat, denn seit er mir das Buch auf den Nachttisch gelegt hat, weiß ich, daß ich irgendwann Rede und Antwort stehen muß. Ich antworte ihm, daß ich immer gern in Gedanken etwas zurückverfolge bis zu den Anfängen und daß mir Darwin dies in aller Unschuld und Einfachheit getan zu haben scheint. Daddy stimmt mir zu, daß oft die einfachsten wissenschaftlichen Theorien die elegantesten seien. Sie verlassen sich auf sorgfältige Beobachtung ohne jeden Aberglauben und ohne geistige Höhenflüge. Ich spüre, wie meine Handflächen feucht werden, denn er erwartet von mir, daß ich die Bibel, die er mir als »Hintergrundlektüre« gegeben hat, ausgelesen habe, und ich stecke noch in der Schöpfungsgeschichte. Mit ehrfurchtsvollem Ton spricht er von den Paläontologen, die wir Anfang des Sommers bei ihrer Arbeit am State Lake besucht haben.
Später, beim Tischgespräch, sind wir Partner. Die Leute in unserer Tischgesellschaft diskutieren über den Vortrag und stellen mir Fragen. Sie sind so höflich und fragen mich nicht, wie alt ich bin oder wo ich zur Schule gehe. Als das Gespräch einen Moment lang abebbt, höre ich das laute Flüstern einer Frau am Nebentisch: »... empörend... dabei könnte sie seine Tochter sein.« Ich drehe mich um und sehe, daß sie uns anstarrt. Daddy scheint eher stolz als amüsiert zu sein, daß sie mich für seine Freundin gehalten hat.

»Er war fast die ganze Nacht auf«, sagt sie müde. »Er war sehr aufgeregt und drängte mich ständig, etwas gegen die Nachbarn zu unternehmen, sie hätten bei uns eingebrochen und Silber im Wert von 250000 Dollar gestohlen. Er ist ununterbrochen die Treppe hinauf- und hinuntergelaufen, hat Schubladen durchwühlt, in Schränke und unter Matratzen geschaut. Er war wütend über meine Gleichgültigkeit. Ich habe ihm erklärt: ›Leonard, niemand hat Silber im Wert von 250000 Dollar gestohlen. Du weißt doch, daß wir überhaupt nie Silber besessen haben. Und wenn, dann würden die Nachbarn niemals bei uns einbrechen. Unsere Nachbarn sind allesamt gute, vertrauenswürdige Leute.‹«
»Konntest du ihn beruhigen?«

»Nein. Er hat mir einfach nicht zugehört. Bei solchen Gelegenheiten, in derartigen ›Notfällen‹, benimmt er sich, als ob er ganz allein sei, als ob er der einzige Mensch mit einer Spur von Urteilsvermögen oder Verantwortungsbewußtsein wäre. Ich komme mir fast vor wie in der Zeit, als wir frisch verheiratet waren, so als ob ich gar nichts wüßte und er alles.«
»Warst du böse, daß er dich so behandelt?«
»Ich weiß nicht mehr, wie ich mich damals gefühlt habe. Jetzt fühle ich mich so müde. Als ob ich gar nicht aufstehen könnte.«
»Du bist erschöpft. Seit deiner Reise ist ein Monat vergangen, und du hast nicht einen einzigen freien Tag gehabt.«

Mutter erzählt mir, daß William nach Oakland gefahren ist und sie jetzt ganz ohne Hilfe mit Daddy dasteht. Sie ist trotzig. »Ich war entschlossen, unter Beweis zu stellen, daß ich keine Gefangene bin. Jeden Tag, an dem Will nicht da ist, wollte ich irgendwo hingehen. Also habe ich Leonard in den Kombi gepackt und bin mit ihm zum Peninsula-Einkaufszentrum gefahren. Die Türgriffe sind immer mit Klebeband gesichert. Na ja, ich habe schon gemerkt, daß das Band locker war, aber ich habe nicht damit gerechnet, daß er herauskönnte. Ich habe ihn im Wagen gelassen und bin in ein Geschäft gegangen.
Als ich zurückkam, hatte sich ein Menschenauflauf gebildet. Leonard war aus dem Wagen geklettert und stand zusammengekrümmt da, du weißt schon, so wie er es immer tut. Ein junger Motorradfahrer hatte angehalten, als er Leonard da stehen sah. Er wußte nicht, was mit ihm los war. Und dann kippte Leonard um. Und es kamen mehr Leute. Natürlich hatte niemand eine Ahnung, wo er herkam und mit wem er gekommen war, also riefen sie den Notarzt.
Als ich den Menschenauflauf sah, erklärte ich den Leuten, daß wir keinen Notarzt brauchten. Ich habe gesagt: ›Das passiert ihm dauernd. Er ist krank.‹
Jemand in der Menge fragte: ›Wie lange ist er denn schon so?‹
Und ich sagte: ›Oh, ich pflege ihn schon seit Jahren.‹
Dann habe ich zu Leonard hinuntergeschaut und gesehen, daß er grinste. Ich sagte: ›Da, sehen Sie, es macht ihm nichts aus.‹

Dann haben sie mir geholfen, ihn wieder in den Kombi zu setzen. Und ich bin weggefahren. All die Leute standen da und sahen zu, wie ich wegfuhr. Ich konnte sie im Rückspiegel sehen. Ich wußte, sie waren erstaunt über das, was sie gesehen hatten, und über meine Hartherzigkeit. Aber wenn sie mich wirklich für hartherzig hielten, dann hätten sie gerne mitkommen und mir bei der Pflege helfen können.«
»Was meinst du – warum hat er wohl gegrinst?«
»Vielleicht weiß er, daß seine Situation absurd ist.«
»Glaubst du? Glaubst, du, er weiß das?«
»Vielleicht war es ihm peinlich, daß er soviel Aufmerksamkeit erregt hatte. Du weißt doch, wie schüchtern er ist.«

Eine Photographie zeigt ihn stark und mutig. Tod und Schwerkraft zum Trotz vollführt er einen Kopfstand auf einem reichlich gefährlich aussehenden Felsen hoch oben auf einem Bergkamm in Colorado. Der Felsen ist vom Blitz gespalten oder entlang einer horizontalen Verwerfung gerissen und ragt über den Talgrund des Canyons hinaus. Die Bildunterschrift, von seiner Hand mit weißem Stift auf die schwarze Seite des Photoalbums geschrieben, lautet »Torheit«. Neben dieser Photographie befindet sich eine leere Stelle mit der Unterschrift »Noch mehr Torheit«. Wer mag das Bild, das ihn im Handstand auf dem Lenker seines fahrenden Motorrads zeigte, herausgenommen haben? Egal. In der Familienlegende wird die Geschichte von Leonard, der allen Naturgesetzen trotzte und Zeit und Raum mit körperlicher Eleganz und geistiger Kühnheit bezwang, fortleben.
Er ist Athlet, Mechaniker, Buchhalter, Mathematiker, Intellektueller und Abenteurer zugleich. Er bringt mir bei, daß »jeder, der lesen kann, alles kann«. Als er auf der High School war, hat er sich ein Auto gebaut. Er hat sich in jedem Haus, in dem er je gewohnt hat, eine Dunkelkammer eingerichtet.

Als ich gerade mit der High School begonnen habe, kauft er Land und besteht darauf, daß die ganze Familie es gemeinschaftlich rodet, Zäune errichtet, den ehemaligen Country Club, der zuletzt als Pferdestall diente, in ein Wohnhaus verwandelt. Wir heben den Kel-

ler aus, gießen Beton, legen Wasser- und Stromleitungen und ziehen Zwischenwände ein; nur bei den Maurerarbeiten lassen wir uns helfen. Zwar behauptet er steif und fest, daß die kostenlosen Broschüren des Landwirtschaftsministeriums die besten Lehrbücher für jedes Handwerk seien, doch Mauern, räumt er ein, sei eine »Kunst«.
Tommy und ich helfen, Pferdemist aus dem Raum zu schaufeln, der später einmal unser Wohnzimmer werden soll. Es macht mich wütend, wenn ich sehe, wie Daddys Augen von einem inneren Feuer erstrahlen, als er erläutert, wie die Veranden verglast werden sollen, wie wir dreizehn Tapetenschichten mit Hilfe von Wasserdampf ablösen, Schränke bauen und Fliesen legen werden.
Ich schmolle. Er will, daß wir zusammenarbeiten, daß wir eine Pionierfamilie werden. Ich hasse seine Verachtung für alles Konventionelle und wünsche, wir könnten in einem normalen Haus in einer normalen Straße in der Stadt leben. Vegetarier, Sozialist, Atheist, Idealist – er entwirft sich ein Leben, das das Leben all seiner Bekannten in allen Grundsätzen in Frage stellt. Ich schwanke zwischen Groll und Mitleid. Ich frage mich, ob er freiwillig oder notgedrungen ein Außenseiter ist. Hatte er je Freunde? Hat ihn je einer gemocht, als er in meinem Alter war? Wird mich je einer mögen? Ich fühle mich in Meade, Kansas, nicht zu Hause. Er hilft mir nicht dabei, mich zu Hause zu fühlen. Er hat gar keine Ahnung, wie es ist, wenn man sich zu Hause fühlt.
Er weiß nicht, daß ich ihn innerlich verurteile. Sein Traum, die Farm, ist mein Gefängnis. Er bewegt sich sprunghaft von einer Arbeit zur anderen, macht nie etwas fertig, bevor er mit etwas Neuem beginnt. Wir gießen den Beton für den Keller, ziehen die Küchenwand, und er fängt an, einen Wellblechschuppen zu errichten. Mutter und ich kochen in einer Küche, wo wir das Geschirr in Pappkartons aufbewahren. Er verspricht: »Wir begeben uns wieder an die Küche und fangen mit den Küchenschränken an, sobald wir mehr Zeit haben.«
Anfangs klagt Mutter, dann folgt eisiges Schweigen. Eines Abends komme ich spät nach Hause und finde sie schlafend auf dem Wohnzimmersofa. Am nächsten Abend beginnt Daddy das Astkiefernholz für die Schränke zu sägen. Beim Arbeiten pfeift er »Shine on, Harvest Moon«. Mutter macht einen Auflauf mit Lachs und Käse

zum Abendessen. Sie quillt über vor Neuigkeiten, redet, erzählt Klatschgeschichten und lacht, während wir Lachsauflauf und gebackene Kartoffeln essen. Die Wohnzimmerfenster sind beschlagen, und wir fühlen uns warm und geborgen. Daddy und Mutter und Tommy und Linda und ich. Die Geborgenheit einer kleinen Pionierfamilie.

Mutters Entwicklung hin zu fortschrittlichen Ideen fasziniert mich schon seit längerem. Ich erinnere mich, daß sie schon vor Jahren zu Daddy sagte: »Du bist doch Sozialist. Putz das Klo.« Die Einstellungen ihrer Mädchenjahre sind wie die Kleider im Schrank, die noch viel zu gut zum Wegwerfen sind, mit denen man sich aber zum Gespött machen würde, wenn man sie wirklich anzöge. Also behält sie sie, weil sie kurios sind, und ihres Erinnerungswertes wegen. Das Gefühl der Verlassenheit und der unabwendbare Tod eines Mannes, der wie so viele Männer seiner Generation stets einsame Entscheidungen getroffen und sie als »praktisch« oder »logisch« oder »unserem Stil entsprechend« bezeichnet hat, läßt sie zur Radikalen werden.

Die Widersprüche zwischen ihrem Verhalten und ihren Überzeugungen sind faszinierend. Zufällig bekomme ich mit, wie sie sich mit meinen erwachsenen Töchtern über die Absurdität der Jungfräulichkeit unterhält, und ich bin völlig verblüfft. Sie sagt: »Könnt ihr euch etwas Blödsinnigeres vorstellen als die Idee, daß man sein ganzes Leben einem Mann opfern muß, nur weil man mit ihm ins Bett gehen will? Könnt ihr euch vorstellen, daß wir das früher tatsächlich geglaubt haben?«

Sie hatte schon immer eine Vorliebe für exotische Lebensgeschichten, die jenseits der Grenzen ihrer eigenen Phantasie und Möglichkeiten liegen. Sie erzählt mir regelmäßig davon, was die Tochter einer Freundin alles anstellt, um an einen Ehemann zu kommen. Diese Frau, eine Mittdreißigerin, hat eine Reihe unglücklicher Liebesbeziehungen hinter sich und fürchtet nun, daß nach mehreren Abtreibungen in ihrer Jugend ihre biologische Uhr allmählich abläuft. Sie will einen Mann und Familie und versucht mit allen Mitteln, ihr Ziel zu erreichen. Sie hat das Buch *Wie man einen Mann findet* studiert, dazu *Lady's Choice,* ein Verzeichnis

aller in Frage kommenden Junggesellen von Los Angeles mitsamt ihren Vorlieben. Während Mutter über die Schwierigkeiten dieser Frau auf der Suche nach einem Mann spricht, kommt mir der Gedanke, daß sie vielleicht mehr als ein rein akademisches Interesse an diesem Problem hat.
»Wenn du versuchen wolltest, einen Mann zu finden, wie würdest du das anstellen?« frage ich.
»Ja, also hin und wieder denke ich schon darüber nach. Ich weiß, wie schwer es ist, Männer kennenzulernen. Vor allem in meinem Alter, aber Betty, die Frau, von der ich dir gerade erzählt habe, hat gesagt: ›Aber du bist doch noch jung und schön. Du solltest dir einen anderen Mann suchen.‹« Sie hält einen Augenblick lang inne, wartet meine Reaktion ab. »War es nicht nett von ihr, daß sie das zu mir gesagt hat?«
»Doch. Und es ist die Wahrheit.« Eine Wahrheit, die ich noch gar nicht erfaßt hatte und die mir jetzt allmählich klar wird.
»Sie wollte wissen, wie alt ich bin, aber ich habe das Thema gewechselt und konnte mich so um die Antwort drücken.«
»Tja, Mutter, und wirst du ihren Rat befolgen?«
»Wie meinst du das?«
»Ich meine, wirst du dir einen anderen Mann suchen?« Es überrascht mich, daß meine Kehle plötzlich wie zugeschnürt ist.
»Ach, ich glaube nicht. Weißt du, ich denke bloß manchmal darüber nach.«
Seine offene, großzügige Art, andere von erdrückend strengen Regeln auszunehmen, kommt mir lebhaft in den Sinn. Es ist, als ob er, der junge Idealist, aus meinem Munde spricht. Er war ein Mann, der »nie eine andere Frau auch nur angesehen hat, weder vor noch nach seiner Heirat«, wie sein Bruder Norman einmal sagte, der nichts als Verachtung für die Jungfräulichkeit seines älteren Bruders übrig hatte. Aber er würde nicht wollen, daß sie dem hilflosen Kind, das aus ihm geworden ist, treu bleibt. Da bin ich mir sicher. Da bin ich mir seiner sicher.
»Daddy kann dir kein Ehemann mehr sein, Mutter. Du kannst ihn pflegen und lieben und trotzdem Freunde und ein wenig Spaß an deinem eigenen Leben haben. Er würde das so wollen.«
Sie bleibt durchaus beim Thema, als sie überlegt: »Leonard er-

kennt mich nicht immer. Hin und wieder sagt er etwas Sinnvolles, aber die meiste Zeit ist er gar nicht ganz da.«
»Ich weiß. Es ist, als flößten wir ihm unsere Erinnerungen an ihn ein, als versuchten wir ihn am Leben zu erhalten, obwohl er in Wirklichkeit längst nicht mehr da ist.«
Ihr versagt die Stimme. »Er hat angefangen, über mich in der dritten Person zu sprechen, wenn er mich überhaupt wahrnimmt. Neulich hat er mich gefragt: ›Was macht Fern?‹ Und ein andermal: ›Und was hat Fern vor?‹ Ich frage mich, ob er mich so in Erinnerung hat, wie ich in meiner Jugend war, und ob er mich jetzt nicht als dieselbe Person erkennt oder ob er einfach vergessen hat, wer ich bin.«
Ich komme zurück auf ihre Einsamkeit. »Du bräuchtest dir keine Sorgen zu machen, daß er von deinen anderen Bekanntschaften wüßte. Seine Wahrnehmung ist so begrenzt, daß er nicht einmal überlegen würde, wo du steckst, solange er nur jemanden hätte, der bei ihm bleibt.«
»Ja«, räumte sie ein, »ich habe schon überlegt, ob ich das Tandem verkaufen soll, aber dann habe ich mir gedacht, daß ich vielleicht jemanden finden könnte, der mit mir darauf fahren will.«
»Das wäre prima. Kennst du jemanden vom Fahrradclub oder vom Sierra Club?«
»Nicht daß ich wüßte, aber mir ist ein alter Mann aufgefallen, der hier um den Block spazierengeht. Er ist immer allein. Er lebt bei seiner Tochter gleich um die Ecke.«
»Ein alter Mann? Wie alt? Zu alt zum Fahrradfahren?«
»Na, *so* alt nun auch wieder nicht. Einfach älter, als mir lieb ist.«
»Wie alt?«
»Och, ich schätze ihn so auf fünfundsiebzig. Und wahrscheinlich ist er nicht besonders gut in Form. Aber ich könnte ja warten, bis er besser in Form ist.«
»Hast du mit ihm gesprochen?«
»Nur guten Tag gesagt. Ich weiß, daß er einsam ist. Er führt einen kleinen Hund spazieren.«
»Lad ihn doch zum Kaffee ein.«
»Das geht doch nicht. Wegen Leonard.«

Obwohl ich mir nicht eingestehen will, woher die Geräusche kommen, zieht es mich ins Badezimmer, wo ich sie nach vorn zusammengesackt finde, das Gesicht bleich und fassungslos, die Schenkel in ungewohntem Winkel über einem blutbespritzten Hocker gespreizt. Auf den weißgekachelten Wänden zerfließen abscheuliche scharlachrote Mohnblumen. Ich kann die Gefahr, den Schock, die Unwiderruflichkeit der Situation kaum fassen. »Ruf Leonard«, flüstert sie. Ich drücke ihr den Kopf nach unten, als ob sie nur einen Schwächeanfall hätte, als ob ich nicht verstünde, daß sie das Baby verloren hat, daß das Blut Tod, Unwiderruflichkeit, Gefahr bedeutet. Der Gemeinschaftsanschluß ist besetzt. Mrs. Ross telefoniert gerade. Einen schwachsinnigen Augenblick lang lege ich wieder auf, ehe mir klar wird, daß ich sie unterbrechen muß. »Rufen Sie einen Arzt, bitte, meiner Mutter geht es schlecht. Ich brauche Hilfe, schnell.«

Und dann ist Daddy da. Er trägt sie zu meinem Bett. Er greift zum Hörer und ruft die Vermittlung an, daß sie einen Arzt verständigen sollen. »Fern hat starke Blutungen. Sie steht unter Schock. Wir brauchen Hilfe. Schnell.«

»Carol, du stillst die Blutung. Hol eine Binde.« Ich nehme die Binde und lege sie neben sie, als könnte sie sie selbst zwischen ihre leblosen, marmorbleichen Schenkel schieben. Meine Begriffsstutzigkeit macht ihn wütend. »Nun mach schon, Carol. Siehst du nicht, daß sie bewußtlos ist?«

Ich schiebe meiner Mutter die Binde zwischen die Beine. Ich decke sie mit einem Laken zu. Ich sitze auf dem Bettrand und streichle ihre kalte Wange, während wir auf den Arzt warten. Der erklärt uns, daß »die Schwangerschaft zu Ende ist, weil die Natur dafür sorgt, daß sich unvollkommene Embryos nicht entwickeln«.

Ich trauere schweigend um die Schwester oder den Bruder, die ich nun nicht haben werde. Ich habe das Kind ebenso bewußt verloren, als hätte ich es selbst in meinem neuerlangten Frauenkörper getragen. Später wird mir nach und nach klar, daß ich selbst das Kind war, das ich an jenem düsteren Nachmittag verloren habe.

Ich telefoniere oft mit Linda, nachdem wir beide mit Mutter gesprochen haben. Wir bilden ein typisches Dreieck, wechseln ständig die Rollen, immer auf der Suche nach Ausgleich. Wie so viele Schwestern sind auch Linda und ich bewußt gegensätzlich. Wenn ich mit beiden Füßen auf dem Boden der Vernunft stehe, schwebt sie in den höheren Regionen der Mystik. Wenn ich die Erdmutter spiele, spielt sie das Blumenkind.

Heute bin ich zynisch, und sie ist optimistisch. Ich setze Leben mit Bewußtsein gleich und spreche davon, daß ich mir wünsche, sein Körper möge seinem Geist in das Reich des Vergessens folgen, damit Mutter von ihren Qualen erlöst wird.

Sie entgegnet: »Nein, ich glaube, da hast du unrecht. Ich habe Mutter gesagt, ich wünschte, er würde einfach einschlafen, ich wünschte ihm in meinen Gebeten einen friedlichen Tod. Und Mutter antwortete: ›Jetzt hör mir mal zu. Ich will nicht, daß irgend jemand seinen Tod herbeiwünscht. Sein Leben ist kostbar. Ich will nicht, daß er auch nur eine einzige Minute vor seiner Zeit geht.‹«

Die Wippschaukel setzt sich in Bewegung. Hoffnung regt sich und schwingt sich empor.

»Ich bin froh, daß du mir das gesagt hast, daß sie so denkt. Ich wünsche mir, daß sie so denkt. Daß sie ihr Leben nicht haßt. Daß ihr das eigene Leben nicht ebenso armselig vorkommt wie das seine.«

Ich erinnere mich an den Traum, von dem Mutter mir nach einem früheren Gespräch mit Linda erzählt hat. Linda träumte, sie sei in einer großen Einkaufspassage. Sie trug Daddy auf dem Arm. Die Leute blieben stehen und bewunderten ihr Baby. Es ist Linda, die an seinem Leben stets etwas Wertvolles entdecken kann. Es ist Linda, die mit müheloser Selbstverständlichkeit ihrem Vater eine Mutter ist. Es ist Linda, die Mutter und Tommy und mir die Augen öffnet für die verborgenen Ebenen des Daseins.

Er will mich fest an der Kandare halten. Er will, daß ich ein Baby bleibe. Er glaubt, daß jeder, den ich mag, nur »das eine« will. Er kann mich nicht daran hindern, auszugehen und Freunde zu haben. Ich will nicht so werden wie die beiden. Ich will Freunde haben. Ich will, daß mich jemand begehrt, der weiß, was Liebe ist.

»Ich gehe heute abend mit Alan aus.«

»Nein, das tust du nicht, junges Fräulein.«
»Doch. Ich treffe ihn in der Stadt beim Drugstore.«
»Wenn du mit Alan ausgingest, dann würde er hier herauskommen und dich abholen, wie es sich für einen anständigen Jungen gehört. Er würde sich nicht in der Stadt mit dir treffen. Aber da du ohnehin nicht ausgehst, ist das eine müßige Überlegung. Du bleibst zu Hause, und da Werktag ist, wirst du dich auf den morgigen Unterricht vorbereiten.«
»Du kannst mich nicht in diesem Gefängnis einsperren.«
»Ich kann dich sehr wohl hier einsperren, und genau das habe ich auch vor.«
»Du glaubst, du kannst mich von ihm fernhalten, aber das schaffst du nicht. Er liebt mich. Wir werden heiraten.«
»Ihr werdet nichts dergleichen tun. Du bist fünfzehn Jahre alt.«
»Du kannst uns nicht trennen. Es ist zu spät.«
»Du...«
»Faß mich nicht an, du Dreckskerl. Geh zum Teufel. Geh zum Teufel.«
Der erste Schlag trifft mich genau in der Mitte, so daß ich mich zusammenkrümme. Der nächste gilt meinem Mund, der feuerrot aufblüht. Seine Fäuste sind überall. Es gibt kein Entrinnen. Ich versuche auszuweichen, schreie um Hilfe. Mein Vater ist ein wildes Tier, er will mich umbringen. Seine Augen sprühen Feuer.
Die summenden Laute des Sommers erfüllen die Nacht. Die Grillen zirpen den Pappeln ein Ständchen. Auf dem Dach meines Zimmers höre ich das Geräusch huschender Pfoten. Ich bin steif wie eine Mumie, eingewickelt in Bandagen aus Schmerz. Bei der leisesten Bewegung durchzuckt der Schmerz mein Rückgrat. Ich weiß, er hat mich zum Krüppel geschlagen. Ich wünschte, er hätte mich umgebracht.
Gegen Morgen schrecke ich auf. Mein Vater beugt sich über mein Bett und leuchtet mir mit einer Taschenlampe in die Augen. Mir wird klar, daß ich geschrien habe. Das Geräusch kam von mir. Er steht reglos da und sagt kein Wort. Er betrachtet mich. Er knipst das Licht aus und verläßt das Zimmer.
Am nächsten Tag krieche ich aus dem Bett, indem ich mich behutsam auf die Seite drehe und rückwärts bis zur Bettkante schiebe. Ich

kann gehen, aber nur wenn ich mich um ein Viertel nach vorn neige. Ich sehe mich im Badezimmerspiegel. Beide Augen sind blau geschlagen. Wangen und Hals sind voller blauer Flecken. Meine Lippen sind bleich und geschwollen. Meine Mutter macht sich Sorgen wegen der Schmerzen in meinem Rücken und wegen meines Gangs, aber nachdem sie sich mit ihm beraten hat, beschließen sie, daß ich keinen Arzt brauche.
Ich nehme mir vor, mich von ihm zu distanzieren. Ich schwöre, nie wieder werde ich ihn Daddy nennen.

Beim Kaffee lese ich die Morgenzeitung. Abby, die Briefkastentante, ist dem Wunsch nachgekommen, nochmals die Fabel von dem Mann zu erzählen, den man sieht, wie er seinen Vater in einem Korb zum Fluß hinunterträgt. Ein Passant fragt ihn: »Warum tragen Sie Ihren Vater in einem Korb zum Fluß hinunter?« Er antwortet: »Ich bringe meinen Vater zum Fluß, um ihn zu ertränken. Er ist alt. Sein Leben ist ohne Wert.« Der andere Mann sagt: »Achten Sie aber darauf, daß Sie den Korb wieder mit zurückbringen. Eines Tages wird Ihr Sohn ihn brauchen.«
Jedes Wochenende überlege ich, wann ich am besten meinen allwöchentlichen Anruf bei Mutter tätige. Wenn ich am Samstagvormittag anrufe, ist die Wahrscheinlichkeit größer, daß ich am Sonntag wieder normal bin. Andererseits kann mir ihre Stimmung so nahegehen, daß mein Wochenende vielleicht nach dem Anruf mehr darunter leiden wird, als wenn ich es bis zum Sonntagabend hinausgeschoben hätte.
Sie ist guter Dinge, obwohl sie die deprimierendsten Geschichten von den gruppentherapeutischen Sitzungen erzählt, die sie neuerdings in einer Klinik für psychische Erkrankungen besucht. Ihre Gruppe besteht aus Angehörigen schwerkranker oder geistig gestörter Menschen. Mit einem Lachen gesteht sie ein: »Ich weiß, es steht schlecht mit mir, wenn das einzige, was mich von meinem Elend noch ablenken kann, Geschichten über Leute sind, die noch schlimmer dran sind.«
In dieser Gruppe hat sie einen Mann kennengelernt, dessen Frau an der Alzheimerschen Krankheit leidet. »Die ersten Anzeichen hatte sie mit vierundvierzig«, sagt Mutter, »und jetzt ist sie fünf-

zig und weiß überhaupt nichts mehr. Er hat sie in einem Pflegeheim untergebracht, mit den üblichen Gewissensbissen.
Ein Paar war da, die hatten wirklich etwas zu erzählen«, fährt sie fort. »Sie dachten, ihr Vater läge im Sterben. Er war schon beinahe komatös. Dann hörten sie eines Tages, wie er rief: ›Ich bin gekidnappt worden!‹ Er ist aus jedem Heim ausgebüchst, in das sie ihn steckten. In Bright Haven ist er über die Mauer geklettert.«
Es amüsiert sie, daß ich mich so für Leute interessiere, die ich gar nicht kenne. Dabei ist das Interesse nicht gespielt. Ich habe schon immer mit Begeisterung zugehört, wenn sie von anderen Menschen erzählte, denen sie begegnet war. Sie hat eine aufrechte Neugier auf das Leben der anderen. Sie ist die Art von Mensch, die in den Supermarkt geht, und wenn sie zurückkommt, weiß sie alles über den Mann am Packtisch und über denjenigen, der hinter ihr in der Schlange stand.
Sie erzählt, wie es den Leuten in ihrer Alzheimer-Selbsthilfegruppe geht, zum Beispiel Maureen, der Frau, die nur drei Jahre mit ihrem Mann zusammengelebt hatte, bevor die Symptome der Krankheit auftraten.
»Sie arbeitet noch. Sie steht um vier Uhr morgens auf, holt ihn aus dem Bett und macht ihm Frühstück, dann kümmert sie sich um ihre Dinge. Er ist ein gutaussehender Mann, obwohl ihm vor lauter Sorgen um seine Arbeit sämtliche Haare ausgefallen sind. Sie hat jemanden, der jeden Tag gegen drei ins Haus kommt, denn dann wird er allmählich unruhig, weil sie noch nicht wieder da ist. Ich glaube, sie hat ihn wirklich gern. Und sie pflegt sich selbst ebensosehr, wie sie für ihn sorgt. Sie macht alles, was sie sich früher verkniffen hat. Sie hat sich liften lassen. Sie hat sich eine Perlenkette und einen neuen Ring gekauft.«
Ich frage niemals zu Beginn des Telefonats nach Daddy. Jetzt ist der richtige Zeitpunkt.
Sie wird verlegen. »Oh, Dad war... ach, ich weiß auch nicht. Er war unruhig gestern. Er ist früh aufgestanden, wollte, daß ich ihm etwas zum Anziehen bringe. Ich nehme an, er dachte, er ging zur Arbeit.«
»War er lange erregt? Hattest du Mühe, ihn zu beruhigen?«
»O nein. Er hat es dann wieder vergessen.«

»Du verheimlichst mir etwas.«
»Er hat sich ein paarmal verschluckt.«
»Beim Essen?«
»Nein. Als ob er nicht mehr wüßte, wie er seinen Speichel schluckt.«
Ich erinnere mich an das Kapitel in *Der Sechsunddreißig-Stunden-Tag,* in dem dieses Verhalten beschrieben wird.
»Ich habe es nachgeschlagen«, sagt sie. »Das fängt irgendwann an. Dann wissen sie nicht mehr, wie man schluckt. Ich habe mit der Faust unter seinen Brustkorb stoßen müssen, ein paarmal.«
Wir halten inne. Wir wissen beide, daß wir an den Punkt gekommen sind, an dem wir das Thema wechseln werden. Wir sprechen über Linda, die sich neuerdings zum Buddhismus bekehrt hat. Sie hat sich einer Gruppe angeschlossen, die sich in stundenlangen Gesängen auf Lösungen für die Probleme der einzelnen Mitglieder konzentriert.
»Du weiß ja, daß sie schon immer Ärger mit dem Mann hat, der unter ihr wohnt. Kannst du dich noch erinnern, wie er immer mit einem Besenstiel an die Decke gepocht hat, wenn ihre Stereoanlage zu laut war? Das macht er jetzt auch wieder. Er macht es, wenn sie im Wohnzimmer singen. Ihr Wohnzimmer muß wohl direkt über ihm liegen.«
»Warum singen sie denn dann nicht in einem anderen Zimmer?«
»Ihr Schrein steht im Wohnzimmer.«
Vor meinem geistigen Auge steigt das Bild ihres verwirrten Nachbarn auf. Was soll er sich für einen Reim auf diese Gesänge machen, nach Muddy Waters und Jimi Hendrix?
»Warum lachst du?«
»Ich dachte nur gerade darüber nach, warum der Buddha lacht.«

Er interessierte sich für Naturkunde. Er studierte Felsen und Vögel und die Gezeiten und die Sterne. Er liebte die Lebewesen, die im Strom dahinschwimmen, durch die Lüfte fliegen, über die Erdkruste kriechen, und er wollte sie bewahren. Und er verstand diese Geschöpfe, sich selbst eingeschlossen, als unbedeutende Flecken, die zur Erde schwebten von einem gleichgültigen Himmel. Er sah

sich als Rädchen im Getriebe der Natur und nicht als den Mittelpunkt eines Dramas, das ein Hollywoodproduzent arrangiert, damit sein Auftritt Bedeutung hat.
Und am Ende seines Lebens ist er dem Entsetzen preisgegeben, belauert von wilden Tieren und gewalttätigen Feinden. Ob er wacht oder schläft, er wird angegriffen, gequält, verstümmelt von entsetzlichen Träumen. Es ist, als wären all die bösartigen Kräfte, die er mit wissenschaftlicher Akribie analysierte, auf ihn losgelassen. Es ist, als sei er besessen von den Dämonen, die er sein Leben lang mit seiner Arbeit verspottete. Er bewegt sich rückwärts in der Zeit, abwärts in seinem Bewußtsein.

Demenz ist etwas Ansteckendes. Ich, die ich vielleicht eine Krankheit geerbt habe, die zur Demenz führen wird, liste alle meine Symptome auf, und die Frage quält mich, ob sie für andere offensichtlich sind. Ich weiß noch, wie ich einmal, bevor ich das Rauchen aufgab, eine Zigarette aus meiner Handtasche holte, nach Streichhölzern suchte und, als ich sie gefunden hatte, eine zweite Zigarette aus dem Päckchen nahm, bevor ich bemerkte, daß ich eine in der Hand hielt, als ob ich die eine mit der anderen anzünden wollte. Ich machte mir ernsthafte Sorgen, denn ich erinnerte mich, daß mir genau dieser Fehler schon mehrfach unterlaufen war.
Mir fällt wieder ein, wie ich einmal etwas aufschreiben wollte und bemerkte, daß ich einen Bleistift und einen Kugelschreiber gleichzeitig in der Hand hielt. Ich weiß noch, wie ich einmal, als ich mir die Haare fönte, mit meiner freien Hand nach dem Wasserhahn griff. Mit Entsetzen wird mir klar, daß der Stromstoß mich hätte umbringen können. Immer wieder habe ich meine Kinder vor den Gefahren des elektrischen Stroms gewarnt. Bin ich nun selbst zum Kind geworden, unfähig, meine eigenen Warnungen zu beherzigen?
Ich schlage mein Scheckbuch auf und sehe, daß eine Eintragung nur sinnloses Gekrakel ist. Ich bin sicher, so etwas wäre mir früher nicht passiert.
Ich denke an die vielen Male, bei denen die Studenten mich erwartungsvoll anblicken, mit wißbegierigen Augen, die mir zu verste-

hen geben, daß ich nicht aufgepaßt habe. Ich erinnere mich an Daddys frühes Eingeständnis, daß er sich nicht mehr an die Namen seiner Studenten erinnern konnte und daß er bisweilen das unangenehme Gefühl hatte, sich zu wiederholen, obwohl er eine Vorlesung über ein neues Kapitel in der Differentialrechnung hielt. Ich denke an die Stapel von Mathematiklehrbüchern für die Grundschule, die er auf Flohmärkten und in Antiquariaten erstand. Wollte er sich die Mathematik von Grund auf neu beibringen?

Ein Referent bei einer Alzheimer-Tagung erläuterte, daß die Krankheit in drei charakteristischen Stadien verläuft. Im ersten Stadium weiß das Opfer, daß etwas nicht stimmt, aber es ist der einzige, der das weiß. Im zweiten Stadium wissen sowohl das Opfer als auch alle in seiner Umgebung, daß etwas nicht stimmt. Im dritten Stadium wissen es alle außer dem Opfer selbst. Daddy ist im letzten Stadium der Krankheit. Bin ich im ersten Stadium, oder habe ich nur seine Krankheit zu der meinen gemacht?

Ich bin versucht, Listen mit Namen, Daten, Orten, die ich besucht habe, und Restaurants, in denen ich gegessen habe, anzulegen. Ich zähle meine Fehler und berechne, ob sich die Quote verschlechtert hat. Meine Kinder amüsieren sich über die Fehler, die ich mache, und mein schlechtes Gedächtnis, aber wenn ich ihnen von meinen Befürchtungen erzähle, winken sie bloß ab und versichern mir, daß ich nicht vergeßlicher bin als früher.

Ich verbringe immer mehr Zeit mit der Suche nach Worten, die mir entfallen sind. Tagelang kann ich mich nicht an ein Wort erinnern, das irgend etwas mit tyrannischen Regierungen zu tun hat. Als mir das Wort *totalitär* schließlich einfällt, würde ich es am liebsten aufschreiben. Aber ich erinnere mich an die Listen, die ich bei Daddys Sachen gefunden habe. Er hatte kistenweise alte Lochkarten mit Listen der Namen seiner Studenten, mit Aufgaben für verschiedene Kurse, mit den Namen derer, die gegen die Regeln des Instituts verstoßen hatten. Linda erzählt mir, daß sie Zettel gefunden hat, auf die Daddy ein einziges Wort immer und immer wieder gekritzelt hatte – das Wort Alzheimer.

Ich schwöre mir, keine Listen anzulegen. Ich werde einfach lernen, meine Fehler geschickter zu verbergen. Andererseits hat meine Selbstanalyse vielleicht schon geradezu groteske Ausmaße

angenommen. Vielleicht fallen mir Fehler auf, bei denen sich andere überhaupt nichts denken würden.
Ich meditiere, um Streß abzubauen. Ich teile mir meine Zeit anders ein, damit mir mehr Zeit für Ruhe und Erholung bleibt. Ich notiere meine Ängste in einem Tagebuch. Und ich überlege, wie meine Chancen stehen und zu welchem Zeitpunkt ich frühestens die Stelle an der Universität aufgeben und in den Ruhestand treten müßte. Ich überdenke die Ziele, die ich noch erreichen will, bevor ich dazu nicht mehr in der Lage bin. Ich überlege, wie ich es einrichten kann, daß ich mir in der allerletzten Sekunde, bevor ich zu diesem unwiderruflichen Schritt nicht mehr in der Lage bin, das Leben nehme – bevor ich nicht mehr fähig bin, diesen einen letzten Willensakt zu vollziehen, der meinem armen Vater vorenthalten blieb.

Zella, eine Freundin, erzählt: »Sag deiner Mutter, daß ich einen Fehler gemacht habe. Cliff wollte zu Hause sterben, und ich wollte ihm dabei helfen. Aber es war entsetzlich. Ich fühle mich dafür verantwortlich, daß er süchtig wurde. Wenn er eine Spritze wollte, konnte ich nicht nein sagen. Ich mußte nachgeben. Jemand anders hätte ihn vielleicht zwingen können zu warten, aber ich war dazu nicht fähig. Und durch die Schmerzen und die Medikamente wurde er bösartig.
Ich hätte ihm eine Ehefrau sein können, aber ich wurde seine Krankenschwester. Und man kann nicht beides sein. In dem Moment, in dem ich seine Krankenschwester wurde, hatte er keine Ehefrau mehr. Jeder hätte ihm eine Krankenschwester sein können, aber nur ich konnte ihm eine Frau sein. Ich habe ihn ohne Ehefrau sterben lassen. Das werde ich immer bereuen... Damals war mir das nicht klar. Sag das deiner Mutter. Dein Vater hat nur eine Ehefrau.«
Mutters Stimme hat etwas Traumverlorenes, als sie auf verschlungenen Pfaden von den Ereignissen der vergangenen Woche berichtet, um schließlich beim Thema des gestrigen Besuchs beim Neurologen anzulangen. »Bei den früheren Besuchen konnte Dad immer noch ganz gut gehen. Bei unserer letzten Halbjahresuntersuchung hatte er einen guten Tag. Aber gestern nicht. Ich konnte

ihn kaum bewegen. Er stand da wie angewurzelt. Ich mußte ihn von hinten schieben. Schließlich mußte mir die Schwester zu Hilfe kommen. Der Arzt war entsetzt. Er sagte, er hätte ›nicht geahnt, daß es Leonard so schlecht geht‹. Er konnte gar nicht glauben, daß ich noch allein mit ihm zurechtkommen kann. Er hat Leonards Reflexe getestet und mich dann um ein Gespräch unter vier Augen gebeten.
Es hat zu mir gesagt, daß ich ein Recht auf ein eigenes Leben habe, ein Recht auf ein normales geselliges Leben. Er konnte nicht verstehen, wie ich mit der körperlichen Anstrengung fertig werde, von der emotionalen Belastung ganz zu schweigen. Er sagte, ich muß daran denken, wie es wird, wenn er eines Tages bettlägerig ist und rund um die Uhr Pflege braucht. Aber ich habe ihm erklärt, daß ich froh bin, wenn es soweit ist, weil es dann leichter sein wird. Dann muß ich ihn nur noch baden und trockenlegen. Ich muß ihn nicht mehr schieben, nicht mehr aufheben, wenn er fällt. Er zerrt in die Gegenrichtung, wenn ich versuche, ihn zu führen. Ich muß ihm einen Schubs geben, damit er sich von der Stelle bewegt. Es wird leichter sein, wenn er bettlägerig ist.« Ich sage nichts.
»Der Doktor hatte sich das noch nie überlegt. Ich glaube, er sieht diese Krankheit rein vom theoretischen Standpunkt. Die Wirklichkeit ist so entsetzlich, daß er sie nicht begreift. Eine Krankenschwester kann das vielleicht begreifen, aber ein Arzt nicht.« Ihre Stimme ist kaum mehr als ein Flüstern.
»Ich habe ihn gefragt, ob er eine ungefähre Vorstellung hat, wieviel Zeit Leonard noch bleibt. Er sagt, er hat von Patienten gehört, deren Zustand sich wesentlich schneller verschlechtert hat. Er selbst hatte einen Patienten, der anderthalb Jahre nach der Diagnose starb.«
»Wie wunderbar das wäre«, sage ich.
»Ja. Aber er kann keinerlei Prognose geben, wie lange es dauern wird. Er will, daß ich mir Gedanken über ein Pflegeheim mache. Er sagt, es gibt einige schöne, wo er gut versorgt würde. Und Leonard würde es vielleicht nicht einmal merken, oder es würde ihm nicht allzuviel ausmachen.«
»Er hat kein Zeitgefühl mehr. Wenn du ihn jeden Tag besuchen

würdest, Mutter, dann würde er vielleicht nicht einmal bemerken, wieviel Zeit zwischen den einzelnen Besuchen liegt.«

»Ich habe dem Arzt gesagt, daß ich ihn ja auch dann noch jeden Tag besuchen müßte. Er sagt, es sei nicht notwendig, daß ich so oft hinführe.«

»Ich hoffe, du überlegst es dir, Mutter. Es ist großartig, wie du für ihn sorgst, aber vielleicht merkt er gar nicht mehr, daß du es tust.«

»Aber was würde ich anfangen, wenn ich nicht mehr für ihn sorgen würde?«

Ich stelle mir vor, wie sie in dem leeren Haus sitzt, mit der Aussicht auf leere Tage, und das nach den ständigen Anforderungen der vergangen Jahre.

»Du würdest in die nächste Phase deiner Witwenschaft eintreten. Und es wäre hart. Aber vielleicht nicht ganz so hart wie das, was du jetzt durchmachst.«

»Vielleicht nicht. Ich weiß nicht, was ich tun würde, wenn ich nicht für ihn sorgen könnte.«

»Willst du zu uns ziehen? Du könntest hier ein Pflegeheim für ihn finden. Vermiete dein Haus. Laß es leerstehen. Komm einfach her und finde heraus, ob nicht die Zeit für ein Pflegeheim reif ist.«

»Nein, das kann ich nicht machen.«

Jeden Tag nach der Schule und samstags den ganzen Tag muß ich in der Wolfe Motor Company arbeiten. Die Firma gehört Opa, und mein Vater führt die Geschäfte. Er sagt, er gebe mir eine Chance, die die meisten Mädchen niemals haben. Ich kann mich mit allen Arbeiten des Geschäfts vertraut machen, ausgenommen den Mechanikerarbeiten. Ich muß lernen, wie man am Ende jedes Tages und dann am Ende jedes Monats die Bücher abschließt. Er sagt, das System, das die Ford Motor Company anwendet, ist sehr fortschrittlich, und wenn ich es einmal begriffen habe, kann ich überall die Buchhaltung übernehmen. Ich kann lernen, wie die Bauteile sämtlicher Personen- und Lastwagenmodelle heißen, indem ich über die Ersatzteile Buch führe. Das ist sehr langweilig. Ich sehe auf den Quittungen nach, welche Ersatzteile verkauft worden sind, und vermerke es auf den Karteikarten, wobei selbst die kleinste Dichtung verbucht werden muß.

Bei dieser Arbeit braucht man nicht nachzudenken, also träume ich vor mich hin, warte, daß ein interessanter Kunde hereinkommt, lebe mein geheimes Leben. Er verliert mit meiner träumerischen Art schnell die Geduld. Er sagt, wenn ein Kunde an der Tankstelle vorfährt und die Glocke ertönt, dann muß ich »zur Zapfsäule rennen, nicht gehen«. Ich muß mich sputen, und ich muß lächeln. Ich muß sämtliche Scheiben putzen und muß den Wasser- und Ölstand und den Keilriemen prüfen. Dann prüfe ich den Luftdruck an sämtlichen Rädern. Bis dahin sagen die meisten Kunden längst: »Ach lassen Sie, Sie machen sich nur die Hände schmutzig. Die Reifen sind in Ordnung.« Aber ich überprüfe alles, und dann frage ich, ob sie vielleicht noch die Dienste des Mechanikers brauchen. Die Mechaniker sind alle beschäftigt, aber auf diese Weise lassen wir die Kunden wissen, daß wir gerne noch mehr für sie tun.
Manchmal sehe ich, wie er mich durch das Fenster beobachtet, mit einem merkwürdigen Gesichtsausdruck. Doch wenn ich dann meine Einnahmen an der Registrierkasse eintippe, ist er wieder ganz Geschäftsmann. »Du darfst ihnen nicht einfach nur danken. Du muß ihnen sagen, sie sollen bald wiederkommen«, nörgelt er, obwohl man am Nummernschild sehen konnte, daß die Leute aus einem ganz anderen Staat waren. »Trotzdem«, ermahnt er mich dann, »Reisende merken sich, wo sie gut bedient worden sind. Du bist vielleicht die einzige, an die sie sich aus ganz Kansas erinnern.«
Die Kunden sind oft überrascht, daß sie von einem Mädchen bedient werden. Ich hoffe immer, sie wissen, daß es ein Familienunternehmen ist und daß ich auch die anderen Seiten des Geschäfts erlerne. »Du brauchst nicht nur Frauenarbeit zu tun«, erklärt er mir. »Du sollst so viele Fähigkeiten erwerben wie möglich. Dann bist du auf niemanden angewiesen.« Manchmal sehne ich mich danach, so zu sein wie andere Mädchen. Meine Hände riechen nach Benzin.
Wenn ich im Lakeway-Drugstore arbeitete, röche ich nach Limonade. Ich würde auf einem Barhocker an der Marmortheke sitzen, warten, daß meine Schicht anfängt, und dabei Kirschlimonade trinken und in Filmzeitschriften blättern. Ich bekäme Rabatt im Laden, und am Zahltag könnte ich Parfüm Marke »Tweed« oder sogar »Tabu«-Badesalz kaufen... Er könnte das nicht ertragen. Alles

»Künstliche« ist ihm verhaßt. Er ist wütend, wenn Mutter hohe Absätze trägt oder Schmuck oder einen Hüfthalter.
Er läßt mich in der Autowerkstatt arbeiten, damit er jeden meiner Schritte beobachten kann und damit ich nicht so werde wie die anderen Mädchen, die nur dumme Gänse sind. Ich soll alles wissen, was die Jungen wissen, ich soll ein Junge werden. Er ist geschmeichelt, wenn die Mechaniker mich einladen, mit zum Kaffee in Tonys Café zu kommen. Eigentlich ist er ein Gegner des Kaffeetrinkens, und er weiß nicht, daß sie mir schmutzige Witze erzählen – manchmal drei oder vier neue an einem einzigen Tag –, aber er denkt, ich bin mit den Arbeitern solidarisch, wenn die Mechaniker mich als eine der Ihren akzeptieren.
Daß ich tatsächlich fast dazugehöre, wird mir klar, als sie über ihren Stundenlohn schimpfen und andeuten, daß sie »für das Ferienhaus des Alten in Colorado« arbeiten. Daddy findet das mit Opas Ferienhaus in Colorado auch nicht richtig, also sage ich ihm, daß die Mechaniker einen größeren Anteil vom Gewinn brauchen. Sein Blick wird milde, ein flüchtiger Augenblick der Anerkennung. »Da hast du ganz recht, Carol. Von dem, was sie verdienen, können sie nicht leben. Das ist nicht fair. Ich werde mit Dad sprechen.« Und dann fügt er noch hinzu: »Und du könntest auch einmal eine Andeutung bei ihm fallenlassen.«
Er will, daß ich vollkommen bin. Er weiß nicht, daß ich aufsässig bin, oder wenn er es doch weiß, dann hält er mich lieber unter Kontrolle, bevor er noch einmal die Beherrschung verliert.
Er kauft mir ein kleines Motorrad, weil das »ein vernünftiges Fortbewegungsmittel« ist, und denkt nicht an die Begeisterung, mit der ich das Gefühl auskoste, mir den Wind um die Nase wehen zu lassen und mit der Gefahr zu kokettieren. Ich trage ausgefranste abgeschnittene Jeans und Mokassins, und in diesem Aufzug brause ich an George Crombs vorbei, dem selbsternannten Moralapostel der Gemeinde, der mir mit geschüttelten Fäusten nachblickt und mir aus voller Brust Bibelworte nachbrüllt. Es reizt mich, ihn zu ärgern, herauszufordern, daß er sich, wie ich vermute, von dem angezogen fühlt, was er für das »Böse« in meiner Persönlichkeit hält. Er hat auf einem Berg südlich der Stadt ein Kreuz aus Steinen errichtet, und unablässig belehrt er die Leute, die den Billardsaal oder das »Oa-

sis«, das einzige Gasthaus in Meade, betreten, er verstreut seine Erweckerschriften auf dem Bürgersteig, während sie in den Höllenschlund eintreten und ihm die Tür ins Gesicht schlagen.
Immer häufiger taucht George am Rande meines Lebens auf. Eines Nachmittags, als ich oben auf den Tank des Lastwagens von Philipps 66 geklettert bin, um mich zu vergewissern, daß er wirklich leer ist, da blicke ich hinunter und sehe George, wie er mit Geldscheinen wedelt und mich auffordert, mir anständige Kleider zu kaufen und meine Blöße zu bedecken. »Du bist eine Versucherin, und du wirst in der Hölle schmoren!« Ich bin selbst überrascht, als ich ihm mit der kessen Kinderstimme, von der ich dachte, ich sei längst zu groß dafür geworden, antworte: »Jetzt haben Sie sich aber verraten, Sie alter Lustmolch.«
Ich habe kaum die Tür hinter mir zugemacht, da hat mein Vater mich schon beim Wickel und kneift mir in den Arm. »Hör mir gut zu, junges Fräulein, du wirst dir keine Frechheiten gegenüber George Crombs herausnehmen oder gegenüber irgend jemandem sonst. Es ist mir egal, was er zu dir sagt, du wirst ihn mit Respekt behandeln, wie jeder Erwachsene es verdient.«
»Aber er ist ein ... ein Fanatiker.«
»Jawohl. Er ist ein Fanatiker. Und du wirst ihn nicht dadurch ändern, daß du Grobheiten mit Grobheiten vergiltst.«
Ich finde es schrecklich, wie kalt und schroff er ist. Andere akzeptiert er, wie sie sind, doch ich kann mir seine Achtung nur verdienen, wenn ich vollkommen bin. Wenn ich einmal einen kleinen Funken von Achtung zu spüren bekomme, wenn ich etwas lerne, was er für wissenswert hält, dann macht mich das traurig. Ich schäme mich so sehr, daß ich nicht die Tochter bin, die er sich wünscht, nicht sein kleines Mädchen, daß ich am liebsten tot wäre.
Aber ich bin es nicht. Ich rauche. Ich trinke. Ich fahre wie der Teufel. Ich führe ein geheimes Traumleben. Ich träume davon, wie ich in einem Sportwagen davonrase, fort von diesem langweiligen Ort, von seinem Schweigen, seinen Vorwürfen. Er glaubt, ich sitze neben ihm, lammfromm bei der Arbeit, aber ich bin gar nicht da. Wenn er das wüßte.

Ich unterhalte mich mit zwei Freunden, und ich habe den Namen, der einem von ihnen zu dem, was er gerade erzählt, nicht einfällt, sofort parat. »Rita Tushingham. So hieß sie. Der Film, den du meinst, war wohl *Das Mädchen mit den grünen Augen.*« Sie sind beeindruckt, daß ich mich so spontan erinnern kann. »Vielleicht habe ich doch nicht die Alzheimersche Krankheit«, sage ich nachdenklich.

»Du machst dich ja krank vor Sorge. Schließlich hat dir dein Verstand schon immer merkwürdige Streiche gespielt«, meint meine alte Freundin Connie.

»Ja. Ich *bin* krank vor Sorge«, gestehe ich erleichtert. »Wenn mir etwas dermaßen Entlegenes einfällt wie der Name von Rita Tushingham, dann denke ich, ich bin vielleicht doch nicht verrückt.« Aber allein die Tatsache, daß ich mich beglückwünsche, wenn mir etwas eingefallen ist, zeigt schon, wie verunsichert ich bin.

»Und ein anderes Mal bist du dann völlig abwesend«, sagt Mark.

»Das ist dir also auch aufgefallen, wie geistesabwesend sie manchmal ist«, sagt Connie. »Weißt du, sie *ist* irgendwie verrückt. Sie hat etwas, was ich Intuition nennen würde. Manchmal ist sie ganz da, und dann wieder nicht. Und wenn sie wieder auftaucht, dann ist es, als sei sie die ganze Zeit dagewesen. Sie war völlig abgetaucht und hat doch alles mitbekommen, und wenn sie, was immer es sein mag, wieder anschaut, dann hat sie Dinge daran wahrgenommen, von deren Existenz niemand sonst auch nur etwas geahnt hat.«

»Und sie hat recht. Es ist erstaunlich«, sagt Mark.

»Aber jemand, der sie nicht so gut kennt, könnte sie für verrückt halten.«

»Du hast es also auch bemerkt, Connie. Sie taucht ganz oft ab. Sie ist nicht allzu lange abwesend, aber wenn sie weg ist, dann ist sie wirklich weg.«

»Sie ist eine Mystikerin«, überlegt Connie. »Es ist merkwürdig, wie sie abtauchen muß, um einen besseren Überblick zu gewinnen. Wenn sie erzählt, was sie nach ihrem Auftauchen sieht, hat man immer einen besseren Überblick als vorher.«

Meine Freunde zeigen ihr Interesse aneinander oft dadurch, daß sie über mich reden. Während ich fasziniert ihrer romantischen Deutung meiner Geistesabwesenheit lausche, überlege ich, ob ich

jeweils weiß, wann ich abtauche, wann ich weggetreten bin und wann ich wieder auftauche? Ist mein Abtauchen eine Störung in den Schaltkreisen des Gehirns? Wird die Geistesabwesenheit Wahnsinniger häufig von ihren Freunden zunächst liebevoll beschrieben?
Tagelang sammle ich auf den hinteren Seiten meines Tagebuchs Beispiele für unpassendes oder unaufmerksames Verhalten. Ich halte fest, wie oft ich vergesse, das Gas abzudrehen, und wie oft ich morgens Cornflakes esse, weil ich vergessen habe, daß ich eigentlich darauf warte, daß der Toast aus dem Toaster kommt. Angst übermannt mich, wenn ich bemerke, daß ich ohne meine Brille zur Arbeit gegangen bin. Ich gehe zum falschen Parkplatz auf dem Universitätsgelände und kehre mürrisch um, nur um zu meinem Entsetzen festzustellen, daß ich Selbstgespräche führe. Vor meinem inneren Auge taucht eine Pennerin auf, die eine belebte Straße entlanggeht und Selbstgespräche führt, ohne daß die Passanten von ihr Notiz nehmen.

In einer Gesellschaft, die von dem Verlangen nach sofortiger Bedürfnisbefriedigung erfüllt ist, ist ein plötzlicher Tod die bevorzugte Todesart. Die meisten von uns verlieren die Geduld mit den Opfern langsam voranschreitender Krankheiten und mit den Familienmitgliedern solcher Opfer. Die meisten Angehörigen stellen fest, daß sie ein Anrecht auf höchstens drei oder vier Tage intensiver Anteilnahme haben, wenn eine Krankheit, die zum Verfall führen wird, diagnostiziert wird. Dann einige Wochen, in denen man sensibel und zurückhaltend behandelt wird, danach verschwören sich alle, die deprimierenden Themen zu meiden. Angehörige und Freunde, die finden, daß »das Leben weitergehen muß«, behandeln die jüngst Betroffenen oft mit Ungeduld.
Wie soll eine Familie den Verlust eines Menschen betrauern, dessen Körper noch weiterlebt und dessen Tod, wie jemand es formuliert hat, »zu spät für die Trauer kommt«? Es gibt keine Zeremonie, mit der man das Bild des energischen, einfühlsamen Vaters verbannt; den leidenschaftlichen, liebevollen Ehemann; den streitlustigen, übermütigen Bruder; den respektvollen und doch rebellischen Sohn.

Die Diagnose bestätigt, daß sich ein Sterben vollzieht, das im Grunde schon lange begonnen hat, bevor der Arzt hinzugezogen wurde oder bevor der Arzt seine düsteren Schlüsse erläuterte.
Die unablässige Trauer durchdringt jede Faser meiner Person. Das entsetzliche Gefühl verzweifelter Trauer verliere ich schneller, als ich es für möglich gehalten hätte. Die Trauer wird zu einer Lebenseinstellung, ebenso selbstverständlich wie das Atmen.
Und dann gibt es wieder Augenblicke, in denen diese eingeschränkte Wahrnehmung aufgehoben ist, die Gefühlskälte, zu der man sich in all den Jahren gezwungen hat, aufbricht – und in solchen Augenblicken gibt es einen Moment der Einsicht, einen Moment so unerträglichen Entsetzens, so gewaltsam, daß ich glaube, ich träume. Dann sehne ich mich nach der Morgensonne und dem schrillen Trost, den mir die Vögel in der Pinie vor meinem Fenster bieten.

Ich träume, daß ich oben auf der Treppe in einem leeren Haus stehe; die Eichendielen haben keine Teppiche, die Fenster keine Vorhänge. Das Licht strömt herein. Ich stelle mich meinem Ankläger, einer Freundin von früher, deren Sohn bei einem Autounfall einen Hirnschaden davongetragen hat. Wir sagen nichts, doch ich blicke ihr in die Augen und weiß, daß sie mich beschuldigt, ich kümmerte mich nicht um das Kind, das neben mir steht, meine Hand hält und zu mir aufblickt. Noch immer wortlos wende ich ein, daß ich sehr wohl für ihr Kind sorge, daß aber niemand erwarten könne, daß ich mein Leben dafür opfere. Sie durchschaut meine ausweichende Antwort, und ich weiß, daß sie begreift, wie sehr meine Liebe Grenzen hat.
Jetzt habe ich zwei dralle Babys auf den Knien sitzen. Das eine ist das verletzte Kind mit dem Hirnschaden. Das andere ist kerngesund. Sie sind beide meine Kinder, und ich liebe sie, aber ich brauche das Gefühl, daß ich sie lieben kann und trotzdem einen Ausweg habe.

Marilyn, eine Freundin, die eine Ausbildung zur Krankenschwester macht, ruft an und gibt mir einen Tip aus ihrem Pharmakologiekurs. Ihr Professor hat von Versuchen mit einem Medikament

namens Narcan gesprochen, das man gegen Überdosen von Drogen einsetzt. Erste Ergebnisse deuten darauf hin, daß es auch die kognitiven Funktionen von Alzheimer-Patienten wiederbeleben kann.
»Ich dachte, vielleicht willst du es dir aufschreiben und deiner Mutter sagen«, meint Marilyn.
Ich zögere, und wieder einmal fällt mir auf, wie wichtig es mir ist, daß ich nicht undankbar für den hilfreich gemeinten Rat einer Freundin bin.
»Ach, weißt du, Marilyn, die meisten Ärzte geben nicht viel darauf, wenn ihre Patienten kommen und ihnen von den neuesten Versuchsergebnissen erzählen. Es gibt Hunderte, womöglich Tausende von Behandlungen, mit denen experimentiert wird.«
»Ja, doch, das weiß ich. Aber bei meinem Professor klang es, als ob dies hier wirklich vielversprechender ist als die anderen.«
Warum komme ich mir vor wie der Bote, der an die Wand gestellt wird, weil er schlechte Neuigkeiten bringt? »Ich weiß nicht, ob ich will, daß Mutter das auf ihre Liste mit Fragen für den Arzt setzt. Er interessiert sich nicht groß für die Forschung. Er hält Alzheimer für eine fortschreitende Verfallskrankheit, die unweigerlich zum Tode führt.«
Sie antwortet nicht gleich, und das verrät mir, daß sie schockiert ist.
»Marilyn, du willst Krankenschwester werden, du willst heilen. Manche Ärzte verwalten ihre Patienten einfach nur mittels der allgemein anerkannten Behandlungen. Sie haben kein Interesse daran, neue Behandlungsmethoden zu erforschen.«
»Aber warum läßt deine Mutter denn zu, daß ein solcher Arzt deinen Vater behandelt?«
»Sie bringt ihn zu einem solchen Arzt, weil das die Art von Arzt ist, die ihre Krankenversicherung bezahlt. Und er ›behandelt‹ meinen Vater nicht. Er ist überzeugt, daß es für seine Krankheit keine Behandlung gibt.«
Einmal hatte Marilyn mir gesagt: »Carol, ich glaube, der Tod macht dich bitterer als jeden anderen Menschen, der mir je begegnet ist.« Ich frage mich, ob ich diejenige sein muß, die für diese zukünftige professionelle Krankenpflegerin den Mythos von der

Wunderheilung zerstört. Ich führe sie in die Geheimgesellschaft der wütenden Familienmitglieder der Opfer ein.

»Weißt du, Marilyn, ich glaube, keiner von uns würde seine Zustimmung zu einer Behandlung geben, die sein Leben verlängerte.«

»Tatsächlich?« Die Neugier nimmt ihrem Ton die Schärfe.

»Im *National Enquirer* oder sonst einer billigen Zeitung habe ich gelesen, daß die Prinzessin Jasmin mit ihrer Mutter Rita Hayworth nach Schweden zu einer Wunderbehandlung fliegt, die in den Vereinigten Staaten noch nicht zugelassen ist. Zunächst war ich neugierig. Ich wollte wissen, wie das Wundermittel oder der Arzt oder das Krankenhaus heißt. Irgend etwas in einem wartet immer auf einen Aufschub, ein Wunder, etwas, das dem Alptraum ein Ende macht. Aber es gibt auch eine andere Stimme, die dir die Wahrheit einflüstert, die du nicht akzeptieren willst. Es ist eine fortschreitende Verfallskrankheit, die zum Tode führt. In den frühen Stadien der Krankheit kann man mit Behandlung die Symptome lindern. Ich kann mir einfach nicht vorstellen, wie man Verfall rückgängig machen könnte. Und selbst wenn es möglich wäre, muß ich fragen: Was kommt dabei heraus? Daddy ist im letzten Stadium der Krankheit. Wenn eine Behandlung zur Besserung führte, hätte er dann einen Monat mehr, ein Jahr mehr zu durchleiden?«

»Oh, Carol. So habe ich das noch nie gesehen.«

»Nun verstehst du vielleicht, warum Krebspatienten manchmal die Behandlung verweigern. Und du sagst, die Behandlung sei womöglich noch schmerzhafter als die Krankheit.«

»Oh, Carol, ich weiß.«

»Ich glaube, keiner von uns würde ihn dazu verdammen, auch nur einen Tag länger als notwendig zu leiden. Wenn er seine frühere Intelligenz zurückerlangen könnte, dann vielleicht. Aber mit Sicherheit würden wir ihn nicht in einem späteren Stadium der Krankheit festhalten wollen. Ja, manches an dem Verfall ist ja eine Gnade. Früher konnte er sich an die Alpträume erinnern, die er immer und immer wieder hatte. Er brütete darüber. Jetzt vergißt er sie schon mittendrin. Er bringt keinen Gedanken mehr zu Ende. Nicht einmal einen, der ihn in Schrecken versetzt.«

»Daran habe ich nicht gedacht.«
»Wenn es zu Ende geht, wird er überhaupt nichts mehr spüren. Wir müssen uns dann nur noch grämen, daß er nicht mehr wiederzuerkennen ist. Aber es braucht uns dann nicht mehr zu quälen, daß er unter entsetzlichen Ängsten leidet. Das Furchtbare an der Krankheit ist ja, daß es nicht schneller geht.«
»Die einzige Hoffnung wäre also, es früh zu erkennen und dann zu behandeln?«
»Nicht einmal das. Ich würde es keine Minute früher wissen wollen, als es sein muß.«
»Und worauf soll man dann hoffen?«
»Daß Pfleger wie du uns allen Trost geben.«

Arthur Koestler begeht Selbstmord, weil er an einer unheilbaren Krankheit leidet. Seine Frau, Jahrzehnte jünger und völlig gesund, stirbt mit ihm, weil die beiden es sich in einem Selbstmordpakt so versprochen haben.
Buckminster Fuller ereilt der Tod am Bett seiner Frau, die im Koma liegt. Sie stirbt zwei Tage nach ihm, ohne noch einmal das Bewußtsein zu erlangen. Sie werden gemeinsam begraben.
Ich sehe Mutter, wie sie sich an ihren sterbenden Mann klammert, sein Leiden für ihn reflektiert und zum Ausdruck bringt, und ich denke über den Bund des Todes nach, den der Bund der Ehe mit einschließt.

Jahrelang habe ich ihn gehaßt, weil er mich nicht genug liebte. Jetzt hasse ich mich selbst, weil ich ihn nicht genug liebe. Würden nicht überall um mich herum die Gespenster des Menschen wirbeln, der er einmal war, auf glatten Kufen ihre Kreise ziehen, in langsamen Bögen einen doppelten Salto rückwärts vollführen, im todesmutigen, unendlich raffinierten Handstand auf gespaltenen Felsen über zackigen Canyonböden schweben, dann könnte ich vielleicht die Suche nach seinem verschwundenen Ich aufgeben. Doch so bin ich ein verbohrter Goldsucher, den das gelegentliche Glitzern von Katzengold weiter und immer weiter treibt. Ich kann von diesem zwanghaften Goldwaschen nach Sinn nicht lassen, ich muß weitermachen auf meiner Suche nach Liebe.

Er war es, der mich, als ich dreizehn war, anregte, neben Darwin und Marx auch Freud zu lesen. Die Folgen dieser Lektüre Freuds just zu dem Zeitpunkt, in dem ich aus dem Kreis bedingungsloser Liebe und Anerkennung ausgestoßen wurde, waren verheerend. Freud bestätigte mir, daß ich voller Fehler war, und machte mir klar, daß ich gar nicht in der Lage war zu begreifen, worin meine Unvollkommenheit bestand.

Da ich zu der Überzeugung kam, daß mein Vater mich nicht nur nicht mehr liebte, sondern mich nun regelrecht verachtete, mußte ich einsehen, daß ich von Natur aus nichts Liebenswertes hatte. Ich würde die Hoffnungen, die ich in früheren Jahren geweckt hatte, nicht erfüllen, weil ich nicht klug und nicht gewandt und nicht anständig war. Mir schien, daß man mich mißverstanden hatte und daß mein früheres, vielversprechendes Ich nur ein Trugbild gewesen war. Ich begriff, daß ich ein Hochstapler war und meine Tricks nun durchschaut werden würden. Ich war entlarvt.

Ich flüchtete mich in ein Traumleben. Nun war ich stolz darauf, daß ich mich so gut verstellen konnte. Ich tat zum Beispiel, als erledigte ich meine Büroarbeiten, doch in Wirklichkeit gab ich mich dem Leid an einer unglücklichen Liebe hin. Es sah vielleicht so aus, als sei ich in der Schule isoliert und von allen gemieden, doch in Wirklichkeit war ich ein Rebell, ein wilder und schamloser Geist. Ich las jedes Buch in der Stadtbibliothek, weil die Bibliothekarin, Mrs. Pennick, mir versprochen hatte, ich dürfe die zensierten Bücher lesen, die sie in ihrer Schublade für diejenigen verwahrte, die alle »gute Literatur« gelesen hatten. Die Frauen in den Büchern, die ich las – Anna Karenina, Madame Bovary, Kitty Foyle – waren allesamt interessanter als meine Klassenkameradinnen, die mich schnitten, seit ich aus Kalifornien zu ihnen nach Kansas gekommen war.

Ich hatte nicht mehr das Gefühl, daß ich zu meiner Familie gehörte. Niemand verstand mich dort, niemand nahm mich für voll. Ich trank. Ich rauchte. Ich fluchte. Ich fuhr wie der Teufel, fuhr in schnellen Wagen mit und war bei einer Reihe von Unfällen dabei, die leicht tödlich hätten sein können. Ich bändelte mit den wildesten Jungen an. Mehr als einmal ließ ich mein Leben Revue passieren. An Zuckerpüppchen, das gute und kluge Mädchen, konnte

ich mich jetzt kaum noch erinnern. An ihre Stelle war ein wütender Rebell getreten, ungeliebt und selbst ohne Liebe.
Und er war an allem schuld. Wenn er mich nicht lieben konnte, wie ich war, dann wollte ich alles werden, was er nicht lieben konnte. Daddyboy war tot. An seiner Stelle lebte nun ein wütender und liebloser Mann, von dem ich stets nur in der dritten Person als »meinem Vater« sprach.
Ich wandte mich nach innen, verhärtete mein Herz gegen das Gefühl, daß ich betrogen und alleingelassen war, ich dachte: »Und niemals, nein, niemals wieder werde ich dich Daddy nennen.«

Ich lese in der Zeitung von dem Mann, der in Texas vor Gericht stand, weil er seinen Bruder, der an Alzheimer litt, mit einem Gewehr erschossen hatte. Der Bruder hatte eindeutige Anweisungen gegeben, daß er getötet werden wolle. Die Geschworenen, die über den Fall zu entscheiden hatten, haben den Angeklagten freigesprochen, denn sie waren überzeugt, daß es ein Akt der Barmherzigkeit war.
Ich spreche nicht über diesen Fall mit meinen beiden Töchtern Jana und Jill, meinen Söhnen Jeff und J. D. oder mit John, weil ich weiß, daß sie meine Ansichten zum Thema Euthanasie besorgniserregend finden. Ich bin überrascht, als ich sehe, daß einer von ihnen den Artikel über den Freispruch mit einem Magneten an die Kühlschranktür geheftet hat.
»Ich habe den Artikel gelesen«, bringe ich beim Essen vor.
»Ich dachte mir, du willst sicher wissen, wie die Sache ausgegangen ist«, sagt Jana.
Das Gespräch kommt ins Stocken. Ich male mir aus, wie ich ihm ein Kissen aufs Gesicht drücke. Dann halte ich ihm die Flinte vor die leeren grauen Augen. Ich bringe es nicht fertig, den Abzug zu ziehen.
Mir fällt ein, daß ich heute morgen einen der Brenner am Küchenherd angelassen habe, und höre Janas tadelnden Tonfall, als sie sagte: »Mutter, du hast den Herd angelassen. Wolltest du etwas kochen? Das darf nicht noch einmal vorkommen.« Ich belüge sie und sage, daß ich mir zum Frühstück ein Rührei hätte machen wollen, obwohl ich weiß, daß ich Cornflakes gegessen habe.

Dann erscheint vor meinem inneren Auge ein Bild Janas, wie sie mir ein Kissen aufs Gesicht preßt, dann eine Vision des Mannes in Texas, wie er das Gewehr anlegt, die Stille des Augenblicks, bevor sein Bruder begreift, daß es soweit ist, vor dem Schuß, vor dem Segen des Vergessens.

Wir sind unterwegs nach Lawrence, und die Straße ist spiegelglatt. Ich bin über die Weihnachtsferien zu Hause gewesen, und da Daddy ein Händlertreffen in Kansas City hat, hat er sich in den Kopf gesetzt, mich zurück zur Schule zu fahren. Die Ferien habe ich damit zugebracht, über mein Bedürfnis nach Bequemlichkeit nachzudenken, darüber, wie ich dem Verlangen nachgeben kann, ohne ihm Gewalt über mein Leben einzuräumen. Ich habe bändeweise kaum verstandenes Schulwissen rezitiert, über Themen, die von der griechischen Tragödie bis zum Prozeß der Photosynthese reichen, Mutter damit gelangweilt, nur um einen Funken Aufmerksamkeit von Daddy zu erheischen. Man kann sich darauf verlassen, daß er auf jedes Stichwort reagiert, über das er mich auf einen jener Pfade des Wissens führen kann, die er durch das Gestrüpp des weiblichen Verstandes, durch dessen Hang zum Trivialen und Obsessiven bahnen möchte.

Ich habe Frieden mit ihm geschlossen. Er soll wissen, daß das Vokabular des Liberalismus, das ich auf seinem Schoß erworben habe, mich bereits bei meinen Lehrern und jenen Klassenkameraden, die zählen, in ein günstiges Licht gerückt hat. Vielleicht zum ersten Male überhaupt bin ich stolz darauf, daß ich anders bin als die anderen, weil ich so unkonventionell erzogen bin. Jetzt endlich ist er jemand, mit dem ich etwas anfangen kann – eher exzentrisch als lästig, eher idealistisch als gefühllos gegenüber dem Sittenkodex der Menschen in seiner Umgebung.

Auch wenn der Friede zwischen uns auf tönernen Füßen steht, macht mir nun die Aussicht, stundenlang mit ihm zusammen im warmen Auto zu sitzen, eine merkwürdige Freude. Wir rasen dahin, denn stillschweigend sind wir uns einig, daß wir uns um die öden Schneeflächen, die vereiste Fahrbahn, die uns eigentlich zu verstehen gibt, daß wir langsamer, vorsichtiger fahren, uns die Gefahr eingestehen sollten, einfach nicht kümmern. Wir sind unterwegs zum leeren Horizont, an dem Himmel und Erde sich in weißer Harmonie verbinden, und achten nicht auf den Wagen, der im Schnekkentempo am äußersten Rand der Fahrbahn entlangkriecht, und auf diejenigen, die schon mit der Nase in den Schneewehen stekken.

Er ist ein Mann, der keine Angst kennt, er fühlt sich anderen Sterblichen überlegen, zum Sieg in jedem Kampf geboren. Mein Leben lang hat er mir eingeschärft, daß ich mich vorsehen muß, nicht so zu werden wie andere Mädchen oder Frauen. Eine Wolfe-Frau hat mehr von einem Mann als von anderen Frauen. Und für eine Wolfe, die nicht wie andere Frauen ist, gehört es dazu, daß sie sich keine Angst anmerken läßt.

Ich gebe mir Mühe, auf der Fahrt Blickkontakt mit ihm zu halten, so wie er es auch tut. Wenn ich auf das silberne Band des Highway blicke, dreht sich mir der Magen um. Er ist ganz auf mich konzentriert. Ein kostbarer Augenblick.

»Du könntest dein Hauptfach ändern, wenn du dich jetzt entscheidest. Du hast den Biologiekurs gemacht, du könntest sofort mit Physiologie weitermachen. Die Mathematik nachzuholen würde dir auch nicht schwerfallen. Noch ist es nicht zu spät.«

»Aber ich mache gern Englisch. Ich weiß, daß ich schreiben kann. In den Naturwissenschaften und in Mathematik haben die anderen mich im Handumdrehen überholt. Du weißt doch, wie schlecht ich in manchen Kursen abgeschnitten habe. Eine so gute Schülerin bin ich nicht.«

»Du hast dir ja keine Mühe gegeben. Du hast dich niemals angestrengt. Du hast ja gar keine Ahnung, wie gut du sein kannst, wenn du dein Köpfchen anstrengst.«

»Ich weiß, daß du dir das wünschst. Aber wünschst du es dir denn nicht nur, weil du es selbst gern gemacht hättest? Wenn dir damals jemand die Möglichkeit gegeben hätte, Medizin zu studieren, dann hättest du genau gewußt, was du wolltest. Jetzt fühlst du dich verpflichtet, es mir vorzuschlagen, damit ich nicht auf die Chancen verzichten muß, so wie du seinerzeit.«

»Ich weiß nicht, ob ich es gekonnt hätte, selbst wenn ich rechtzeitig darauf gekommen wäre. Als ich mit der Schule anfing, kam so etwas gar nicht in Frage, und als ich dann, nachdem ich Fern geheiratet

hatte und wir dich und Tommy bekommen hatten, weitermachte, da kam es nur darauf an, daß ich fertig wurde. Meiner Familie war es egal, ob ich zur Schule ging. Jedenfalls war ihnen mit Sicherheit egal, ob ich etwas studierte, wofür ich eine besondere Begabung hatte.«

»Das tut mir leid. Man hätte es ihnen klarmachen müssen. Du hättest darauf drängen müssen, daß sie deine Begabung anerkennen. Du weißt doch, wie stolz sie auf deine Bildung sind, deine Intelligenz. Heute würden sie das begreifen.«

»Darum geht es nicht. Es geht darum, daß ich deine Fähigkeiten erkenne, und ich will nicht, daß du sie vergeudest. Du könntest ein wissenschaftliches Studium beginnen. Du könntest eine medizinische Ausbildung machen. Du könntest Ärztin werden.«

»Aber das will ich nicht, Daddy...«

»Vielleicht willst du es nur nicht, weil du noch nie richtig darüber nachgedacht hast. Du meinst vielleicht, Frauen gehören in die Schule, sie sind zur Englischlehrerin berufen. Du begreifst vielleicht nicht, wie anders als diese Frauen du bist – oder sein könntest.«

»Aber was wäre denn schlimm daran, wenn ich so wäre wie sie? Du mußt doch auch berücksichtigen, wer ich bin, was mir wichtig ist...« Jetzt bettle ich. Er hat mir das größte Kompliment gemacht, das man von ihm bekommen kann. Er hat mir die Erlaubnis zu einem naturwissenschaftlichen Studium gegeben. Er möchte stolz auf mich sein können. Und ich muß so tun, als sei ich jemand, der ich gar nicht bin, nur damit ich seinen Stolz verdiene. Die Liebe, die ich mir wünsche, das bedingungslose Anerkennen, das ich brauche, entgleitet mir wie ein Schlittschuh auf glitzernden stählernen Klingen.

Der Muskel unter seinem Ohrläppchen zuckt, die Zähne sind zusammengebissen. Sein Blick ist auf etwas jenseits der verschneiten Welt gerichtet, die uns beiden gemeinsam ist. Wiederum unterliege ich seiner in wohlüberlegte Worte gefaßten Vernunft. Wiederum muß ich gegen ihn aufbegehren oder mich verzehren, mich zähmen lassen, mich ihm ausliefern. Wieder endet der Wettkampf unentschieden.

Meine Mutter ist siebzig Jahre alt. Sie lebt nicht mehr hier. Sie lebt in Kalifornien, eingesperrt in einem Haus mit einem toten Mann in einem lebendigen Körper. »Angekettet an dies sterbende Tier«, heißt es bei Yeats. Ich sehe ihn vor mir, wie er auf dem Flur steht, er starrt auf etwas, was er im Muster des Teppichs sieht, nackt von der Taille abwärts, die obere Hälfte absurd in Pudelmütze, Hemd und zwei Jacken gekleidet. Mutter tobt, genau wie früher, wenn Tommy und ich eine Dummheit gemacht hatten, unser Dreirädchen mit Matsch eingeschmiert zum Beispiel. Sie ist wütend.
Das Schicksal fordert von ihr, daß sie diesen Mann dazu bringt, das Bein in die Hose, die sie ihm hinhält, zu stecken. Er versteht die Anweisungen, die sie ihm gibt, nicht. »Schatz, heb den Fuß. Hier, so wie ich. Laß dir helfen, Liebling. Lehn dich an die Wand, und jetzt den Fuß hier in die Höhe. Stütz dich auf meine Schulter. Bittc. Und jetzt den Fuß heben.«
Ich schreibe. Ich lese. Ich laufe. Ich denke nach. Ich koche Suppe. Ich trinke eine Tasse Kaffee. Ich führe ein normales Leben. Die Haushaltsroutine hält mich aufrecht. Dann platzt der Alptraum wie ein Geschwür und vergiftet alles. Ich habe das Bild meiner Mutter vor Augen, wie sie sich mit den steifen Überbleibseln meines Vaters müht. Ich sehe, wie alt sie ist. Sie ist nicht mehr die zähe, energische Frau meiner Erinnerung. Auf dem Bild, das ich von ihr habe, ist sie jünger, als ich heute bin, und sie kann alles verkraften. Sie ist unverwüstlich.
Linda bezweifelt, daß Mutter durchhalten wird. Sie fragt, ob ich glaube, daß die Belastung sie zerbrechen wird. Sie malt sich aus, daß Mutter einfach den Verstand verlieren und Daddy in den dichten Nebel nachfolgen könnte. Wäre es denkbar, daß sie uns genauso verläßt wie er, könnte sie immer abwesender werden, und eines Tages blickten wir ihr, wie es uns bei ihm ergangen war, in die Augen und begriffen mit einem Male, daß sie nicht mehr da ist, daß sie nie mehr zu uns zurückkommen kann?

Ich träume, daß ich in einem Theaterstück auftrete. Der Vorhang hebt sich. Der Saal ist ausverkauft. Jetzt wird mir klar, daß ich meine Rolle nicht gelernt habe; ich habe das Stück nicht einmal gelesen. Ich werfe einen Blick auf das Skript, das ich seitlich von mir halte, damit das Publikum es nicht sehen kann, und versuche den Namen der Gestalt zu finden, die ich spiele. Ich habe meine Brille nicht auf und kann die Schrift nur verschwommen ausmachen. Ich finde einen Flecken, der vielleicht der Name der Gestalt ist, die ich spielen soll. Ich improvisiere, gestikuliere, reihe Klischees aneinander, ohne daß ich weiß, worum es geht oder wie mein Text lautet. Die anderen Schauspieler versuchen die Aufführung zu retten, doch das Entsetzen steht ihnen im Gesicht geschrieben. Ich bin durchschaut. Ich weiß, daß ich jedem in meiner Umgebung peinlich bin. Der Regisseur, der in der Kulisse steht, fuchtelt wütend mit den Armen. Ich blicke über die Rampe hinweg und sehe, wie das Publikum den Saal verläßt. Die anderen Schauspieler gehen ab. Ich bleibe allein auf der Bühne zurück, aber der Vorhang senkt sich nicht.

Ich tippe das Datum auf den Rand eines Notizblattes. 17. Oktober 1984. Heute wird Daddy dreiundsiebzig Jahre alt. Heut wäre er dreiundsiebzig geworden, möchte ich gerne sagen. Aus diesem Tagtraum komme ich nicht heraus. Wenn er sein anderes Leben gelebt hätte, das Schattenleben, das das tatsächliche zu verspotten scheint, dann würde er gewiß die bemerkenswerte Gesundheit, die seine Eltern mit dreiundsiebzig Jahren hatten, noch übertreffen, ihre Lebenslust, die Freude, die sie an ihren Freunden hatten, an den Kindern, Enkeln, Urenkeln und aneinander.
Ich denke daran, wie Opa Omas Knie unter dem Canastatisch tätschelte, und an Daddy, schlank und drahtig, der mit einem Lächeln Mutter über den Po streicht. »Das hat die Natur nicht vorgesehen, daß die Frauen Hüfthalter tragen. Was kann denn schöner sein als die natürliche Form?« sagte er immer. Ich weiß noch, wie es mich als junges Mädchen immer gewundert hat, wenn ich etwas von der Sexualität dieser beiden scheuen und zurückhaltenden Menschen zu spüren bekam.
Den Rest des Arbeitstages beschäftige ich mich mit dem Spiel: »Was wäre, wenn er sein anderes Leben gelebt hätte, wenn er nicht krank geworden wäre?« Ich sehe ihn vor meinem geistigen Auge, wie er das Holz am Holzschuppen aufschichtet und arbei-

tet, bis die leise Kälte der Abenddämmerung hereinbricht. Er sammelt einen Armvoll trockener, schmaler Scheite auf und geht zum hell erleuchteten Küchenfenster. Er will ein Kaminfeuer machen.

Er war ein Mensch, der stundenlang schweigen konnte, der langsam in Trance verfiel, in Träumereien. Ich weiß noch, wie geheimnisvoll und tief der Blick dieses jungen Mannes vor dem Feuer war.

Ich komme zur Hintertür herein und erschrecke, weil John so schweigend dasitzt. Er sitzt am Küchentisch, einen Becher mit Kaffee in den Händen, und wartet auf mich. Einen Moment lang, bevor er die Stimme erhebt, überlege ich, ob ich mich einfach umdrehen und zum Wagen zurückgehen soll.

»Carol, du solltest dich lieber setzen.« Dann beeilt er sich hinzuzufügen: »Nein, so schlimm ist es auch wieder nicht. Es geht allen gut. Niemand ist gestorben. Aber ich fürchte, ich habe sehr schlechte Nachrichten für dich.« Wir sind nicht verheiratet. Wir leben als Freunde zusammen und reden uns ein, daß unsere Scheidung, die sieben Jahre zurückliegt, endgültig ist, und doch wird er immer derjenige bleiben, der mir mit dieser ernsten Stimme die Dinge verkündet, die ich nicht hören will. »Deine Mutter ... J. D. hat angerufen ... Investments ... Edelsteine ... solche Sachen ... die Crandell Investment Company ... bankrott ... Finanzbehörden ... alles verloren ... Hypothek auf das Haus ... zum Opfer gefallen ... wie konnte sie ... jetzt wird sie ...«

Ich laufe auf und ab, versuche zu verstehen, was er mir sagt. Als ich das dritte oder vierte Mal vorüberkomme, faßt er mich und drückt mich an sich und sagt leise: »Oh, das tut mir so leid.« Wie er es schon so oft nach so vielen Telefonanrufen getan hat. Jedesmal wenn ich dachte: Das ist das Ende, das ist das Schlimmste. Schlimmer kann es nun nicht mehr werden.

»Sie hat ihr Geld Leuten anvertraut, die behaupteten, sie kauften Edelsteine dafür?« frage ich.

»Sie haben es als ganz besonderen Investmentplan hingestellt, der nur einigen wenigen ausgesuchten Kunden offeriert wird. Er sollte hohe Gewinne abwerfen.«

»Und es war eine Scheinfirma?«

»Na, nicht ganz. Soviel ich weiß, war es schon eine echte Firma. Ja. Das schon. Die Finanzbehörden haben sie zugemacht. J. D. sagt, es waren über zweihundert Beschwerden eingegangen.«

»Es gab also noch andere Investoren?«

»Ja. Glaub' schon. Sie hat ihnen immer mehr Geld gegeben, sie hat andere Investments, Aktien, Wertpapiere zu Geld gemacht. Über zwei Jahre lang ging das so.«

»Und sie haben sie ausgenutzt, weil sie wußten, daß sie allein war. Sie hat ihnen gesagt – ich kann hören, wie sie es gesagt hat: ›Mein Mann war früher ein Finanzgenie. Er hat sich immer um alles gekümmert, aber jetzt hat er die Alzheimersche Krankheit. Jetzt muß ich das alles erledigen, das Geld...‹«

»Hör auf, Carol. Du weißt doch nicht, wie sie...«

»Und sie sind sogar ins Haus gekommen. Weißt du noch, zu Weihnachten, als der Kurier kam – sie ließ ihn auf der Veranda warten und ging nach oben, und wir hatten alle das Gefühl, daß sie ihm Geld gab, aber wir haben uns nicht getraut, ich habe mich nicht getraut, uns einzumischen...«

»Das konntest du doch nicht wissen. Du konntest doch nicht wissen, wieviel.«

»Wieviel. Was sagst du, wieviel hat sie ihnen gegeben?«

»Carol, ich habe es dir doch gesagt. Alles. Das ganze Vermögen ist verloren. Sie haben sie überredet, eine Hypothek über 180000 Dollar auf ihr Haus aufzunehmen, eine riesige Hypothek über drei Jahre, bei der sie 2175 Dollar im Monat zahlen muß. Soviel hat sie nicht. Sie haben ihr eingeredet, Crandall Investment würde es für sie zahlen.«

»Sie haben ihr das Geld, das Haus und alles genommen? Diese Männer haben ihr das angetan, weil sie allein und verängstigt war und keine Ahnung hatte? Weil man ihr einreden konnte, daß sie mit irgendeinem verdammten Zaubertrick so viel Geld bekommen würde, daß für ihren Mann gesorgt wäre, selbst wenn er hundert Jahre alt würde?«

»Es gab noch andere Investoren. Wir haben keinerlei Beweis, daß es mit Leonard zu tun hatte, daß sie sie ausgenommen haben.«

»Sie hat doch jedem Fremden in der Kassenschlange im Supermarkt erzählt, daß sie ihren kranken Mann versorgt und daß sie es ganz allein tun muß. Sie war ganz allein. *Wir* haben uns jedenfalls gewiß nicht um sie gekümmert. Ihre Kinder haben ihr bestimmt nicht geholfen, ihre Finanzen in Ordnung zu halten. Ihre Kinder waren viel zu beschäftigt damit, sich etwas vorzumachen. Sich etwas vorzumachen von der ›starken Mutter‹. ›Unglaublich, was sie alles kann. Sie will ihn selbst versorgen. Sie will ihn bei sich haben.‹«

»Das darfst du nicht sagen, Carol. Es ist doch nicht dein Fehler.«

»Aber unschuldig daran bin ich auch nicht.«

Die Indizien sind wie Flecken in einem Kaleidoskop, sie werden bald hierhin, bald dorthin gewirbelt. Frederick Terr, das mußte wohl der junge Mann sein, den sie als ihren Makler bezeichnet hatte, derjenige, dem sie zum Erntedanktag einen Kürbiskuchen gebacken hatte. Mir fällt wieder ein, daß sie einmal erzählt hat, sie hätten sie in einer Limousine abgeholt und in ein französisches Restaurant ausgeführt. Ich sehe es in Schwarzweiß, eine Szene aus einem Film der vierziger Jahre, eine Vorschau auf ein Programm, in das ich eigentlich nicht gehen wollte. Ich weiß, ich hatte gefunden, daß man ihr dies Stückchen eines aufregenden Privatlebens nicht nehmen sollte, und wiederum geht mir auf, wie sehr dieses Dulden nichts weiter ist als ein Nichts-damit-zu-tun-haben-Wollen.

Das bringt mich auf eine Erinnerung an Daddy. Er steht am Telefon, hantiert mit alten Briefumschlägen, Einkaufslisten, Quittungen und sagt beschwörend: »Es gibt böse Menschen, die uns berauben wollen. Sie haben uns dreitausend Dollar gestohlen. Die waren hier irgendwo. Wir müssen dieses Geld wiederfinden. Wir müssen das Geld finden.«

Mir fällt wieder ein, wie lächerlich es in einem früheren Stadium der Krankheit war, wenn Daddy durchs Haus irrte. Immer wieder kam das Thema Geld auf, er glaubte, es sei ihm etwas verlorengegangen, er sei Opfer eines Verbrechens geworden. Jeder Alzheimer-Experte kommt auf den Verfolgungswahn zu sprechen. Ein Mensch, der sein Gedächtnis verliert, verliert den Faden, verliert den Überblick, verliert Dinge aus seinem Besitz. Es liegt nahe, daß ein Mensch, der in einem Augenblick vollkommener Klarheit seine sämtlichen Kleider zerkrumpelt auf dem Schrankboden vorfindet, auf die Idee kommt, daß jemand, der ihn bestehlen wollte, sie dorthin geworfen habe. Er weiß nicht mehr, daß er selbst der achtlose Räuber war und daß das, was er in den Kleidern seines Schrankes zu finden hoffte, die Erinnerung an sich selbst war. Während ihn noch die Schreckgespenster der Eindringlinge verfolgten, die von einem Zimmer ins andere schlurften, seinen Besitz plünderten und für seine eigene Sicherheit und die Sicherheit seiner Familie eine Bedrohung waren, griff sie zum Telefon. Sie traf Absprachen über das Geld, investierte es, machte einen Riesengewinn.

Sie ist eine Frau, die niemals den Mangel verwunden hat, den sie in ihrer Kindheit leiden mußte. Aus ihrer früheren Armut hat sie gelernt, daß es niemals von allem genug geben wird, um damit zu Rande zu kommen. Ihre Mutter wurde von ungewollten Schwangerschaften geschunden und nahm sie hin wie all die anderen Heimsuchungen. Für sie waren Kinder wie Dürre, Geldnot, wie Gewitterwolken, die sich am bedrohlichen Himmel auftürmten. Sie nahm alles, wie es kam, und erduldete ihr Los. Aber sie brauchte alles, was sie hatte, um durchzuhalten. Es war nichts mehr übrig, was sie geben konnte. Sie gab keine Küsse, keine Komplimente, sie gab den Kindern, die sie so pflichtschuldig hütete, keine Hoffnung.

Mutter, die zweitälteste von zehn Kindern, arbeitete auf den Feldern eines Bauernhofes im südwestlichen Kansas. Sie half bei den Kleinen, tat die Arbeiten, die ihr aufgetragen waren, und träumte davon, fortzukönnen. Es war wunderbar, als sie auf die High School kam und in die Stadt durfte. Sie war überglücklich, und sie war voller Schuldgefühle, daß sie ihre kummervolle, niemals klagende Mutter verließ. Und daß sie sich mit wohlhabenden Stadtmädchen anfreundete. Hazel zum Beispiel, ein raffiniertes Ding. Sie rauchte, tanzte, spielte Klavier, fuhr halsbrecherisch und nannte ihre neue Freundin vom Bauernhof »Dizzy«, später dann »Diz«, als sich der Witz abgeschliffen hatte und ihre Stadtfreunde es nicht mehr merkwürdig fanden, wie wenig die beiden zueinander paßten.

Hazel ging mit Norman Wolfe aus, gutaussehend, arrogant, gelackt. Sie ließ nicht locker, bis ihre Freundin mitkam und Normans schüchternen, immer in Bücher vertieften Bruder kennenlernte. Die Brüder Wolfe. Wie Tag und Nacht. Doch beide waren gute Partien. Hazel hatte keinerlei Hemmungen. Eigentlich war sie schrecklich, immer nur darauf aus, Leute zu schockieren, und dabei eine üble Klatschtante.

Und Hazel und Norman waren die geborenen Kuppler. Kein Zweifel, daß es einer von beiden war, der sie beim jährlichen Volksfest zum Schönheitswettbewerb anmeldete. Doch als sie gewann – es war ja wirklich lächerlich, als »hübschestes Mädchen von Meade County« herumzulaufen –, begann sie sich allmählich auszumalen, daß ihr Leben auch anders sein könnte. Wenn sie Leonard heiratete, dann *war* sie ja eine Wolfe. Zwar hatte sie sich geschworen, niemals zu heiraten und niemals ein Leben zu führen, wie ihre Mutter es mußte, doch Leonard konnte sie nicht widerstehen.

»Eigentlich wollte ich gar nicht heiraten. Irgendwie hat er mich dazu gezwungen. Ich habe noch versucht, einen Rückzieher zu machen, aber er ließ nicht locker.«

Die Hochzeit fand in dem hübschen Haus seiner Eltern statt. Ihre Mutter, die noch ihr jüngstes Kind stillte, schrieb einen Brief, in dem sie sagt, daß es ihr »so leid tut, daß ich nicht zur Hochzeit kommen kann«, daß sie aber »nichts zum Anziehen für so eine große Sache« habe. Und in einem der seltenen Augenblicke, in denen sie etwas von sich preisgab, fügt sie noch hinzu: »Ich muß sagen, ich bin traurig, daß du, wenn du das liest, schon verheiratet bist. Du kommst mir noch wie ein kleines Mädchen vor.«

Geld war der Eckstein ihrer Ehe, und bald nahm es die Hauptrolle im Drama ihres Lebens ein. Leonard fand die verschwenderische Art seiner Eltern tadelnswert. Für ihn war sein Vater ein Kapitalist. Er wußte, er hatte von seinem Vater nichts anderes zu erwarten als das Recht, sich im Familienbetrieb seinen Lebensunterhalt zu verdienen. Er hatte hart gearbeitet, damit er sich die zwei Jahre leisten konnte, die er auf dem College gewesen war. Jetzt würde er eine Möglichkeit finden, daß Fern ihm half, das Geld zu verdienen und zu sparen, das er brauchte, um seine Ausbildung zum Abschluß zu bringen. Er wußte, daß sein Vater ihm, wenn er ihn denn dazu bringen könnte, ihm Geld zu leihen, Zinsen berechnen würde.

Sie beschlossen, daß sie ein einfaches Leben führen wollten, daß sie mit einem festgesetzten Betrag auskommen und selbst in schweren Zeiten sparen würden, denn man wußte ja nie, ob es nicht noch schlimmer käme. Zwischen ihren Liebesbriefen steckt ein Zettel, auf dem er bis ins kleinste die Unkosten für ihre Hochzeitsnacht im Lore Locke Hotel in Dodge City aufgeführt hat. Fünfzig Cents hatte er für einen Kinobesuch vorgesehen, doch strich er diese unnötige Ausgabe später wieder; vielleicht hatte er zu seiner großen Freude einen anderen angenehmen Zeitvertreib gefunden, bei dem er das Geld sparen konnte.

Er bestimmte alles, was mit Geld zu tun hatte, und sie hielt sich an seine Anweisungen. Er war die Art von Mann, der seine Familie ernährte und dadurch Kontrolle über sie erlangte. Er fragte sie niemals bei Finanzentscheidungen um ihre Meinung, obwohl er ihr die Entscheidungen stets gründlich erläuterte. Er brachte sich Buchführung bei und wurde zum Experten in Steuerfragen. Jahrelang galten ihm Postobligationen als die sicherste Form der Geldanlage, denn er argumentierte, daß bei begrenzten Mitteln die Sicherheit Vorrang vor dem Gewinn haben müsse. Er erklärte ihr, daß er das Geld für eine Lebensversicherung sparen könne, da in seiner Familie die Langlebigkeit genetisch vorprogrammiert sei. Er kaufte niemals etwas auf Kredit. Er nahm niemals auf eines seiner Häuser eine Hypothek auf. Aus jeder seiner Lohntüten sparte er einen Teil. Zwar war er ein eifriger Bewunderer von Norman Thomas und bekannte sich als Sozialist, doch Wohlfahrtsprogrammen traute er sein Leben lang nicht über den Weg. Zwar stellte er sich stets hinter das Prinzip »jeder nach seinen Fähigkeiten, jedem nach seinen Bedürfnissen« und war stets bereit, diejenigen zu unterstützen, die Hilfe brauchten, doch erwartete er selbst niemals finanzielle Unterstützung vom Staat oder von anderen Menschen.

Er glaubte an die finanzielle Unabhängigkeit, an das einfache und verantwortungsvolle Leben, und hielt seiner Familie Vorträge darüber. Er war stolz auf seine bescheidene Kleidung und seine einfachen Mahlzeiten, gleichzeitig erwarb er jedoch zahllose

Dinge, die er brauchte, um ganz auf sich gestellt existieren zu können. Am Ende hatte er Garagen und Schuppen voll mit Lehrbüchern, Zimmermannswerkzeugen, Fahrrädern, der Campingausrüstung, der Druckpresse, der Zementmischmaschine, mit Kameras, Rechenmaschinen, Schreibmaschinen, Aktenschränken, Taschenlampen, Nägeln, Draht, Briefmarken, alten Lochkarten, Kohlepapier, Bleistiften. Er brachte Holzabfälle mit, Treibholz, Konservendosen, alte Zeitungen. Am Ende war sein Leben zugeschüttet von diesen Symbolen der selbständigen und einfachen Existenz. Am Ende hatte er jeden in seiner Umgebung überzeugt, daß es vor allem darauf ankam, frugal zu leben, wenn man überleben wollte.

Fern war ganz die gute Ehefrau und hielt sich an sein Beispiel und seine Anweisungen. Sie sparte und knauserte und verkniff sich alles. Sie hat sich niemals etwas gegönnt. Ihre Kleider nähte sie sich selbst und war begeistert, wenn ihr jemand etwas Altes schenkte. Sie überzeugte jeden davon, daß sie beim Hühnchen am liebsten die Knochen abnagte. Sie glaubte daran, daß Menschen, die keine Sonderangebote kauften, dumm waren. Sie konnte die Leute nicht verstehen, die im Urlaub im Hotel übernachteten oder die im Restaurant aßen, wenn sie etwas im Kühlschrank hatten. Das Opfern war ein Grundzug ihres Charakters.

Als er zuerst seinen Willen und dann seinen Verstand verlor, wurde ihr Leben ein Backsteinhaus auf verrottenden hölzernen Fundamenten. Nur widerstrebend und viel zu spät nahm sie ihm die Autoschlüssel fort, das Scheckbuch, die Einkommenssteuerformulare. Sie wurde aus einer Rolle befreit, die ihr ein Schutz gewesen war, doch es geschah ohne ihren Willen und in einem Stadium ihres Lebens, in dem sie in ihrer Freiheit nichts als Verzweiflung finden konnte. Fremde fanden sie unterhaltsam, weil sie auf die kleinste Nachfrage mit Sturzbächen an Enthüllungen reagierte. Sie war eine Geschichte geworden, die einen Zuhörer suchte.

Ein »Finanzberater« hörte einer solchen Frau nur zu gern zu und übernahm die freigewordene Rolle dessen, der die Entscheidungen fällt. Er war selbst überrascht, wie einfach es war, trostreichen Rat zu geben. Anweisungen und am Ende Kommandos. Schließlich merkte sie, daß er die Geduld mit ihr verlor, wenn sie einfach nur nach dem Gewinn fragte. Er antwortete ihr, wie ihr Ehemann es in jenen glücklichen Tagen der Sicherheit getan hatte: »Ich kümmere mich um das Geld. Darüber brauchst du dir keine Sorgen zu machen.«

Als ich anrufe, ist sie auf eine trotzige Weise fröhlich. »Mir geht's bestens. Und dir?«
»Ich bin völlig fertig. Es tut mir so leid.«
»J. D. hat dir erzählt, was los ist?«
»Ja. Das heißt, nein. Er hat bei John angerufen. John hat es mir gerade erzählt.«
»Na, ich wette, du kannst es kaum glauben.«
»Es tut mir so leid. Ich weiß ja, wie entsetzlich dir zumute sein muß.«
»Ich wollte nicht, daß du es erfährst. Aber als ich es Tom verriet, bestand er darauf. Ich verstehe ja nicht, warum man dir den Kummer machen muß.«
»Wie soll das denn gehen, daß ich nichts davon weiß? Wir müssen es alle wissen, damit wir dir helfen können.«
»Na, ich weiß nicht recht, wie ihr mir da helfen wollt. Ich wüßte nicht, was man da noch tun könnte.«
»Mutter, du kannst das nicht ohne Unterstützung ausfechten. Mir ist entsetzlich zumute, wenn ich daran denke, daß du seit vier Monaten weißt, daß du betrogen wirst, und es vor uns verheimlicht hast.«
»Ich habe immer gedacht, das kann doch einfach nicht wahr sein. Ich habe immer noch gehofft, es kommt alles wieder ins Lot. Ich konnte mir nicht vorstellen, daß wirklich nichts mehr da war. Daß ich mir jeden Cent hatte abgaunern lassen, den ich besessen hatte.«
»Mutter...«
»Kannst du dir denn so etwas vorstellen? Kannst du dir vorstellen, daß jemand wirklich so dumm sein kann? Daß ich solchen Leuten Glauben schenke? Daß ich mich überreden ließe, alles Geld, das ich angelegt habe, zu Bargeld zu machen und es ihnen samt und sonders in die Hand zu drücken?«

»Sie müssen sich irgendwie dein Vertrauen erschlichen haben. Du warst einsam.«

»Jetzt kannst du noch verständnisvoll sein. Aber wenn du erst einmal ein paar Tage lang darüber nachgedacht hast, wirst du toben. Du wirst mich hassen.«

»Nein. Das darfst du nicht denken. Ich werde dich niemals hassen.«

»Doch, das wirst du. Für den Rest deines Lebens. Keiner von euch wird mir jemals verzeihen können. Deshalb habe ich niemandem etwas gesagt, als mir allmählich dämmerte, was sie mit mir machten. Dieser Mr. Lewis rief an und sagte mir, daß ich keine Ausschüttungen bekommen würde. Daß Crandall vor dem Konkurs stehe. Er warnte mich. Aber da hatten sie mich schon überredet, die Hypothek auf das Haus aufzunehmen. Sie haben mir immer und immer wieder zugesetzt, und ich antwortete: ›Aber ich habe noch nie in meinem Leben eine Hypothek aufgenommen. Ich will mein Haus nicht verpfänden.‹ Raymond Girard war es – er hat einen akademischen Grad aus Oxford und spricht mit englischem Akzent, so ein kultivierter Mensch –, er hat mir immer wieder gesagt, ich könne ›bei den großen Geschäften mitmischen und ebensoviel einstreichen, wie diese Burschen es tun‹. Der Mann von der Hypothekenfirma ist zu Crandall gefahren und hat die Papiere für mich unterzeichnet. Sie hatten Sonderkonditionen für die Kunden von Crandall. Ein Mr. Gerber. Er ist nicht mehr bei der Firma, höre ich. Hat jetzt sein eigenes Geschäft unten im Valley.«

»Was haben sie dir erzählt? Wie haben sie dich dazu gebracht, eine Hypothek aufzunehmen? Hattest du große Ausschüttungen bekommen und glaubtest, es sei ein gutes Geschäft?«

»Nein, ich habe überhaupt keine Ausschüttungen bekommen. Sie haben mir immer gesagt, ich könne soviel bekommen, wie ich wollte, aber ich hätte mehr davon, wenn sie die Profite neu investieren. Und sie klangen so vertrauenswürdig. Sie haben mir gesagt, auf lange Sicht würde ich am meisten verdienen, wenn ich die Entscheidungen ganz ihnen überließe. Sie haben mich immer damit aufgezogen, daß ich den Lieferwagen habe. ›Also wirklich, Mrs. Wolfe‹, haben sie immer gesagt, ›Sie sollten nicht mit so einem alten Ding herumfahren. Lassen Sie uns etwas Schickes besorgen. Einen Mercedes-Benz. Alles, was Sie wollen. Aber *so etwas* brauchen Sie doch nun wirklich nicht zu fahren.‹«

»Die Hypothek...«

»Nun, wie gesagt, Mr. Gerber, Howard Gerber, ging zu Crandall. Sie ließen das Haus schätzen. Jemand kam her und ist nur einmal drumherumspaziert und sagte dann, ich könne dreihunderttausend Dollar darauf aufnehmen, wenn ich wollte. Meinst du, das kann stimmen? Na, jedenfalls hatten sie Papiere aufgesetzt, die ich unterzeichnen sollte. Und ich habe immer wieder gesagt: ›Nein, ich will das nicht unterschreiben. Ich glaube, so weit gehe ich doch nicht. Ich habe noch niemals eine Hypothek aufgenommen. Wir haben das Haus bar bezahlt. Sie haben mir gesagt, ich bekäme soviel Geld dafür, aber ich weiß ja nicht, ob das stimmt. Ich habe das Geld nicht gesehen.‹ Und Mr. Girard erinnerte mich daran, daß er mir eine Rente angeboten habe, jederzeit. Dieses Angebot hatten sie immer wieder gemacht – ›Also, Mrs. Wolfe, wenn Sie eine Rente wollen – Sie können soviel haben, wie Sie wollen – 2900 Dollar im Monat, oder was Sie sonst brauchen.‹«

»War von dieser Rente auch schon die Rede, bevor du die Hypothek aufnahmst?«

»O ja. Mr. Girard sagte immer: ›Sie sollten endlich auch ein eigenes Einkommen haben‹, aber dann fügte er jedesmal hinzu: ›Natürlich können wir Ihr Geld günstiger anlegen, wenn Sie es nicht benötigen.‹«

»Und was haben Sie dir an dem Tag gesagt, an dem du die Hypothek unterzeichnetest?«

»Ich sagte: ›Also wirklich, soviel Einkommen, daß ich das zahlen kann, habe ich nicht. Die Zahlungen müssen von Crandall kommen. Mein Mann leidet an der Alzheimerschen Krankheit, und im Augenblick pflege ich ihn zwar noch selbst, aber ich weiß nicht, wie lange ich das noch durchhalten kann. Es kann jederzeit soweit sein, daß er in ein Pflegeheim muß.‹ Beide haben sie mich beruhigt. Sie sagten, daß das ›überhaupt kein Problem‹ sei. Das haben sie beide gesagt, ›überhaupt kein Problem‹.«

»Und du hast ihnen alles geglaubt?«

»Na ja, ich weiß, daß du dir das nicht vorstellen kannst, aber – ja, ich habe ihnen geglaubt. Es war merkwürdig, aber ich hatte Angst, ihnen zu widersprechen. Es war, als hätten sie mich in der Hand oder so etwas. Es war, als könne ich mein Geld nur zurückbekommen, wenn ich mitmachte. Ich spürte, daß ich ihnen ausgeliefert war. Daß sie meine Interessen nur weiter schützen würden, wenn ich alles tat, was sie sagten. Sie hatten allesamt so eine Art, jede Frage, jeden Zweifel, den ich hatte, einfach nur mit ihren Beteuerungen abzutun. Sie betonten, daß sie ja Finanzberater seien. So haben sie sich genannt, ›Finanzberater‹, und sie erinnerten mich, daß Crandall schließlich die Kette mit Juwelierläden habe, die im Fernsehen Reklame mache, und dann gab es ja auch noch die ›Edelstein-Show‹.«

»Die ›Edelstein-Show‹?«

»Ein Fernsehprogramm, immer eine Viertelstunde, in dem erläutert wurde, wie man mit Edelsteinen Geld macht.«

Ich bin frisch verheiratet, und ich spüre meine glitzernden Ringe noch. Als Mutter sich nach dem Abwaschen die Hände mit Handcreme einreibt, fällt mir auf, daß ihr Ringfinger kahl ist. »Warum trägst du deine Ringe nicht?« frage ich. Sie antwortet ausweichend, als sehe sie voraus, daß ich es nicht billigen werde. »Tja, bei meinem Verlobungsring muß ich wohl den Diamanten verloren haben. Du weißt ja, wie winzig er war. Ich war traurig, als ich bemerkte, daß er nicht mehr da war. Aber ich habe überall im Haus gesucht und ihn nicht wiedergefunden. Ich muß ihn im Garten oder irgendwo unterwegs verloren haben. Den werde ich wohl niemals wiederbekommen. Und mein Ehering war so dünn geworden, daß er zerbrochen ist. Du weißt ja, wie schmal er war. Ein Band aus weißem und rotem Gold. Weißt du noch? Wunderschöne Ringe waren das. Das ist schon traurig. Solche Ringe gibt es heute gar nicht mehr.« Ich dränge sie, sie soll Daddy dazu bringen, ihr neue Ringe zu kaufen. Sie lacht und fragt: »Kannst du dir vorstellen, daß ein Mann wie Leonard auch nur einen Satz Ringe kauft, geschweige denn zwei?« Ich muß mitlachen und male mir aus, was für ein Kampf uns bevorsteht, aber ich bin fest entschlossen, ihn zu überreden, daß er diese eine wichtige romantische Geste macht.

Wie ironisch es ist, daß alle seine Ersparnisse, alle ihre Ersparnisse nun im Rachen dieser Ganoven verschwunden sind, der klugen Köpfe mit dem großen Edelsteinrummel. Und es bleiben Fragen zurück. Wie konnte aus Mutters Leben so etwas werden? Wie hatten diese Männer sie überreden können, ihnen die Ersparnisse ihres ganzen Lebens zu geben, für die sie und ihr Mann sich jeden Luxus, jeden Komfort, oft selbst das Allernotwendigste versagt hatten? Inwieweit war sie zum Opfer seiner Krankheit geworden? Inwieweit war die Zerstörung, die die Krankheit ihres Mannes angerichtet hatte, dafür verantwortlich, daß sie leichtgläubig diesen Geiern zum Opfer gefallen war, die gekommen waren, ihr jeden Cent zu nehmen, so daß sie am Ende nicht mehr für den Mann würde sorgen können, den das Leben doppelt verflucht hatte?
»Was sind das für Männer, die dir das angetan haben?«
»Das kann man kaum glauben, nicht wahr? Daß sie über Leonard Bescheid wußten und mich trotzdem darüber belogen, was mit meinem Geld geschah? Daß sie es in die eigene Tasche steckten, obwohl sie wußten, daß er dann keine Pflege bekommen konnte, wenn es soweit war? Mr. Terr – ich glaube, ich habe dir erzählt, daß ich ihm einmal einen Kürbiskuchen gebacken habe – sagte, seine Großmutter sei im Pflegeheim. Er war sehr mitfühlend. Später habe ich von Mr. Lewis erfahren, daß das gelogen war – daß er überhaupt keine Großmutter im Pflegeheim hat. Und trotzdem schien er so ein sympathischer junger Mann zu sein. Er war so höflich, so interessiert an allem, was ich sagte. Er benahm sich, als ob er alle meine Sorgen verstünde, als ob wir zusammen daran arbeiteten und dafür sorgten, daß ich in der Lage sein würde, sie zu lösen.«
»Hat er Daddy jemals gesehen?«
»Ja, schon. Als er mich hier abholte. Da hat er ihn gesehen.«
»Er wußte also, was diese Krankheit aus ihren Opfern macht?«
»Warum fragst du das? Worauf willst du hinaus, Carol?«
»Ich versuche ihn mir vorzustellen, diesen Mr. Terr. Ich möchte sie mir alle vorstellen. Ich würde sie gern kennenlernen.«
»Ich weiß, was dir durch den Kopf geht. Aber du solltest so etwas nicht denken.«
»Ich will, daß sie wissen, was sie dir angetan haben. Ich will, daß

sie zu Zwangsarbeit in einem Pflegeheim verurteilt werden. Daß sie Menschen im letzten Stadium der Krankheit baden und füttern und trösten müssen.«

»Ich weiß, Carol, du versuchst, mich von der Schuld zu entlasten. Das ist anständig von dir. Aber am Ende wirst du wieder darauf kommen, was ich getan habe, und du wirst mich dafür hassen.«

»Du bist Opfer eines Verbrechens geworden. Wenn sie dich vergewaltigt oder dir die Handtasche geraubt hätten oder bei dir eingebrochen wären, dann würdest du doch auch den Verbrechern die Schuld geben. Wieso beschuldigst du hier dich selbst?«

»Weil ich es hätte wissen müssen. Ich hätte mißtrauisch sein müssen. Aber sie haben mir vorgemacht, wieviel ich damit verdienen würde. Das schien mir die Lösung zu sein. So als ob es in gewisser Weise eine Wiedergutmachung für das wäre, was mit Dad geschieht. Ich weiß, das ist schwer zu verstehen. Es ist unverzeihlich.«

»Unverzeihlich ist, daß wir zugelassen haben, daß du allein für seine Pflege verantwortlich warst. Jahrelang hast du mit einem Menschen zusammengelebt, der den Verstand verloren hat, der Alpträume hat, nachts umherwandert, inkontinent ist... und irgendwie haben wir nicht begriffen, daß das Auswirkungen auf deine Urteilsfähigkeit haben muß, daß es dich verletzbar machen würde. Wer von uns war da der Dummkopf?«

Mein gelbgetigerter Kater Taffy ist im Alter senil, inkontinent und aufsässig geworden. Daddy sieht, daß meine Familie unglücklich ist, daß wir in Streit über die Flecken auf dem Teppich geraten, und beschließt, daß »Taffy keinen sinnvollen Beitrag zur Familienharmonie mehr leistet«. Er bietet uns an, Taffy töten zu lassen.

Ich schlage sein Angebot aus und sage, daß die moralische Verantwortung für die Entscheidung bei mir liegen muß.

»Dann fahre ich dich.«

Ich nehme den alten mageren Kater auf den Arm, klettere auf den Beifahrersitz des Kombis und fange an zu weinen.

»Ich kann das nicht machen. Das ist nicht anständig.«

»Das Tier hat es nicht verdient zu leiden. Es ist alt und niemandem mehr nütze. Es macht niemanden von euch glücklich.«

»Ich weiß. Aber ich kann das nicht.«
»Es ist nicht recht, daß ihr euer Glück und euer Familienleben dafür opfert, daß ein seniler Kater länger krank sein kann.«
»Das weiß ich, aber ich kann ihn nicht umbringen«, sage ich und steige wieder aus.
»Ich verstehe nicht, wie du der Sentimentalität Einfluß auf deine moralischen Entscheidungen zugestehen kannst. Es ist doch nur eine Katze. Sie hat ein Recht zu sterben.«
Taffy stirbt Jahre nach diesem Gespräch, lange nachdem Daddy den Verstand verloren hat. Ein Jahr vor seinem Tod fällt Taffy vom Balkon und bricht sich ein Bein. Als der Tierarzt zu Jana sagt: »Da gibt es drei Möglichkeiten«, antwortet sie, ohne eine Sekunde zu zögern: »Und wir diskutieren über zwei davon.« Als ich einwende, daß der arme Kater zu alt und schwach ist, einen schweren Gipsverband mit sich herumzuschleppen, erklärt Jana, daß sie dafür sorgen wird, daß ich meinen schweren Verband herumschleppen darf, wenn jemals ein Arzt vorschlagen sollte, es wäre besser, mich »einzuschläfern«.

Wie selten wir doch über das Leben eines Menschen »die Rechnung aufmachen«, besonders dann, wenn es jemand ist, dessen Wesen so eng mit unserem eigenen verknüpft ist. Ich weiß noch, daß ich früher Zimmergenossinnen im College oder neuen Freunden, bei denen es aussah, als ob sie mehr als nur flüchtige Bekannte werden würden, immer gesagt habe, daß er »anders als andere Menschen« sei.
Er war ein Mann, der an das Leben des Verstandes glaubte und dafür lebte. Er war jemand, der nach Wahrheit suchte, ein in sich gekehrter, ruhiger Mensch, bei dem nur noch seine persönliche Bescheidenheit und die respektvolle Art, mit der er diejenigen, die einen anderen Weg gingen, akzeptierte, die Hochachtung vor geistigen Entdeckungen übertraf. Er bewunderte Einstein und Darwin und seinen Ökonomieprofessor John Ise und den Vorarbeiter Orville Burgin und seinen Kunden, den Farmer John N. Ediger.
Er stellte strenge Regeln für sich selbst und seine Kinder auf. Er hatte Maximen, gemäß denen wir leben mußten, die jedoch für niemanden sonst galten. Anderen vergab er ihre Verfehlungen

schnell. Er gab nach, wenn sich im Laufe der Zeit ein Prinzip, nach dem er hatte leben wollen, als falsch erwies. Stets hatte ein humanerer Wert Vorrang vor einem weniger humanen. Er war streng mit sich selbst und mit uns, doch tolerant und nachsichtig mit anderen.

Oma inszeniert Familienfeste, um diejenigen, die sich mögen, und diejenigen, die sich nicht mögen, zusammenzubringen. Sie sagt Opa, er soll das Feuer in dem riesigen gemauerten Kamin in Gang bringen, und sie zündet in jedem Fenster des Zimmers, das nach den frischgeschnittenen Kiefernzweigen duftet, eine Kerze an. Sie erfindet Riten, nach denen Festmahlzeiten in bestimmten Zimmern des Hauses und bestimmten Bereichen des Gartens eingenommen werden.

Wir frühstücken in der Küche am Kapitänstisch, dessen drehbarer Aufsatz mit Nuß- und Fruchtbrot beladen ist, mit Keksen, Gelees und Marmeladen; oder es gibt aufgeschnittene, gebutterte und geröstete Karpfen mit tiefgefrorenen Weintrauben im Wintergarten, wo wir frühmorgens den zahmen, fetten Eichhörnchen beim Nüssesammeln zusehen können; oder wir essen Opas dicke Pfannkuchen mit heißem Ahornsirup auf der hinteren Veranda, wo Efeu am Gitter rankt und Engelsposaune die alte Steinmauer hinaufklettert.

Im Winter gibt es gemütliche Mittagessen mit Eintopf aus eingemachten Austern und Tiefkühlhimbeeren vor einem Feuer, in dem Kiefernzapfen wie verzaubert blaue und grüne Funken sprühen. Im Herbst oder im Frühjahr fahren wir zum Picknick an den See, und es gibt Wiener Würstchen oder geröstete Marshmallows an der Feuerstelle des Campingplatzes, doch zuvor sammeln wir für den Campingtisch oder für die Decke, die wir auf der Wiese ausbreiten, eine Dekoration aus wilden Blumen oder Tannenzapfen.

Bestimmte Abendessen im Grünen gibt es einmal im Jahr – das Betriebsausflugs-Picknick, das Picknick des Kirchenchors, das Familienpicknick. In großen irdenen Töpfen werden Limabohnen in scharfer Grillsoße gebacken. Iva wird angestellt, damit sie »ihren« Kartoffelsalat und ihre eingelegten Eier macht und gebutterte Brötchen in den Toaster schiebt, kurz bevor Großvater die Hamburger mit einer großen Kelle vom Gartengrill nimmt. Er lächelt jedesmal,

wenn es diese Hamburger gibt, aufs neue, jedesmal hat er eine andere Kochmütze auf und eine andere, mit schlauen Sprüchen bestickte Schürze an, und oft bietet er dem Photographen einen Bissen an und zwinkert ihm zu, als wolle er sagen, daß jeder nach seinem Rezept glücklich werden kann.
Ich fühle mich in dieser Familie geborgen wie die kleinste in einem Satz buntbemalter Babuschkas. Familienfeste geben mir das Gefühl, daß ich dazugehöre zu diesem Kreis immer reifer und mächtiger werdender Persönlichkeiten.
Und doch spüre ich, als ich noch klein bin und mein Vater mir wie ein Riese vorkommt und ich von den geheimnisvollen Strömen seiner tyrannischen Launen davongetragen werde, die Wut, die immer stärker in ihm wird, und dahinter die Wut seines Vaters und die Wut des Vaters seines Vaters.
Wir alle werden starke und eigensinnige Menschen. Jeder von uns muß sich schon in jungen Jahren lösen, oder er wird verzehrt von den Bestimmungen, die die anderen ihm geben. Ich bin erst drei, da weiß ich schon, daß ich mit meinem kleinen Bruder kämpfen werde, so wie mein Vater Leonard mit seinem kleinen Bruder Norman gekämpft hat. Ich begreife früh, daß alles darauf ankommt, sich zu verstellen. Um in diesem Schwarm von Egos zu überleben und zu gedeihen, muß ich lernen, Aufmerksamkeit und Gunst zu erlangen, ohne daß es aussieht, als strebte ich danach.
Opa, der Patriarch, führt uns mit Ermahnungen. Oma, die Muttergottheit, formt uns mit Lob. Stets ignoriert sie alle Zeichen von Selbstsucht oder Kleinlichkeit und sieht nur unsere Vollkommenheit. Opas Ermahnungen führen uns vor Augen, wie fehlerhaft wir sind, und Omas Gnade spricht uns wieder frei. Das verbindet uns mit anderen Familien – daß das Erbe unserer Männer die Verzweiflung ist und das Erbe unserer Frauen die Hoffnung. Wie in anderen Familien betrachten auch bei uns die Väter ihre Töchter, Geister ihres Fleisches, und nennen sie verdorben, halten sie für verdammt.

Er setzt sich auf, als ich ankomme; er hat karierte Bermudashorts und ein buntbedrucktes Sommerhemd an. Ich beuge mich zu ihm hinunter und fasse ihn an der Schulter, die dünner und spitzer ist, als ich sie in Erinnerung hatte. Seine Augen sind durchdringend, ein Zeichen, daß er bei Bewußtsein ist.

»Hallo, Daddy.«

»Hallo, Carol.« Ein Flüstern. Ein Aufflackern des Erkennens. Dann sind seine schiefergrauen Augen wieder trübe.

Ich rufe Tom.

»Komm nach oben, Tom. Er hat mich erkannt. Zum ersten Mal seit über zwei Jahren. Komm schnell. Vielleicht erkennt er dich auch.«

Tom beugt sich hinunter, faßt seine Hand.

»Hallo, Dad. Hier ist Tom, dein Sohn.«

Von neuem die Intensität des Blickes. Er sagt nichts, doch sein Mund zuckt. Er scheint ungläubig.

»Daddy, das kannst du gar nicht glauben, daß das dein Sohn ist, was?« rate ich. »Tom, er denkt, du bist viel zu alt, um sein Sohn zu sein.«

Wiederum ein Funkeln, so als mühe er sich, sich zu erinnern.

Später kommen wir von einer Besorgung zurück, und William sagt: »Großvater war nur an die zehn Minuten wach. Seitdem schläft er. Ich habe ihn nicht zum Abendessen wachbekommen.«

Mutter geht hinauf, um nachzusehen, und kehrt sofort zurück. »Da stimmt etwas nicht. Ich weiß nicht, wie ich es beschreiben soll. Ich glaube, er hat einen Schlaganfall gehabt oder so etwas.«

Seinen Körper durchlaufen rhythmische Zuckungen, er schüttelt sich heftig, und tief aus seinem Inneren dringt ein gutturales Brummen.

Mutter stürzt zu ihm hin, versucht seinen steifen, sich windenden Leib zu umarmen. »Was ist das?« fragt sie mit flehender Stimme. »O mein Lieber, mein armer Liebling. Tut es weh? Hast du Schmerzen? Oh, laß dich in die Arme nehmen.«

Als die Zuckungen nachlassen, gehen wir hinaus auf den Flur.

»Was meinst du, was das war?«

»Ein Schlaganfall. Spastische Zuckungen. Eine neue Phase. Die nächste Stufe.«

»Was sollen wir machen?«

»Sollen wir einen Krankenwagen rufen?«

»Gelähmt scheint er nicht zu sein.«
»Aber sieh dir sein Gesicht an. Er hat sich verändert.«
»Ja. Etwas ist anders.«
»Seine Augen. Sie sind offen, aber sie sehen nichts mehr.«
»Meinst du, er liegt im Koma?«
»Ich glaube, wir sollten doch den Krankenwagen rufen.«
»Wenn wir ihn ins Krankenhaus brächten, was sollten sie dort mit ihm machen?«
»Ihn untersuchen. Feststellen, ob er in Gefahr ist...«
»Was für eine Gefahr?«
»Zu sterben... oder am Leben zu bleiben?«

Ich schreibe den Brief an meinen Vater in einem Tonfall, von dem ich heute weiß, daß ich darin seine eigene Stimme nachahmen wollte. Der Ton ist sachlich, streng, teilnahmslos. »John und ich werden heiraten. Er ist der jüngste von acht Kindern einer ungarischen Familie aus einem Ort namens California in Pennsylvania. Sein Vater war Bergmann, bis er vor einigen Jahren nach einem Unfall vorzeitig in Rente gehen mußte. Seine Eltern haben sich erst in Amerika kennengelernt, aber sie sind in Ungarn in benachbarten Dörfern aufgewachsen und sind beide hierhergekommen, bevor sie zwanzig waren. Es ist eine katholische Familie, griechisch-orthodox, um genau zu sein. John kam nach Kansas als gefragter High-School-Fußballer in der Nationalliga. Jetzt hat er einen Vertrag bei den Pittsburgh Pirates, als Verteidiger in der Nachwuchsmannschaft. Seine Familie kann es mit unserer nicht aufnehmen, aber ich liebe ihn sehr.«
Ich verkneife mir zu sagen: »Ich liebe ihn. Es ist ein Wunder, daß er mich auch liebt. Sei froh, daß dieser freundliche, witzige, bezaubernde Fremde mich will. Ich verstehe ihn nicht. Vielleicht werde ich ihn nie verstehen. Aber wenn ich ihn nicht bekomme, dann werde ich den Schmerz, daß er nicht da ist, niemals verwinden.«
Mein Vater antwortet mit einem maschinenschriftlichen Brief, einzeilig. »Du mußt den Kontakt zu John unverzüglich abbrechen«, beginnt er. Er erklärt mir, daß unsere Beziehung auf unvereinbaren Gegensätzen aufbaut, die dazu führen werden, daß wir uns ein Leben lang nicht verstehen werden. »Die katholische Kirche, die ab-

scheulichste Institution in der Geschichte der Menschheit«, beschwört er mich, »ist entscheidend für die Unterdrückung der Frau verantwortlich, für die Überbevölkerung des Erdballs, für die Herrschaft des Aberglaubens über das Zeitalter der Aufklärung hinaus.«

Er trägt mir auf, mich in eine Bibliothek zu setzen, mit der Inquisition zu beginnen und mich dann in der Kirchengeschichte vor- oder zurückzuarbeiten, bis ich es begriffen habe. Er ermahnt mich, daß ich erzogen worden bin, ein vernunftbestimmtes Leben zu führen, ein intellektuelles Leben, bei dem ich kindische pseudoreligiöse Überzeugungen hinter mir lasse, die nicht nur meine Gedanken verwirren, sondern tatsächlich auch Einfluß auf mein Leben gewinnen könnten, »denn Katholiken zählen zu den wenigen Gläubigen, die ihr Handeln von ihren Überzeugungen beeinflussen lassen«.

Er kommt meinen Einwänden zuvor, indem er sagt, daß es in meinem Brief geklungen habe, als wollte ich mich für die Armut und den gesellschaftlichen Status von Johns Familie entschuldigen. Er versichert mir, daß es undenkbar für ihn wäre, auf ehrliche Arbeiter herabzublicken, die durch die Umstände zu einem einfachen Leben gezwungen sind. »Ja«, schreibt er, »ich würde es sogar begrüßen, wenn du dir einen Mann aus einer solchen Familie suchtest, denn das sind Menschen, bei denen man sich darauf verlassen kann, daß sie ordentliche Werte haben – doch anders als Klassengegensätze lassen sich religiöse Gegensätze niemals überbrücken.«

John setzt sich leidenschaftlich gegen diese Einwände meines Vaters zur Wehr. Er spricht ruhig und sachlich. »Dein Vater hat das Recht, für das zu kämpfen, was er will. Ich habe das Recht, um das zu kämpfen, was ich will.«

Vorher hatte John vielleicht seine Zweifel, aber jetzt ist er fest entschlossen. Ich habe niemals in dieser Beziehung die Oberhand gehabt. Er hat nie einen Ausgleich zugelassen. Todesmutig hatte ich gesagt: »Wenn du um meine Hand anhältst, sage ich ja.« Und endlich, Monate später, hatte er geflüstert: »Ich habe meiner Mutter gesagt, daß ich dich heiraten will.« – »Und was hat deine Mutter geantwortet?« – »Sie sagt, ich kann es tun.«

Nun, wo drei Personen auf der Bühne stehen, gewinnt das Drama an Spannung. John und ich haben noch nie über Religion gespro-

chen. Ich lasse mich unterweisen, aber ich verrate es ihm erst, als es Zeit ist, die Hochzeit zu planen. Der Priester, der mich unterrichtet, versichert mir, daß »der Glaube oft erst mit der Übung kommt«. Ich lerne Dinge auswendig, als ginge es um eine Prüfung in der Schule.

Meine Mutter schreibt mir, daß mein Vater nicht zur Hochzeit kommen wird, wenn ich auf meinen Plänen beharre. Ich schreibe ihm und verkünde: »Ich bin überzeugt, daß es für mich das richtige ist. Ich werde es tun, ob du zustimmst oder nicht. Ich werde sehr traurig sein, wenn du nicht zu meiner Hochzeit kommst.« Ich füge nicht hinzu: »Und du selbst wirst ebenso traurig sein.«

Ich erkläre es dem Priester: »Mein Vater wird mir niemals verzeihen, wenn er erfährt, daß ich konvertiere. Ich kann nur zum Katholizismus übertreten, wenn Sie bereit sind, die Trauung so zu zelebrieren, als ob ich keine Katholikin sei.« Nach einem kurzen Augenblick des Zögerns räumt er ein, daß eine Trauung während der Adventszeit zwangsläufig eine stille Messe sein wird. Er kann uns in seinem Arbeitszimmer trauen. Vor der Zeremonie empfange ich die Kommunion, aber keiner der Hochzeitsgäste braucht etwas von meiner Konversion zu erfahren.

In der Dunkelheit des frühen Morgens gehe ich hinunter zur Kirche, um meine erste Kommunion zu empfangen. Die Sterne glitzern über den gefrorenen Zweigen, die im kalten Wind knistern. Ich betrete die warme Kirche, und ich fürchte mich, wie ich es bisher nur gekannt habe, wenn ich stur einem inneren Drang gefolgt bin. Mir zittern die Hände, und mein Magen rebelliert. Die Hostie in meinem trockenen Mund erinnert mich an die Plättchen mit Fischfutter, die ich in meinem ersten Schuljahr in das Aquarium gestreut habe.

Die Übelkeit kommt in Wellen und ebbt erst ab, als ich zu laufen beginne, den Hügel zurück zum Haus, während mir unablässig Pater Towles Versicherung durch den Kopf geht, daß »der Glaube oft erst mit der Übung kommt«.

Auf dem Hochzeitsbild stehen John und ich inmitten eines kleinen, stillen Grüppchens von Gästen. Mein Vater strahlt in die Kamera, er demonstriert, daß er ihn akzeptiert hat, und davon wird er nie wieder abgehen. Nie wieder wird er von seiner Enttäuschung spre-

chen, und nie wird er John das Lob oder die Anerkennung vorenthalten, die er verdient.
Er erfährt niemals, daß ich konvertiert bin, und auch nicht, wie schnell ich den Glauben wieder verloren habe. Es wird Sonntagmorgen geben, bevor ich den Mut aufbringe, John zu gestehen, daß ich keine Katholikin sein kann, an denen er von der Frühmesse zurückkehrt und die Versorgung unserer Kinder übernimmt und ich aus dem Haus gehe, für die Kirche angezogen, und dann eine Stunde lang ziellos umherfahre, während sich in meinen Gedanken die Bilder des wütenden Vaters und des wütenden Ehemanns vermischen.

»Jetzt habe ich alles verloren, und ich weiß, daß ich niemals Frieden finden werde. Ganz gleich, was mit Leonard geschieht, ich werde nie vergessen können, daß ich alles Geld verloren habe.«
»Mutter...«
»Ich weiß, was du sagen willst. Aber es stimmt doch. Ich kann nie wieder glücklich sein. Ich habe immer geglaubt, daß es fast eine Erleichterung sein würde, wenn er stirbt. Daß ich eine Möglichkeit finden würde, in Frieden zu leben, wenn ich ihn am Ende gehen lassen muß. Und nun das. Nun verliere ich mein Zuhause. Mir bleibt nicht einmal genug Geld, um für mich selbst zu sorgen. Ich kann es einfach nicht fassen.«
»Aber wir haben Anwälte, und wir werden prozessieren. Diese Menschen haben nicht im guten Glauben gehandelt. Sie haben niemals die Absicht gehabt, dein Vermögen für dich zu sichern oder dafür zu sorgen, daß du eine Rendite erhältst.«
»Das ist leider genug für dich und Tom und J. D., mir zu sagen, ich soll warten, bis die Anwälte sich der Sache annehmen. Aber die sagen nicht, daß ich gewinnen werde. Sie sagen nicht, daß unsere Justiz sich groß um diejenigen kümmert, die Leute wie mich ausnutzen. Weißt du etwa, wie wir Leonard in ein Pflegeheim geben und trotzdem noch genug haben sollen, daß ich davon leben kann? Weißt du etwa, wie ich damit fertigwerden soll, daß ich aus dem Haus geworfen werde, das uns zwanzig Jahre lang gehört hat?«
»Du hast ja recht. Ich kann dir da auch keinen Rat geben, aber wir müssen uns auf das einstellen, was kommt. Du mußt stark sein. Wir werden alle helfen.«

»Wenn ich Leonard in ein Pflegeheim gebe – und du hast ihn ja gesehen, wie anders seine Augen jetzt sind, und seit gestern hat er nur ein paar Teelöffel geschmolzene Eiscreme gegessen –, dann kann ich die Hypothekenzinsen nicht mehr zahlen.«
Ein panischer Schrecken durchfährt mich. »Er hat überhaupt keine Flüssigkeit zu sich genommen?«
»Nein. Ich versuche, ihn aufzusetzen und ihm einen Strohhalm zwischen die Lippen zu stecken, aber er saugt nicht. Ich weiß nicht, wie ich ihm Wasser geben soll, wenn er in diesem Zustand ist.«
Er muß völlig ausgetrocknet sein. Sie muß es wissen. Ich weiß es. Sagen wir es laut, oder bewahren wir Stillschweigen? Mir fällt wieder die Bergbesteigung ein, als ich dreizehn war. Was für einen Durst ich damals hatte. Jeder von uns hatte seine eigene Wasserflasche. Er hatte berechnet, wie viele Meilen wir steigen mußten, bevor wir uns eine Wasserration leisten durften. Ich weiß noch, wie metallisch das kalte Wasser in dem Deckel des Kochgeschirrs schmeckte. Ich saß auf dem Spiegelei-Zeichen, dem roten Kreis mit dem gelben Flecken in der Mitte, der auf den gewaltigen Felsen gemalt war. Ich weiß noch, wie streng seine Stimme klang, wie er mich drängte, über die Grenzen dessen, was ich ertragen konnte, hinauszugehen. Indem er mir einschärfte, meinen Durst unter Kontrolle zu halten, meine Kräfte zu sparen, meine Furcht nicht zu zeigen, brachte er mir bei, wie man mutig ist. Jetzt weiß ich nicht mehr, was Mut ist und was Feigheit.

»Du kannst ihn keinen einzigen Tag mehr zu Hause behalten. Das ist unmöglich. Du kannst ihn nicht allein umziehen. Du kannst ihn nicht baden. Du kannst ihn nicht einmal umdrehen. Du hast alles getan, was möglich war, aber nun geht es nicht mehr. Du bist ihm eine wunderbare Frau gewesen. Kein Mann hätte besser, aufopferungsvoller gepflegt werden können. Aber nun haben wir gemeinschaftlich beschlossen, daß wir auf der Stelle ein Pflegeheim für ihn suchen müssen.«
»Aber das kann ich mir nicht leisten, jetzt, wo ich womöglich das Haus verliere.«

»Zunächst einmal finden wir ein Pflegeheim. Du kannst ihn keinen Tag länger mehr hierbehalten. Dann beraten wir uns mit den Anwälten, und alles wird Schritt für Schritt erledigt.«
»Vielleicht nimmt ihn überhaupt kein Pflegeheim mehr an. Die nehmen ja nicht jeden.«
»Dann müssen wir ihn ins Krankenhaus bringen, bis wir ein Heim finden, das ihn aufnimmt.«
»Die sind da nämlich sehr penibel. Manche nehmen nur Patienten, die noch gehen können. Andere wollen nur bettlägerige. Das ist schwer zu entscheiden. Vielleicht wird es ja wieder besser. Vielleicht kann er bald wieder gehen.«
»Mutter, das bezweifle ich. Ich glaube es nicht.«
»Aber woher wollen wir das wissen? Vielleicht ist er einfach nur krank. Etwas, das gar nichts mit der anderen Krankheit zu tun hat.«
»Du mußt ihnen alles sagen, was wir wissen. Wie es ihm geht und was in den letzten paar Tagen vorgefallen ist. Wir brauchen eine Liste der Heime, in denen Plätze frei sind. Tom kommt her und Loretta und J. D., und dann fahren wir zusammen hin und besichtigen sie.«
»Nein, ich glaube, das können wir uns nicht leisten. Wenn ich das Haus verliere, ist dazu kein Geld mehr da. Ich werde ihn selbst weiterpflegen müssen. Darauf läuft es doch hinaus.«
»Wenn du alles, was du hast, für seine Pflege zahlen mußt, dann kannst du bei mir wohnen.«
»Ich glaube nicht, daß wir es zusammen aushalten würden. Ich weiß nicht, wie es kommt, aber ich habe das Gefühl, daß du dich immer nur über mich ärgerst. Ich weiß noch, zu der Zeit, als du auf der High School warst, sogar schon vorher, da konnte ich dir nie etwas recht machen.«
»Wir sind einfach grundverschieden. Das sind wir von Anfang an gewesen«, sage ich, und meine Stimme zittert.
»Es ist, als ob du immer wütend wärst, und ich weiß nicht, warum.«
»Da hast du ganz recht. Ich bin wütend. Ich bin wütend darüber, daß wir so verschieden sind.«
»Aber was ist denn so unterschiedlich an uns?«

»Ich muß an Veränderungen glauben. Als Dozentin für Frauenfragen bringe ich Leuten bei, wie sie sich ändern können, wie sie ihr Leben ändern.«

»Und immer willst du, daß ich mich ändere. Daß ich jemand anderes werde.«

Ich will der Auseinandersetzung nicht ausweichen. Es macht mich wütend, daß sie so passiv ist, und ich muß mich um den Mann kümmern, der im Schlafzimmer verdurstet. Und ich spüre eine Art Furcht, die mich an die Vierzehnjährige zurückdenken läßt, die ich einmal gewesen war, diejenige, die alles daransetzte, von dort fortzukommen.

Sie gibt nicht nach. Vorwurfsvoll sagt sie: »Und was hast du davon, daß du die alten Leute ummodelst? Wenn jemand Toni Grant in ihrem Radioprogramm sein Leid klagt, dann sagt sie immer: ›Die alten Leute, die kann man nicht mehr ändern. Wenn sich jemand ändern muß, dann sind Sie es.‹ Wenn sich jemand anpassen muß, dann sind es immer die Kinder.«

»So, jetzt zählst du dich also zu den ›alten Leuten‹?« schlage ich zurück.

»Da siehst du's wieder, du bist immer nur wütend. Unterschwellig ist es immer da. Und ich weiß nie, warum.«

»Alles, was mir verrät, daß du aufgegeben hast, macht mich wütend. Ich ärgere mich über alles, was schartig oder zerbrochen oder zerrissen oder ausgefranst ist.«

»Aber was? Nenn mir doch etwas.«

»Ich könnte es nicht ertragen, mir zwanzig Jahre lang so etwas anzusehen«, sage ich mit einer Handbewegung zum Garten hin.

»Den Garten müßte ich in Ordnung bringen.«

»Und wenn ich die zerbrochene Vase da auf dem Fensterbrett sehe, könnte ich heulen.«

»Hier, ich werfe sie weg. Ich wollte sie immer kleben. Das abgebrochene Stück habe ich noch. Ich schmeiße es alles zusammen weg.«

»Nein, das brauchst du nicht.« Mit einem Mal geht mir auf, wie kleinlich meine Klagen sind. Ich gehe mir auf die Nerven mit meiner Vierzehnjährigen-Stimme. Mein alter Groll geht mir auf die

Nerven und ebenso die Bereitwilligkeit, mit der sie meinem Angriff nachgibt.
»Sag mir, was ich wegwerfen soll. Ich mache alles, was du sagst.«
»Die Plastikblumen da.« Ich sitze in der Falle.
»Diese hier? Die Blumen? In Ordnung. Und die Vase? Soll ich die Vase gleich mit wegwerfen?«
»Nein. Du brauchst überhaupt nichts wegzuwerfen.«
»Aber ich tue es. Die bedeuten mir überhaupt nichts. Sie sind einfach nur da. Du tust, als ob alles eine Bedeutung hätte.«
Ich bin gnadenlos. »Und du tust, als ob nichts eine Bedeutung hätte.«
Mit dem typischen Tonfall der enttäuschten Mutter entgegnet sie: »Na, eins steht fest, wir können niemals zusammen wohnen.« Dann fügt sie noch hinzu: »Wir haben diese Differenzen schon immer gehabt, und wir haben gelernt, mit ihnen zu leben. Es wäre ein Jammer, die gute Beziehung, die wir jetzt haben, zu verderben, indem wir zusammenzögen.«
Und plötzlich bin ich sicher, daß wir doch zusammenleben könnten, nun, wo wir endlich die Unterschiede zwischen uns zur Sprache gebracht haben.

Seit Juni weiß Mutter, daß ihr Geld verloren ist. Sie wollte den Verlust nicht wahrhaben und wartete, Tag um Tag, schlaflose Nacht um schlaflose Nacht, und hoffte auf ein Wunder, auf die Nachricht, daß es nicht wahr sei. Es konnte doch einfach nicht sein, daß ihre Zukunft ruiniert wär. Am Ende bestätigten sich ihre schlimmsten Befürchtungen. Crandall wurde von den Finanzbehörden geschlossen. John eröffnete mir die Neuigkeit an Daddys Geburtstag, dem 17. Oktober 1984. Im Laufe des Tages waren mir immer wieder die Tränen gekommen, so sehr hatte ich ihm den glücklichsten Geburtstag, den er haben konnte, gewünscht, den schnellen, gnädigen Tod.
Im folgenden Monat flog ich nach Kalifornien, um Mutter zu trösten und die Anwälte aufzusuchen. Beim Gedanken an sein Gesicht, als ich das Zimmer betrat, läuft es mir noch jetzt kalt den Rücken herunter. Daß er mich so offensichtlich auf Anhieb erkannt hatte, nach zweieinhalb Jahren, in denen er nichts von mir

gewußt hatte. Die brüchige Stimme, nur noch ein Flüstern, aber die klaren Worte – »Hallo, Carol«.
Und Augenblicke darauf war er wieder die leere Hülle eines Menschen. Sein winziger, geschrumpfter Leib, gekrümmt wie ein altes, verlassenes Fachwerkhaus, das sich dem feindseligen Wind entgegenstemmt. Die Augen gefroren, starr aufgerissen. Und das Brummen, das Stöhnen eines Fremden, dringt zwischen seinen erschlafften Lippen hervor. Seine Hände, zu hilflosen Fäusten geballt, zucken rhythmisch. So sehe ich ihn nun, in einem zerknitterten Sommerhemd, den ausgebleichten karierten Bermudashorts. Seine dünnen Beine. Die geschwollenen, bleichen Füße.
Ich habe mich abgewandt, habe versucht, ihn in meinem Herzen zu verlassen. Ich habe es nicht gekonnt.

Wir kehren von unserer Rundfahrt zu den Pflegeheimen zurück und wissen, daß wir Mutter nun doch einen Aufschub gewähren müssen, obwohl keiner von uns unsere Verzweiflung darüber eingestehen will, daß wir das Geld für die Pflege nicht aufbringen können, die Kosten dafür, daß er in einen engeren, dunkleren Kreis der Hölle ziehen kann. Nun ist er in einer grotesken Fötushaltung erstarrt. Er reagiert auf nichts mehr, liegt in einer Art Koma, aber es ist doch etwas anderes. Immer wieder kehrt Mutter zu seinem Zimmer zurück und sagt mit sanfter Stimme: »Was ist denn, mein Lieber? Ach je, was fehlt dir bloß?«
»Ich glaube, er hat einen Schlaganfall gehabt«, sagt sie. »Sollen wir den Arzt holen?«
Einen Monat nachdem Mutter eingesehen hat, daß ihr gesamtes Geld verloren ist, geht er zu den Schatten über. Er wird niemals wieder aus eigenen Kräften Nahrung zu sich nehmen. Nur ein einziges Mal wird er noch sprechen, ein Abschiedsgeschenk für Mutter, wie er auch mir eines gemacht hatte – am 15. November, als Mutter ihn anfleht, ihr alles Gute zum Geburtstag zu wünschen, rüttelt er sich aus dem Koma auf und sagt: »Alles Gute.«
Worin besteht die Verbindung zwischen diesen Ereignissen? Durch welch brüchigen Faden ist dieser erbärmliche Leib ans Leben gebunden?
Eines Tages werde ich Ronald und Michael Smith, Frederick Terr,

Raymond Girard, all den Finanziers von Crandall Investment, noch dankbar sein. Sie haben dem Leben meines Vaters ein Ende gemacht, als ich nicht den Mut hatte, es zu tun.
Heute noch nicht. Zunächst warte ich auf Gerechtigkeit. Ich warte, was unsere Gesellschaft zu einer Frau zu sagen hat, die gleich zweimal vom Schicksal betrogen wurde.
Diese Krankheit ist ein brutaler Räuber, ohne Gnade und ohne Gewissen. Ebenso gnadenlos und gewissenlos wie diese Männer, die sie ausgeraubt haben. Abends sitzen sie im Lehnstuhl, rechnen die Profite des Tages zusammen, und zweifellos malen sie sich schon die Gaunereien des nächsten Tages aus.

Ich reise ab und komme mir dabei vor, als ob ich ihn verlasse. Seine Augen sind abwesend, doch offen. Sein Körper ist noch immer in der Haltung, die er zwei Tage zuvor eingenommen hat; er ist noch winziger geworden, nichts von seinem einstigen Ich ist mehr zu spüren. Ich schrecke vor dem zurück, was vielleicht die letzte Berührung ist, dann gebe ich nach, küsse die kühle, glatte Wange und flüstere, eher zu mir selbst: »Daddy, ich liebe dich.«
J. D. hat darauf bestanden, um fünf Uhr aufzustehen, damit er mich zum Flughafen fahren kann. Wir haben nicht viel Zeit füreinander gehabt. Auf der Fahrt versuchen wir, mit unseren Gefühlen ins reine zu kommen. Wir haben keine Ahnung, ob unsere Klage vor Gericht auch nur das geringste bezwecken wird. Ich will kämpfen. Ich will, daß die Welt diese Aasgeier zu sehen bekommt. Aber wir wissen auch, wie sinnlos es ist, dem verlorenen Geld noch weiteres hinterherzuwerfen. J. D. hat sich in punkto Wirtschaftsverbrechen sachkundig gemacht, und er sagt, es ist die am weitesten verbreitete und am wenigsten geahndete Art von Verbrechen, die es gibt.
»Wer weiß, vielleicht haben sie ihr den letzten Pfennig genommen, damit sie nicht mehr die Möglichkeit hat, vor Gericht zu gehen«, sage ich. »Wir müssen kämpfen. Nur dann wird es uns nicht sinnlos vorkommen, wenn wir es als einen Kampf um soziale Gerechtigkeit sehen.«
»Da hast du recht«, sagt J. D. »Wenn ich ein paar Stunden oder ein paar Tage in Großmutters Welt zugebracht habe, dann fühle ich

mich genauso hilflos wie sie. Ich werde in diese unschlüssige, hilflose Sicht der Dinge hineingezogen. Ich werde wie sie. Wir sollten etwas unternehmen, aber was? Was ist, wenn wir das Falsche tun? Was ist, wenn es nicht funktioniert? Und genauso ist es bei Großvater. Ich schaue ihn an und sage, so kann es nicht weitergehen. Wir können doch nicht einfach die Augen vor dem verschließen, was mit ihm vorgeht. Wir müssen etwas unternehmen. Irgend etwas. Ich kann gar nicht glauben, daß wir einfach abgefahren sind und ihn dagelassen haben.«

»Und du kannst nicht glauben, daß ich abreise.«

»Nein, das kann ich wirklich nicht«, sagt er. »Aber ich weiß, daß du genauso bist wie ich. Daß du wütend wirst. Daß du dich in ihren Trott hineinziehen läßt. Sie hat Geduld. Sie sieht, wie er langsam, allmählich verfällt, und weiß, daß sie lernen muß, einfach nur zu warten. Wenn du kommst, glaubst du, du kannst etwas unternehmen. Die ersten ein, zwei Tage lang. Dann wirst du hinuntergezogen. Du gibst nach.«

»Ja«, gebe ich zu. »Das stimmt. Ich will kämpfen. Ich will etwas verändern. Ich will helfen. Und dann verliere ich den Schwung. Ich habe keinen Willen mehr.«

»Das geht uns allen so. Deshalb kann ich dich auch zurückfahren lassen. Deshalb kann ich selbst fortgehen. Wenn ich jemals eine Entscheidung fällen dürfte, wenn ich jemals das Gefühl hätte, daß es in meiner Macht steht, etwas zu tun, dann würde ich auch etwas tun. Doch dieses Haus, seine Krankheit, die Familienverhältnisse, diese Verrücktheit, das macht mich hilflos.«

»Du meinst also, wir sollen ihn ins Krankenhaus bringen«, sage ich.

»Ja, natürlich.«

»Auch wenn sie ihn an ihre Maschinen anschließen. Auch wenn sie sein Leben verlängern?«

»Ich weiß nur, daß wir das nicht entscheiden können. Wir wissen nicht, was er gewollt hätte«, entgegnet J. D.

»O doch, mir hat er immer gesagt, was er wollte. Er wollte sterben, bevor sein Verstand stirbt. Das war keine Frage. Wir sollten niemals zulassen, daß in unserer Familie jemand einen Menschen zum Leben zwang, der zum Untergang verdammt war.«

»Bist du dir da ganz sicher?«
»O ja. Deshalb habe ich ja so sehr das Gefühl, daß ich in der Falle sitze. Niemals ist wirklich klar, was moralisch oder rechtens ist. Ich habe seine Stimme noch im Ohr, wie er mir Anweisungen gibt. Und seine vernünftige Einstellung in ethischen Fragen habe ich immer respektiert.«
»Aber damals konnte er ja noch nicht wissen, was einmal aus ihm werden würde«, wendet er ein. »Er konnte sich nicht ausmalen, was das für uns bedeuten würde.«
»Ich weiß. Das habe ich schon im Kopf. Mutter tut immer noch so, als hätte er die beste Pflege. Dabei verdurstet er. Und keiner von uns sagt etwas dagegen.«
»Ja«, sagt er. »Ich verstehe schon, warum du dich weigerst.«
»Dir muß das fürchterlich vorkommen.«
»Das einzige, was ich weiß, ist, daß einer von uns etwas unternehmen muß.«
»Da hast du recht. Selbst wenn es falsch ist, was er macht. Wenn er wüßte, was das bedeutet, immer nur zu warten, immer nur zuzusehen, dann würde er uns mit Sicherheit vergeben. Er hätte Verständnis dafür, daß wir unserer eigenen Schwäche nachgeben mußten.«
»Aber es muß etwas sein, mit dem wir später leben können.«
»J. D., was immer du tust, ich weiß, daß es richtig ist. Ich werde mich hinter dich stellen.«
»Und ich glaube, Großmutter auch«, sagt er.
Sobald ich mich verabschiedet habe und an Bord des Flugzeugs gestiegen bin, stellt sich wieder das angenehme, wohlvertraute Gefühl der Distanz ein. Und doch weiß ich so sehr, was für eine Lüge es ist, daß ich kurz vor der Landung kaum noch die Schluchzer zurückhalten kann, so daß die Stewardeß und der Fluggast auf der anderen Seite des Ganges wegsehen.
Als ich in Kalifornien anrufe und mich erkundige: »Wie geht es Daddy?«, antwortet William ausweichend. Er sagt, J. D. habe Daddy, sofort als er vom Flughafen zurückkam, zum Krankenhaus gebracht.
»Hat er den Krankenwagen gerufen?« frage ich.
»Nein.«

»Aber wie hat er ihn dorthin bekommen?« Das Bild, das vor meinem inneren Auge entsteht, ist leuchtender, lebendiger, als wenn ich selbst dabeigewesen wäre.
»J. D. hat Großvater auf den Arm genommen und zu seinem Wagen gebracht. Dann hat er ihn zum Krankenhaus gefahren.«
»Er hat ihn getragen?«
»Jawohl. Er hat ihn getragen.«

Wir sind die erste Nacht wieder zu Hause, und am Morgen muß ich mein Baby Jill baden. Ich habe das Kapitel in Spocks Ratgeber nachgelesen und gehe in Gedanken die Schritte der Schwester durch, die uns im Krankenhaus vorgeführt hat, wie man ein Baby badet. Ich lege ein dickes Badetuch auf das Ablaufbrett der Küchenspüle und ein weiches Babytuch aus Baumwolle darüber. Ich lege die Babyseife zurecht, das Babyöl, die Haarbürste mit den extraweichen Borsten, die Wattestäbchen, den Puder. In Gedanken zähle ich, ob alles da ist. Es ist viel zu kalt. Ich öffne den Backofen und stelle ihn an. Als mir der Schweiß kommt, ist es warm genug. Mutter steht dabei, bereit zur Hilfe. Daddy hat die Kinolampen und das Stativ montiert und richtet seine Filmkamera auf mich, als ich soweit bin, daß ich das Baby herausnehmen kann. Als ich Jill anrühre, fängt sie an zu weinen. Sofort schießt als Reaktion darauf Milch in meine Brüste ein. Die warme Milch durchnäßt die Wattebäusche, die ich mir in den Still-BH gesteckt habe. Ich ziehe ihr grünkariertes Nachthemd zuerst über den einen Arm, dann den anderen und bin sehr vorsichtig dabei. Sie war eine Steißgeburt, und dabei ist ihr Schlüsselbein gebrochen, und die Schultern sind nun mit Heftpflaster und einem Zungenspatel fixiert.
Ich ziehe ihr das Nachthemd über den Kopf, und sie brüllt immer weiter. Vorsichtig löse ich die Sicherheitsnadeln ihrer Windel, besorgt, ich könne an die Nabelschnur stoßen und sie begänne zu bluten. Kaum habe ich die Windel abgenommen, pinkelt sie auf das saubere Tuch. Sofort ist Mutter mit einem neuen zur Stelle. Mir fällt ein, daß ich die Temperatur des Wassers mit dem Ellenbogen prüfen muß. Es ist gerade noch warm genug. Einen Moment lang hält sie mit dem Schreien inne, als ich sie in das Wasser tauche. Ich halte sie linkisch, unmittelbar unterhalb des Holzstäbchens.

Jetzt beginnt sie wieder zu weinen, kneift die Augen zu und reißt ihr Mäulchen auf, so weit es überhaupt nur geht. So laut habe ich sie noch niemals schreien hören. Ich weiß, ich habe ihr weh getan, ich habe sie nicht sanft genug behandelt. Daddy hat sie in Großaufnahme im Visier und grinst dazu, wie sie schluchzt.
»Laß sie in Ruhe, du blöder Hund«, brülle ich ihn an, und die Tränen, die ich zurückgehalten habe, kommen in Strömen.
Zu Tode gekränkt schaltet er die Kamera ab.
»Oh, das tut mir leid. Es tut mir so leid«, schluchze ich, während ich sie einseife und die Seife wieder abspüle.
Er ist hinausgegangen ohne ein Wort. Ich kann nicht mehr aufhören zu weinen. Und die kleine Jill auch nicht. Ich trockne sie ab und betupfe sie mit Öl und pudere sie, während mir die Tränen das Gesicht und die Milch den Morgenmantel hinunterlaufen.
Als ich sie in eine frische Windel gewickelt und ihr ein sauberes gelbes Hemd übergezogen habe, höre ich, wie die Haustür zuschlägt.
»Daddy wollte lieber nach Hause gehen«, eröffnet Mutter mir. Er habe nicht gemerkt, daß er mich nervös mache, und es tue ihm leid.
Ich habe ihm die ersten Augenblicke seines Großvaterlebens verdorben. Ich habe Worte gesagt, die er niemals vergessen wird.

Mutters Stimme am Telefon klingt undeutlich. »Jetzt wird er künstlich ernährt. Sie haben ihm einen Schlauch in den Hals gesteckt. Sie haben immer nur gesagt, ›Schlucken Sie, schlucken Sie, schlucken Sie‹, und es klang so ungeduldig, und sie haben ihm den Schlauch mit Gewalt hinuntergedrückt. Irgend etwas war in seinem Blick, vielleicht Furcht, und ich habe ihnen erklärt, daß er vielleicht das Wort ›schlucken‹ gar nicht mehr versteht. Sie haben mich gefragt, ob ich lieber draußen warten will, bis sie den Schlauch eingesetzt haben. Und das habe ich dann getan. Ich konnte es nicht mit ansehen.
Jetzt fühle ich mich so schuldig deswegen. Sie haben mich überhaupt nicht gefragt, ob ich wollte, daß er künstlich ernährt wird. Ich kenne eine Frau, deren Mann ein ganzes Jahr lang durch einen Schlauch ernährt wurde, bis er starb. Mein Gott, kannst du dir das

vorstellen? Ich wollte der Ärztin erklären, daß Leonard offenbar immer noch gerne ißt. Noch vor ein paar Tagen hat er fast eine ganze Mahlzeit gegessen. Ich habe ihr gesagt, daß es vielleicht die einzige Freude ist, die er im Leben noch hat, und daß ich ihm die nicht nehmen will. Sie hat kaum etwas geantwortet. Ich könnte mir vorstellen, daß es einfach zuviel Zeit kostet, wenn er nicht selbst ißt und ein Krankenpfleger ihn füttern muß. Und vielleicht denken sie, sie haben dann keinen Überblick über die Mengen, die er zu sich nimmt. Und jetzt wird er einfach abgefüllt. Die Menge ist genau festgesetzt. Sie päppeln ihn auf, und dann schicken sie ihn wieder fort. Er bekommt Nahrung und Wasser, er bekommt Antibiotika gegen die Lungenentzündung, und dann ist er ›medizinisch‹ kein Problem mehr. Medizinisch ist er dann wieder ganz in Ordnung.«

»Ach, Mutter, meinst du wirklich, daß sie an gar nichts anderes denken? Nur daß sie ihn wieder loswerden?«

»Na, manche meiner Freundinnen würden das auf alle Fälle sagen. Das Krankenhaus hat an solchen Routinepatienten kein Interesse. Sie behandeln ihn, bis sie ihn wieder entlassen können. Dann muß ich ein Pflegeheim finden, das bereit ist, ihn zu nehmen. Ich hoffe, sie helfen mir dabei, aber wahrscheinlich nicht.«

»Dann schreib es dir hinter die Ohren, daß du ihn nicht mit nach Hause nimmst. Du kannst nicht mehr für ihn sorgen.«

»Das sagst du mir immer wieder. Als ob du glaubst, ich würde das vergessen. Ich weiß schon, wozu du mich bringen willst. Ich soll den Leuten im Krankenhaus sagen, ich sei nicht in der Lage, ihn zu versorgen.«

»Ja. Daß du nicht kräftig genug bist, ihn zu bewegen. Er ist zu schwer. Sein Körper ist zu steif.«

»Aber wenn ich ihn ansehe, wenn ich seine Hand halte und ihm ins Gesicht blicke – so sanft und sorglos, so friedlich und leer –, er sieht so lieb aus, so schrecklich lieb. Dann denke ich wieder, wie schön es wäre, wenn ich ihn hier bei mir hätte, so daß ich ihn wenigstens streicheln und küssen könnte. Ich glaube nicht, daß im Krankenhaus jemand auf die Idee kommt, ihn zu berühren. Für die ist er wahrscheinlich nur ein Körper ohne Verstand.«

»Trotzdem kümmern sie sich um ihn. Ich bin sicher, sie sorgen für ihn.«

»Wenn sie mit mir sprechen, habe ich schon den Eindruck, daß sie verstehen, wie entsetzlich es ist. Jetzt kommt er aus der Fötusposition gar nicht mehr heraus. Sie wollten wissen, ob er zu Hause schon in dieser Haltung war, und ich habe gesagt, nein – daß es vielleicht ein Schlaganfall ist oder sonst eine plötzliche Verschlechterung in seinem Gehirn und daß er vor kurzem noch viel mehr bei sich war. Deshalb haben wir ihn ja ins Krankenhaus gebracht, erkläre ich ihnen. Weil er nicht mehr essen konnte. Weil er kein Wasser mehr trinken konnte. Die Leute dort können gar nicht glauben, daß ich ihn zu Hause gepflegt habe.«
»Das kann ich auch nicht glauben.«
»Ich finde immer noch, ich sollte ihn wieder zu mir nehmen. Wenn er zu Hause wäre, wäre seine Zeit vielleicht bald gekommen. Hier werden sie ihn nicht sterben lassen. Vielleicht wäre er jetzt schon tot, wenn wir ihn nicht ins Krankenhaus gebracht hätten.«
»Ich weiß. Das geht mir auch durch den Kopf.«
»Womöglich haben wir es doch falsch gemacht. Ich weiß, daß es Leute gibt, die einfach zulassen, daß ihre Angehörigen verhungern. Eines Tages können sie nicht mehr kauen oder schlucken, und dann dürfen sie einfach eines natürlichen Todes sterben.«
»Ich weiß. Ich hatte erwartet, daß wir es auch so machen würden. Ich dachte, daß er es so gewollt hätte. Ich dachte, wir müssen uns einfach zusammennehmen und dürfen nicht um fremde Hilfe bitten, wenn die letzte Phase gekommen ist. So habe ich es mir vorgestellt, bevor er dann soweit war.«
»Aber wie soll man das denn ertragen? Wie sollen wir mit einer solchen Qual leben, mit dem Gedanken, daß er Stückchen für Stückchen stirbt?«
»Es war nur eine Idee. Ein hehres Prinzip, das nichts mehr wert war, als es soweit war. Jetzt weiß ich, daß ich nicht zu ihm ins Zimmer gehen könnte. Ich könnte nicht dastehen und zusehen. Du könntest das nicht mit ansehen, damit leben. Dazu hast du schon zuviel verkraften müssen.«
»Und trotzdem werden wir später vielleicht sagen, daß wir es ganz falsch gemacht haben.«
»Ganz gleich, wie lange es noch dauert, wir müssen uns immer

vor Augen halten, daß wir, selbst wenn es vielleicht falsch ist, seinen Schmerz nicht hätten ertragen können.«

»Ich habe mir ausgemalt, wie weh das tun muß. Hunger. Und Durst. Ich weiß, daß es ihm weh tut. Auch wenn er sonst ja gar nichts mehr wahrnimmt.«

»Du mußtest dafür sorgen, Mutter, daß er die Art von Pflege bekommt, die er braucht. Du hast getan, was du tun mußtest.«

»Ich weiß gar nicht, wie die anderen das fertigbringen. Wie sie sie verhungern lassen. Ich glaube nicht an ›heroische Maßnahmen‹, und ich habe den Leuten im Krankenhaus gesagt, sie sollen nichts tun, was nicht notwendig ist, aber ich weiß, sie rechnen immer damit, daß sie später verklagt werden, ganz gleich, was unsereiner sagt. Die trauen keinem von uns. Sie wissen, daß wir halb wahnsinnig sind von all dem, was wir durchgemacht haben. Die kennen das, wie Leute wie wir es sich immer wieder anders überlegen. Wie wir auf den Tod warten und hoffen und dann in Panik geraten, wenn wir diese entsetzlichen glasigen Augen sehen. Es kommt ein Augenblick, der ist so schrecklich, daß ich alles dafür geben würde, daß mir jemand hilft. Daß ich frei bin. Ich will, daß jemand anderes die Entscheidungen fällt.«

»Ja, Mutter, ich weiß. Du willst, daß alles, was geschieht, einfach nur geschieht. Du willst sicher sein, daß nicht du es bist, die es geschehen läßt.«

»Carol, wir dürfen nicht vergessen, daß er vielleicht noch genügend bei Bewußtsein ist, um zu verstehen, was geschieht.«

»Wie meinst du das?«

»Ich stelle mir immer wieder vor, er weiß, daß wir überhaupt nicht versuchen, ihn zu retten. Das muß doch schrecklich für ihn sein, daß wir es gar nicht abwarten können.«

Ich träume von einem hellen Garten, eingefriedet von hohen Rosenmalven. Etwas ist in dem Garten. Es ist die Gegenwart eines abwesenden Kindes. Ich kann mich noch an den dreijährigen Knaben erinnern, süß und blond. Als ich erwache, denke ich zunächst, es sei ein Traum von Jeff gewesen, meinem Sohn, der erwachsen geworden ist und der mir fehlt. Dann begreife ich, daß das verlorene Kind Daddy ist.

Nachdem die Lungenentzündung abgeklungen ist, hat das Krankenhaus Daddy in ein Pflegeheim überwiesen – obwohl seine Verfassung ansonsten unverändert ist, gilt er nun nicht mehr als behandlungsbedürftig.

Linda ruft an und sagt: »Als ich ihn zum ersten Mal in dem Heim besucht habe, hatte ich gar keinen so schlechten Eindruck. Er sah sauber und ordentlich aus, wie ein Baby, das schläft. Ich fand es sicher und bequem für ihn dort.«

»Ach, da bin ich froh. Als ich erfuhr, daß J. D. ihn ins Krankenhaus gebracht hatte, war ich erleichtert. Endlich tat jemand das Richtige. Das war ein Gefühl, mit dem ich überhaupt nicht gerechnet hatte. Bis dahin hatte ich überhaupt nicht gewußt, welche Schuldgefühle ich hatte, wie verantwortlich ich mich für sein Leid fühlte.«

»Mutter und ich finden – und Tom hat zugestimmt –, daß wir uns vornehmen sollten, die Behandlung zu verweigern, wenn er noch einmal Lungenentzündung bekommt«, sagt Linda.

»Ja. Vielleicht. Oder geht es nur darum, euch für die nächste Krise zu wappnen? Nicht diese, aber die nächste?«

»Wenn du es so verstehen willst. Ich will, daß wir uns einig sind, damit wir wissen, was wir tun sollen. Tom sagt, wir müssen einen Arzt finden, der uns bei ›wohlwollender Vernachlässigung‹ unterstützt.«

»Vielleicht ist Tom ein solcher Arzt?«

»Oh, ich glaube nicht, daß er dabei an sich selbst gedacht hat.«

»Und an sich selbst müßte er denken.«

»Es ging um diesen Fall in Texas. Der Mann, der freigesprochen wurde, obwohl er seinen Bruder erschossen hatte. Natürlich wäre es schöner, wenn es etwas nicht ganz so Offensichtliches wäre.«

Ich bemerke, wie solche Tagträume mich immer mehr gefangennehmen. Bei meinem letzten Besuch ist mir klargeworden, wie schuldig ich mich dafür fühlte, daß ich versucht hatte, Daddys Verfassung zu ignorieren, und nun will ich mir zu Bewußtsein bringen, daß ich für die nächste Krise nicht vorausplanen kann. Mir fällt wieder ein, wie ich mir in den traumatischen Jahren, in denen meine Kinder klein waren, beigebracht habe, Nickerchen zu halten. Ich fühlte mich verpflichtet, ununterbrochen auf der Hut zu sein. Ich war erschöpft und deprimiert von den Anforderungen der Mutterschaft, und doch traute ich niemals irgend etwas oder irgend jemandem außer mir selbst die Garantie für das Überleben der Kinder zu. Ich haßte diese so zerbrechliche Allmacht. Und nun möchte ich eingestehen, wie hilflos ich bin. Daddy wird vielleicht noch jahrelang leiden, und trotzdem werde ich vielleicht nicht in der Lage sein mitzuhelfen, diesem Leiden ein Ende zu setzen. Ich bin vielleicht außerstande, ihm sterben zu helfen. Und ich weiß, daß mir in Kansas das viel offensichtlicher ist als Linda in Kalifornien. Ich weiß, daß es einfacher ist, Dinge zu verstehen, wenn man ein wenig Abstand hat.

»Als wir Daddy an seinem zweiten Tag im Pflegeheim besuchten, mit Tom und Loretta, war er nicht mehr friedlich. Er stöhnte.«

»Was meinst du, was das zu bedeuten hat?«

»Ich frage mich, ob er vielleicht begriffen hatte, wo er war. Ob er wußte, daß wir ihn im Stich gelassen hatten.«

Die alte, wohlbekannte Falle. »Wenn er noch soweit bei Bewußtsein wäre, daß er begreifen könnte, daß er in einem Pflegeheim ist, dann wäre er auch weit genug bei Bewußtsein zu begreifen, wie krank er ist. Er würde verstehen, daß wir ihn nicht pflegen können.«

»Vielleicht.«

»Linda, er hatte Lungenentzündung. Er war halb verdurstet. Wir haben versucht, ihm sein natürliches Ende zu lassen, und wir haben es nicht über uns gebracht. J. D. konnte es nicht. Immer ist der, der dableibt, der, der die Entscheidungen fällt. Unsere gemeinschaftlichen Beschlüsse sind nicht bindend für denjenigen, der in einem bestimmten Augenblick tatsächlich bei ihm ist.«

»Ich weiß. Ich wünschte nur einfach, er könnte es bequem haben und zu Hause sein.«

»Ich bin mir gar nicht sicher, ob es zu Hause so bequem für ihn wäre.«

Ein nur zu vertrautes Dilemma. Sind wir verpflichtet, ihn zu pflegen, oder sollen wir ihn seinem Schicksal überlassen? Sollen wir kämpfen, um sein Leben zu erhalten, oder sollen wir ihn sterben lassen? Wird er zum natürlichen Zeitpunkt sterben, wenn wir uns immer wieder einmischen?

Wenn Mutter an den Apparat kommt, ziehen sich diese Gespräche endlos hin, wir wechseln beide die Seiten, widersprechen uns.
»Er sieht so winzig und hilflos aus. Sie sagen, er bekommt achtzehnhundert Kalorien am Tag, aber wenn ich sie frage, warum er so dünn ist, dann wissen sie es auch nicht. Die Hüften. Die Arme. Ich kann es kaum ertragen, ihn anzusehen. Diese Woche, bevor Linda kam, habe ich immer bei ihm gesessen und ihm die Hand gehalten. Dann habe ich in der Eingangshalle gesessen und geweint.«
»Das war vorauszusehen, daß diese Woche schlimm für dich wird«, sage ich. »Ich weiß, es ist entsetzlich.«
»Ich bringe es einfach nicht fertig, nicht zu wünschen, daß es ihm bessergeht«, sagt Mutter. »Daß es aufwärtsgeht. Dabei weiß ich doch, wenn es ihm bessergeht, bedeutet das nur, daß es entsprechend länger dauert, bis er stirbt. Ich will, daß er sich aufsetzt. Ich will, daß er etwas sagt. Und wenn es nur Unsinn ist. Ich will, daß er wenigstens wieder so wird, wie er war, bevor es soviel schlimmer wurde.«
Jetzt ist Linda wieder am Apparat. »Heute haben wir großes Programm. Wir besuchen ihn zweimal. Einmal am Vormittag und einmal am Nachmittag. Wir wollen herausbekommen, wieviel von der Zeit er so daliegt und stöhnt. Es läßt uns keine Ruhe, daß er vielleicht den größten Teil der Zeit unglücklich ist und wir es gar nicht wissen. Vielleicht schläft er auch einfach, wenn wir kommen.«
Linda und Mutter wollen Kontakt mit jedem Fünkchen seines Bewußtseins haben, das vielleicht noch da ist, und sei es auch nur das Bewußtsein von Schmerz.
»Ich frage mich, ob wir nicht übersehen, was für ein Segen es ist, daß er nichts wahrnimmt«, spekuliere ich. »Vielleicht müßten wir uns gar keine Sorgen machen, daß er sich von uns verlassen fühlt. Vielleicht ist er auf eine Bewußtseinsebene hinabgesunken, die so urtümlich ist, daß wir es uns gar nicht vorstellen können. Vielleicht bedeutet das Stöhnen gar nicht, daß er Schmerzen leidet.«
»Nein, das glaube ich nicht«, sagt Mutter. »Gestern haben wir ihm Eiscreme gegeben. Sie sagen, das kann ich ruhig machen, auch wenn er die Schläuche im Hals hat. Er hat geschluckt. Er hat mit

den Lippen geschnalzt. Dann, als ich ihm nichts mehr gab, fing er wieder an zu stöhnen. Ich glaube, er kann immer noch zwischen Schmerz und Freude unterscheiden.«

Den ganzen Tag über warte ich auf den Anruf, halte das Lämpchen an meinem Bürotelefon im Auge, damit ich sehe, wenn es blinkt, höre in Gedanken schon die Stimme der Empfangsdame über die Lautsprecheranlage.

Meiner Freundin Dorothy sage ich beim Mittagessen: »Heute ist es soweit. Ich weiß es.« Kaum habe ich das gesagt, da frage ich mich, wie ich darauf komme, daß ich es weiß.

Ich denke nicht an den Zeitunterschied und lege mich um Mitternacht schlafen mit dem Gedanken, daß ich mir wohl doch etwas vorgemacht habe, als ich dachte, ich spüre sein Leiden. Am nächsten Morgen kommt der Anruf von Mutter.

»Es ist vorbei. Leonard ist heute nacht gestorben. Ich bekam einen Anruf vom Krankenhaus, ich solle kommen. Als ich ankam, war er schon tot. Sie sagen, er hat einfach aufgehört zu atmen. Danach habe ich noch bei ihm gesessen. Ich kann es nicht glauben.«

Man kann es nicht glauben. Im selben Augenblick ist unsere Sehnsucht nach seinem Tod verschwunden. Beide wissen wir, daß für den Schmerz, den wir nun spüren, uns alle unsere Vorbereitungen nichts genützt haben. An die Stelle der Sehnsucht nach seinem Tod tritt nun die Sehnsucht nach ihm.

Als der Tag kommt, an dem wir seine Asche in den Pazifik streuen, verabschieden wir uns von ihm mit einer einfachen Feier. Tommy liest aus einem Nachruf, den er verfaßt hat; er spricht darin von einem Augenblick seiner Kindheit, einer Lektion in Naturkunde mit Daddy.

»Du mußt wissen, Tommy, nichts ist so dauerhaft, wie es auf den ersten Blick erscheint. Auch du und ich, wir sind wie dieser Kieselstein hier. Eine Zeitlang sind wir hier, und dann, eines Tages, werden auch wir zu Sand – ebenso wie dieser Kieselstein Sand werden wird. Doch auch wenn dieser Stein zu Sand wird, dürfen wir nicht vergessen, daß aus dem Sand eines Tages, wenn die Zeit reif ist, auch wieder ein Stein werden wird.«

Ich träume, ich schaute durch die durchsichtige Kuppel eines Kapitols hinauf zum Himmel. Ich sehe den gewaltigen grauen Leib eines gigantischen Flugzeugs, das nur ein paar Zentimeter über der Kuppel in der Luft hängt. Mir wird klar, daß ich in Gefahr bin. Ich weiß, daß die Schaufenster der Häuser rund um das Kapitol bereits ausgebrannt sind. Die endgültige Zerstörung steht bevor.
Als ich erwache, finde ich einen hellroten Flecken auf der Pflanze, von der ich letztes Frühjahr geglaubt hatte, sie sei eingegangen. Ich untersuche ihn näher und sehe, daß das Tränende Herz, das ich auf Taffys Grab gepflanzt habe, eine einzige helle Blüte hervorbringt. In dem Efeu nebenan raschelt etwas, und ich bekomme eine Gänsehaut. Aber da ist nichts.

Mutter hat einen lieben Brief geschrieben. Sie schreibt, sie fühle sich erquickt von ihrem Besuch bei uns. Sie entschuldigt sich dafür, daß sie nicht über den Prozeß sprechen wollte, und faßt die sechs Kernpunkte des schwebenden Verfahrens zusammen, die der Anwalt ihr genannt hat. Ich soll mir keine Sorgen deswegen machen, und ich habe ihre Erlaubnis, den Anwalt anzurufen und alles mit ihm zu besprechen. Die Zeit in Kansas, inmitten ihrer Familie und ihrer alten Freunde, brauchte sie, um Abstand von ihren Ängsten zu gewinnen. Sie wird mit ihrem Psychiater und auch mit dem Anwalt weiterhin gegen ihre Furcht vor der Zukunft ankämpfen. Mit den Mitgliedern ihrer Alzheimer-Gruppe wird sie weiter daran arbeiten, die Vergangenheit zu bewältigen, ihre Trauer und ihre Schuldgefühle zu überwinden. Sie lobt mich, »daß du die Menschen liebst und soviel Gutes tust«.
Ich bin überrascht, als mir die Tränen kommen. Ihre Dankbarkeit und ihr Lob durchdringen den Mantel aus Distanziertheit, den ich mir als Schutz vor den kalten Nachtwinden der Erinnerung und der Reue umgelegt habe. Die grausige Enthüllung des letzten Abschnitts trifft mich wie ein Hieb: »Gestern hat Iris von der Neurologischen Gesellschaft angerufen. Die Autopsie hat ergeben, daß Leonard nicht nur die Alzheimersche, sondern auch die Parkinsonsche Krankheit hatte. Ich war traurig, als ich das erfuhr, aber nicht überrascht. Heute sind es neun Monate.«

Linus Pauling kommt zu einem Gastvortrag an unsere Universität. Ich höre zu, wie er über »Den Weg zum Weltfrieden« spricht, und bin beeindruckt von seiner sanften Art und seinem lebhaften Verstand. Er spricht von der Geschichte des Krieges, erinnert uns, daß »die meisten Kriege Glaubenskriege sind«, und wägt die Wahrscheinlichkeit einer Zerstörung der Welt, absichtlich oder in einem Unglücksfall, durch nukleare Waffen ab. Er schärft seinen Zuhörern ein, sie müßten auf einseitiger Abrüstung bestehen, auf radikalen Schritten zum Frieden.
Er spricht mit der Würde des alten Kriegsdienstverweigerers, dem der Lauf der Jahre und der Geschichte recht gegeben hat. »Unsere Welt ist eine schöne Welt. Wir sollten sie bewahren. Wir dürfen sie nicht zerstören. Jeder einzelne muß tun, was er kann.« Er vertritt konsequent die Ansichten eines naturwissenschaftlich geprägten Humanismus, er setzt sich radikal für den Frieden ein und stellt den Wert des menschlichen Lebens über Nationalstolz und die Arroganz der Politiker. »Tun Sie alles, was Sie können. Das sind Sie Ihren Kindern schuldig, Ihren Enkeln und Urenkeln.«
Ich stimme mit seinen Werten überein, es ist der Verstand meines Vaters in mir, der mit ihnen übereinstimmt. Ich bin ja nun nicht mehr nur ich selbst, ich bin mehr als das. Mein ganzes weiteres Leben lang wird es Augenblicke geben, in denen ich aus dem Munde bedeutender Menschen seine Weltanschauung wiederhöre und spüre, wie ich durch die Signatur dieser schimmernden Gedanken mit ihm verbunden bin.
Bei einem Essen zu Mr. Paulings Ehren vertraue ich ihm an, wie sehr ich seinen Mut, im Beruf und im Privatleben, gegen alle Widersacher für seine Überzeugungen einzustehen, bewundere. In seiner Antwort gibt er sich, als sei er selbst überrascht. »Sie nennen es Mut. Tja, in Wirklichkeit ist vieles davon vielleicht einfach nur Sturheit. Ich wollte mir nicht von McCarthy oder sonst jemandem befehlen lassen, was ich zu tun hatte. Und dann hatte ich ja noch meine Frau. Sie wußte immer genau, was ich gerade dachte und wofür ich arbeitete, und ich hatte Angst, daß sie, wenn ich mich von irgend jemandem von meiner Arbeit abhalten ließe, dahinterkommen würde, weswegen. Ich konnte doch nicht riskieren, daß sie die Achtung vor mir verliert.«

Bei dem Wort »Achtung« von neuem wie ein Stich das Wiedererkennen. Ich begreife, was er und mein Vater gemeinsam haben. Ich bin erfüllt von einem intensiven Gefühl, dem Gefühl seiner Gegenwart. Einen Moment lang ist es, als ob ich ihn gar nicht verloren hätte. Ich spüre eine Verbindung, und ich weiß, das ist wichtiger als alles andere. Ich bin dankbar für das Geschenk der Nachdenklichkeit, das mein Vater mir gemacht hat, für die Fähigkeit, erhabene Gedanken auszudrücken. Wie schön, diese selben Überzeugungen nun auch in den Gedanken eines anderen Menschen wiederzufinden.
Vielleicht ist Verbindung das Entscheidende am Leben. Als mein Vater seinen zerbrechlichen Leib verließ, als er verschwand hinter einem Schleier aus Verwirrung und Schweigen, da erstand er vor meinem inneren Auge neu als nur um so lebendigeres, intensiveres Bild. Ich bin verblüfft, als ich mir vor Augen führe, daß ich Leonards Tochter bin, daß ich mit Linus Pauling zu Abend esse und daß, auch wenn Leonard es nicht mehr erleben kann, sich ein Kreis schließt in diesem Augenblick der doppelten Erkenntnis, daß ich für mich stehe *und* mit ihm verbunden bin. In mir hat sein Erbe, die Ehrfurcht vor Frieden und die Hochachtung vor der Wissenschaft, Gestalt angenommen. Ich kann an die Bedeutung dieses Ereignisses nicht denken, ohne mir dabei den Stolz auszumalen, den er empfunden hätte, würde er davon wissen.
Einen Moment lang stelle ich mir ihn vor, wie er einen ungeheuren doppelten Salto schlägt, aus dem Gefängnis seines verfallenen Leibes in diesen mystischen Augenblick heiliger Verbundenheit.

Der Mythos, daß alles von der Verletzung beim Fahrradunfall hergerührt habe, hat seinen Schrecken verloren, und an seine Stelle ist der Fluch einer doppelten Erblast getreten. Nun habe ich wieder das liebe, alte Gesicht meiner Urgroßmutter vor Augen, bei der die Parkinsonsche Krankheit ein solches Zittern verursachte, daß es heute in meiner Erinnerung scheint, als habe sie mit einer immer gleichen stillschweigenden Mißbilligung zu allem den Kopf geschüttelt. Der Geist von Opas Schwester sucht mich heim, Tante Ada, von einem Ehemann ins Irrenhaus gesteckt, der, wie Oma und Opa immer sagten, »sie einfach los sein wollte, obwohl ihr überhaupt nichts fehlte. Sie konnte ganz normal sein.« Eine ganze Gespenstergalerie kommt da zusammen, Fetzen aus der Familiengeschichte.

Ich denke an Leonards lebensfrohe, aufgeweckte, nie um eine Geschichte verlegene Eltern, hoch in den Achtzigern, das älteste Ehepaar des Bezirks, geehrt wie die Großmarschalle in einer Siegesparade. Doch die Erinnerung an ihre unverwüstliche Gesundheit verblaßt beim Gedanken an Norman, ihren zweiten Sohn, der an Depressionen litt, nie ohne Kopfschmerzmittel auskam und schließlich seinem Leben selbst ein Ende machte.

Es wäre abwegig, wenn ich eine Linie geistiger Verwirrungen in unserer Familie zurückverfolgen wollte, aber es gibt doch bestimmte Eigenheiten, die so viele von uns Wolfes von den anderen unterscheiden – unser kompromißloser Einsatz für Gerechtigkeit; der Wechsel von Phasen düsterer Versonnenheit, von Eigenbrötlertum, mit Zeiten leidenschaftlichen Engagements, des obsessiven Einsatzes für bestimmte Dinge; unsere Exzentrik, die offenbar seit Generationen die anderen verschreckt und uns das Material liefert, uns auf Familientreffen über uns lustig zu machen.

Wir erfinden uns unsere eigene Mythologie. Wir sind ein Clan. Wir sind anders. Wir alle sind der Beweis dafür, wie lebensecht jene Gestalt bei Flannery O'Connor ist, von der es heißt, daß sie im zunehmenden Alter immer weniger wie die anderen und immer mehr sie selbst wird.

Ich weiß, daß ich mir da etwas vormache. Ich zöge so gerne eine Sonnenseite in unserer Geschichte. Gerade heute morgen, als ich es nicht fertigbrachte, auf einem Stammblatt ein paar Zahlen zusammenzuzählen, war ich so gereizt, daß ich einen Studenten, der einfach nur wissen wollte, ob er die Anforderungen für eine Prüfung erfüllte, angeschnauzt habe. Ich habe immer wieder gerechnet, bis ich drei oder vier verschiedene Ergebnisse hatte, und ich spürte die Panik immer größer werden, denn dem Studenten waren meine Schwierigkeiten, meine Verwirrung peinlich.

Ich denke wieder an den Zettel, den ich von dem Magneten am Kühlschrank abgenommen und in meine Handtasche gesteckt habe, zur Erinnerung, als Beweisstück. Es ist eine Nachricht an Jeff, völlig leserlich bis auf das letzte Wort, das überhaupt kein

Wort ist, sondern nur ein Durcheinander von Buchstaben – grimmiger Beweis, daß ich zu Bewußtseinsstörungen fähig bin, in denen mir selbst die Sprache versagt, in denen das Alphabet, das ich im Kopf habe, auf dem Weg zu meinen Fingern durcheinandergerät. Andererseits, rufe ich mir ins Gedächtnis, habe ich noch am Abend zuvor ohne Konzept einen einstündigen Vortrag vor anspruchsvollem Publikum gehalten, dessen Mienen mir bestätigten, daß meine Argumente überzeugend und meine Gedanken originell waren, und vergangene Woche habe ich einen zwölfseitigen Artikel ohne Revision geschrieben, mit nur zwei Tippfehlern.
Noch immer wache ich nachts plötzlich auf, so wie es mir in der Nacht nach seinem Tode geschah, bis ins Innerste entsetzt. Kein Kummer. Furcht. Roswell Gilbert kommt mir in den Sinn, ein Mann, der in Florida wegen Mordes an seiner geistesgestörten Frau hingerichtet worden ist. Er gesteht seine Tat, zeigt keine Reue und wird zum Tode verurteilt, weil er sich weigert, auf Unzurechnungsfähigkeit zu plädieren. Ein Stein fällt ihm vom Herzen. Mit zitternder Stimme sagt er: »Es mußte getan werden. Das war kein Leben mehr, das sie führte. Es war die Hölle. Ich mußte sie töten. Mein einziger Fehler war, daß ich mich selbst nicht mitgetötet habe.«
Das wird ein Präzedenzfall. In Zukunft wird niemand aus meiner treuliebenden Familie mehr jemanden aus Mitleid töten. Es wird alles darauf ankommen, der Krankheit ein Schnippchen zu schlagen, den richtigen Zeitpunkt für den Selbstmord zu wählen – zwischen dem Stadium, in dem es noch möglich ist, ein paar Zerstreutheiten zu vertuschen, und demjenigen, in dem man schon allen Willen verloren hat. Wer es versäumt, zur rechten Zeit sein Schicksal in die Hand zu nehmen, der ist verloren. Wenn man den letzten Augenblick, in dem man noch ganz bei Bewußtsein ist, verpaßt, dann hat man keine Chance mehr, einen anständigen Tod zu sterben, den Tod, der die Angehörigen davor bewahrt, sich selbst mit im Grab des lebendigen Toten zu verscharren.
Doch jenseits dieser nächtlichen Schrecken gibt es das Sonnenlicht der glücklichen Erinnerung. Bezaubernde Bilder von dem brillanten jungen Mann, der, überschäumend vom Glauben an das Gute in seinen Mitmenschen, geistige Purzelbäume schlägt und sich

über seine eigene Gelenkigkeit freut. Ich sehe seine Augen, in denen die Klugheit leuchtet, seine wohlgeformten, geschickten Hände, wie sie mit Maschinen und Werkzeugen arbeiten, mit einem Rechenschieber... wie sie Maiskörner aus einem Eimer schaufeln... wie sie das Engelshaar der kleinen Linda streicheln.

Es wird Zeit, daß wir ihn aus dem Gefängnis seiner Krankheit entlassen und statt dessen an ihn zurückdenken, wie er als junger Mann war. Er war ein Mensch, der nur an das glaubte, was seinen Sinnen zugänglich war. In seinem Weltbild gab es keinen Platz für ein Jenseits. Er war ein umsichtiger Mann, dessen Maxime das anständige, verantwortungsvolle Leben auf der rationalen Basis der Naturwissenschaften war. Er wollte gut und einfach leben, niemandem Schaden zufügen, Gutes tun, soweit es in seiner Macht stand. Außergewöhnlich an ihm war, daß er wußte, daß er ein gewöhnlicher Mensch war. Als er uns alles, was er uns von sich aus geben konnte, gegeben hatte, da gab er uns noch ein Beispiel für Ausdauer, für Leid, für die Entsetzlichkeit des Sterbens.

Ich habe ihn bewundert. Ich habe ihn verehrt. Ich habe ihn geachtet. Ich habe ihn verurteilt. Ich habe ihn gehaßt. Ich habe ihn genommen, wie er war. Ich habe Mitleid mit ihm gehabt. Ich habe ihn gehen lassen.

Wir beide werden eins.

Informationen, Beratung und die Adressen von Angehörigen- und Selbsthilfegruppen werden von verschiedenen Alzheimer-Gesellschaften vermittelt. Die Adressen in Deutschland sind in Günter Krämer: Alzheimer-Krankheit. Ursachen/Krankheitszeichen/Untersuchung/Behandlung. Stuttgart: Thieme 1989 (2. Auflage 1993) verzeichnet. In Österreich informiert die Gruppe »Angehörige der Alzheimer-Kranken«, Obere Augartenstr. 26–28, 1020 Wien, in der Schweiz die »Schweizerische Alzheimervereinigung«, Rue Pestalozzi 18, 1400 Yverdon–les–Bains.

Lebenskrisen – Lebenschancen

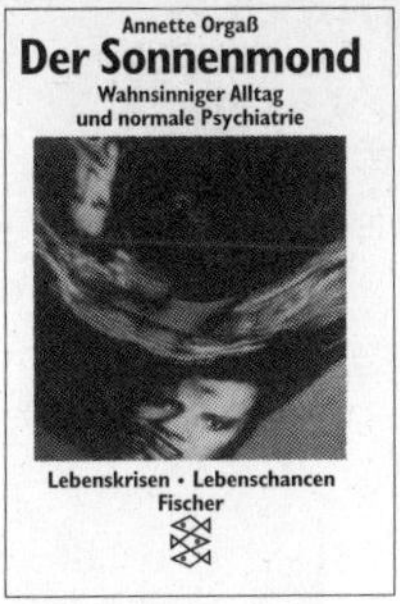

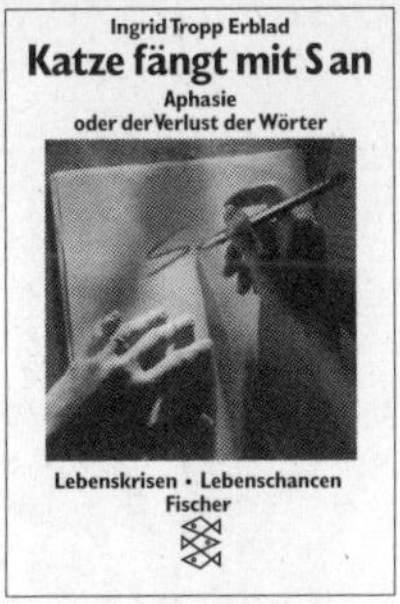

Dieter Menninger
Lerne Abschied nehmen
Protokolle eines Schlaganfalls
Band 11089

Helene Merz
Die verborgene Wirklichkeit
Geschichte einer Verstörung
Band 3265

Annette Orgaß
Der Sonnenmond
Wahnsinniger Alltag und normale Psychiatrie
Band 12549

Peter Reusse
Der Eismann geht
Krise eines Schauspielers
Band 12840

Beat Schliep
Von Arzt zu Arzt
Die Odyssee eines Kranken
Band 10749

Ingrid Tropp Erblad
Katze fängt mit S an
Aphasie oder der Verlust der Wörter
Band 12397

Nora Sommer
Claudia Bommert
Eine anständige Familie
Geschichte eines Mißbrauchs
Band 12677

Hans D. Wallburg
Nachtfrost
Tagebuch eines Alkoholrückfalls
Band 11689

K. D. Wehmeier (Hg.)
Trocken und clean
Süchtige berichten
Band 11845

Ulrike Willecke
Unser Sohn aus Indien
Die dramatische Geschichte einer Adoption
Band 12015

Carol Wolfe-Konek
Daddyboy
Eine Familie im Alzheimer-Bann
Band 13001

Fischer Taschenbuch Verlag

fi 26 / 15 c

RALPH ELLISON

Der unsichtbare Mann

Roman

1995. 664 Seiten. Leinen. ISBN 3-250-10266-0
Fr./DM 78.–/ÖS 609.–

»Ich bin unsichtbar – weil man mich einfach nicht sehen will. Wer sich mir nähert, sieht nur meine Umgebung, sich selbst oder die Produkte seiner Phantasie – ja, alles sieht er, alles, nur mich nicht.«

»Einer der bedeutendsten Autoren der amerikanischen Nachkriegsliteratur.«

Paul Ingendaay, FAZ, April 1994

»Ellisons Roman zeugt von höchster künstlerischer Kraft und hat nahezu heroische Qualitäten.« *Saul Bellow*